NADINE DE ROTHSCHILD
Baronin von Beruf

NADINE DE ROTHSCHILD

Baronin von Beruf

Memoiren

*Aus dem Französischen
von
Ehrengard Prinzessin von Preußen*

Mit 45 Abbildungen

HERBIG

Titel der französischen Originalausgabe
La baronne rentre à cinq heures, erschienen bei
Editions Jean-Claude Lattès, 1984

Die Fotos stammen von: Studio G. L.-Manuel Frères, Y. Barzilay,
M. Zalewski, A. Franck, Studio Mandanis, Photo-Inter S.A.

Der Verlag dankt Dr. Ruth Reneé Reif und Prof. Dr. Klaus Schönbach
für ihre Mitarbeit.

© 1987 by F. A. Herbig Verlagsbuchhandlung
München · Berlin
Alle Rechte für die deutsche Sprache
Schutzumschlaggestaltung: Christel Aumann, unter Verwendung
eines Fotos von C. Bergholz
Satz: Uhl + Massopust, Aalen
Gesetzt aus der Garamond ITC, Linotype System 4
Druck und Binden: Mohndruck, Gütersloh
Printed in Germany
ISBN: 3-7766-1461-7

Für meinen Sohn Benjamin

Das wenige, was ich weiß
verdanke ich meiner Unwissenheit.

                                      Sacha Guitry

Vor gar nicht langer Zeit habe ich in einem Karton mein Brautkleid wiedergefunden. Weißer Piqué, am Hals mit einem rosafarbenen Schmuckband verziert.
Am Tag meiner Hochzeit gab es kein Händeschütteln, keine mondäne Cocktailparty. Nur unsere allerengsten Freunde und Annecy, die Haushälterin meines Mannes, waren anwesend. Keine Musik, kein roter Teppich. Mein Hochzeitskleid war ein Morgenrock; wir heirateten im Bett. Auf ganz legale Weise! Mit dem Bürgermeister des XVI. Pariser Arrondissements, der mit seiner Schärpe geschmückt dastand, seinem Stellvertreter, der aus dem ›Code civil‹* vorlas, worauf Gratulation und die Aufforderung folgten, Kinder zu bekommen. Mein staatsbürgerliches Pflichtbewußtsein hatte

---
* französisches Gesetzbuch

mich dazu getrieben, einen Vorsprung zu nehmen. Seit siebeneinhalb Monaten erwartete ich bereits ein Kind. Siebeneinhalb Monate, ohne mein Bett zu verlassen, ohne einen Fuß auf den Boden zu setzen, in meinem Zimmer, das einem Gewächshaus glich, so übervoll war es mit exotischen Früchten und herrlichen Pflanzen, und in dem langsam eine Blume heranwuchs, wertvoller und empfindlicher als alle anderen. Ich war vorsichtig, sehr vorsichtig, denn ich wollte dieses Kind haben.

Für die feierliche Handlung hatte man einen Sessel neben das Bett gestellt. Zum Ehegelöbnis setzte ich mich auf. Ich wirkte wie eine Puppe mit meinen zurückgekämmten, hochgesteckten Haaren und meinen Sommersprossen, die auch ein langer Winter ohne Sonne nicht hatte vertreiben können. Mir wurde schwindelig. Mein soeben angetrauter Ehemann lächelte mir unter seinem Schnurrbart zu. Draußen hingen Trauben von Reportern an den Balkons der gegenüberliegenden Häuser, wie die Affen in den Kokospalmen; kein Mensch wußte, wer sie benachrichtigt hatte. Eine Superstory, ein echtes Märchen: das Filmsternchen heiratete den Millionär.

So wurde an einem Tag im Juni 1963 aus Nadine Lhopitalier, mit Künstlernamen Nadine Tallier, die Baronin Edmond de Rothschild.

Ich wurde am 18. April 1932 geboren, wie alle Frauen in meiner Familie, meine Großmutter, meine Mutter, meine Schwester, im Sternzeichen des Widder. Die Widder sind Kämpfernaturen. Ich kam auf den Champs-Élysées zur Welt, dem Paradies der Götter, dem königlichen Pfad, der unvermeidlich und direkt zum Erfolg führt. Ein Nachteil allerdings: die Champs-Élysées, auf die das Haus meiner Großmutter schaute, waren nur ein Park, versteckt im Herzen von Saint-Quentin an der Aisne.
Ein schmales Haus mit zwei Etagen. Im Erdgeschoß gab es einen großen Raum, in dem wir alle uns tagsüber aufzuhalten pflegten. Meine Mutter, Arbeiterin in einer Baumwollfabrik, hatte früh Geld verdienen müssen, mit vierzehn oder fünfzehn Jahren schon. Meine Großmutter, die wir alle sehr liebten, war der Mittelpunkt unserer Familie. Sie war eine

schöne, etwas rundliche Frau mit grauem Haar, zu einem Knoten aufgesteckt, mit frischer Hautfarbe ohne eine Spur von Make-up, vorstehenden Wangenknochen und Schlitzaugen, die sie mir zusammen mit ihrem angeborenen Optimismus und einer kleinen silbernen Dose, in der sie ihren Schnupftabak aufbewahrte, vererbte. Ihre Familie stammte aus dem Norden, aus Belgien oder Holland, was ihr ein flämisches Aussehen verlieh, das sie durch ihre schwarz gestreiften weiten Miederröcke noch unterstrich. Sie war dreimal verheiratet, und so kam es, daß ihr Mann, von Beruf Bäcker, nicht mein richtiger Großvater war. Das spielte aber keine Rolle, ich liebte ihn trotzdem.
Größere Mühe hatte ich, den Mann meiner Mutter anzuerkennen, einen Soldaten von stattlicher Erscheinung, den sie geheiratet hatte, als ich achtzehn Monate alt war. Wer mein Vater war, habe ich nie erfahren. Er war ein Mann, der nicht aus unserer Gegend stammte, diesem flachen Land, das mit Berghalden übersät war, ein Mann, der zu früh gestorben war und von dem keiner sprach, ein Mann ohne Namen, ein Vater zum Träumen. Ich war ein Kind der Liebe, das gefiel mir.
Bis zu meinem dritten Lebensjahr lebte ich bei meinen Großeltern, meine Mutter besuchte mich oft. Später kam ich nur noch in den Ferien nach Saint-Quentin, herrliche Ferien, in denen wir zwischen der Rue Bayeul und dem Boulevard Roosevelt unter grauem Himmel »Himmel und Hölle« spielten, bevor wir nach Hause gingen, um uns am großen Kachelofen der Küche aufzuwärmen. Hier war die Welt voller Zärtlichkeit und Liebe.
Im Erdgeschoß des Nebenhauses nähte eine Frau mär-

chenhafte Kleider, und ich konnte stundenlang staunend vor ihrem Schaufenster stehen. Für mich waren diese Kleider der Inbegriff des Luxus. Trotz meiner Söckchen, meiner kurzen kastanienroten Haare, meiner Stupsnase und einem Äußeren, das dem einer nassen Katze glich, konnte ich mich sehr wohl in einem Abendkleid vorstellen. Schon damals zogen mich Luxus und Schönheit an.
Unter unseren Nachbarn befand sich auch ein Ehepaar, von dem alle wie von seltsamen Wesen sprachen, da er zwanzig Jahre jünger war als sie. Besonders schockiert war man über sie, weil sie keine Tabus kannte. Ich verstand nicht, wie man wegen solcher Lappalien Menschen schneiden konnte. Schon damals setzte ich mich freudig über Konventionen hinweg.
Im ersten Stock unseres Hauses wohnte eine alte Tante, ein echter Drachen. Ich erinnere mich, wie sie auf ihrem Sterbebett lag: während wir auf den Priester warteten, der ihr die letzte Ölung geben sollte, hatte man kleine Wattebällchen für die Salbung vorbereitet. Als ich sie so herumliegen sah, warf ich sie alle in einen Korb. Im Zimmer sah das nicht ordentlich aus. Schon damals war ich vom Ordnungssinn besessen und auf Sauberkeit bedacht.

In Puteaux, wo ich den Rest des Jahres mit meiner Mutter, meinem Stiefvater und Nadeige, meiner um sechs Jahre jüngeren Schwester wohnte, war es bei weitem schwerer, Ordnung zu halten. Ich besaß weder ein eigenes Zimmer, noch gab es ein Eckchen für mich allein. Allerdings hatte ich

nicht viel zum Anziehen, nur zwei oder drei Kleider, manchmal aus der alten Garderobe meiner Mutter geschneidert. Wir wohnten in zwei dunklen Zimmern; das Wasser mußten wir am Ende des Hofes holen, wo sich der einzige Wasserhahn befand. Die Mahlzeiten waren kärglich, Fleisch gab es selten, und das Abendbrot bestand oft nur aus einer Tasse Milchkaffee und einem Butterbrot. Geld fehlte an allen Ecken und Enden, aber das war kein Grund für meine Eltern, nicht auf unsere Sprache zu achten, uns zu erlauben, die Ellenbogen auf den Tisch zu legen, oder es durchgehen zu lassen, daß wir uns vor dem Abwaschen drückten. Sie waren darauf bedacht, wohlerzogene Töchter zu haben.
Meine Mutter war der erste Mensch, den ich bewunderte. Äußerlich war sie ganz so, wie ich selbst gern sein wollte; sie war eine hübsche Frau mit schönen Beinen, und selbst in den einfachsten Kleidern wirkte sie auf ganz natürliche Weise elegant. Alle Männer drehten sich nach ihr um. Sie war standfest, kompromißlos und verfügte über eine gesunde Portion Disziplin. Ihre Devise: Was immer du machst, tue es gut. Noch heute bin ich der Meinung, daß ich meiner Mutter meinen gesunden Menschenverstand und eine gewisse Ausgeglichenheit verdanke. Meine märchenhafte Hochzeit, die Schlagzeilen machte, ist ihr nie zu Kopf gestiegen. Mehr als aller Reichtum zählte für sie und zählt auch heute noch, ob ich glücklich bin oder nicht.
Wir waren nicht reich. Aber Armut bedeutet nichts in einem Viertel, in dem sich alle in der gleichen Lage befinden. Unser Stadtteil war sehr kosmopolitisch, und nach 1938 überwogen dort die Polen. Das ergab eine außergewöhnli-

che Mischung von Lebensformen, Akzenten und Gerüchen. Da die Wohnungen winzig waren, wußte man immer, was in den Kochtöpfen der Nachbarn brutzelte.
Wir kannten jeden, und jeder kannte uns. Da gab es Ali, den Afrikaner, aus der ersten Etage. Jeden Freitag ließ er seine wenigen Möbel an einem Tau aus dem Fenster hinunter in den Hof, um sie dort zu waschen. Wahrscheinlich erfüllte er damit ein Säuberungsritual. Ein weiterer sehr netter Mieter war ein Iraner, der mir, als ich elf Jahre alt war, mein erstes Buch schenkte, eine Gedichtsammlung des Poeten Omar Chajjam, von der ich nichts verstand, aber von Zeit zu Zeit nahm ich diesen Schatz liebevoll in meine Hände.
Noch heute denke ich mit besonderer Zuneigung an ein polnisches Ehepaar, Herrn und Frau Isratel, die in einer Erdgeschoßwohnung nicht weit von uns wohnten. Sie – ich nannte sie die »Modistin« – schnitt Stoffe zu, während ihr Mann den ganzen Tag über die Maschine gebeugt nähte. Wenn ich von der Schule nach Hause kam, verweilte ich ein wenig vor ihrer Wohnung. Im Sommer saß der Mann am weit geöffneten Fenster, hob seinen Kopf und grüßte mich mit seiner sonoren Stimme: »Guten Tag, Nadine«, was ich immer schlecht verstand, weil er einen ausgeprägten Akzent besaß. Um sie besser sehen zu können, drückte ich mir eines Winterabends die Nase fast am Fenster platt, worauf sie mich zu sich einluden, und ich durfte einen großen Apfelkuchen mit Honig mit ihnen teilen. Das wurde bald zu einer lieben Gewohnheit. Sie hoben kleine Stoffreste für mich auf und zeigten mir, wie ich daraus Puppenkleider nähen konnte. Bei ihnen fand

ich jene Wärme und Liebe wieder, die mich bei meinen Großeltern in Saint-Quentin umgeben hatte.
Und dann kam der Krieg. Mein Vater kehrte zu seinem Regiment zurück, die Stiefel der deutschen Soldaten hallten über das Pflaster. Eines Tages entdeckte ich, daß die Tür meiner Freunde mit zwei großen Holzlatten verriegelt war. An den Fensterläden hing ein Schild: »JUDEN«.
Ich dachte lange darüber nach: die Tür vernagelt, meine Freunde verschwunden. Zwei Jahre später sollte ich die gleiche Angst in Paris noch einmal erleben. Es war Heiligabend, ein Paar Rollschuhe hatten mich am Kamin erwartet, noch nie war ich so verwöhnt worden. Ich drehte mich wie ein Kreisel um den Häuserblock, beschwingt, als ob ich Flügel an den Füßen hätte. Plötzlich blieb ich abrupt stehen. Vor der Eingangstür des Hauses meiner Tante war eine Menschenmenge versammelt. Eingerahmt von Gestapo-Leuten sah ich meinen Onkel Charles und meinen Patenonkel Armand in Handschellen und blutendem Gesicht das Haus verlassen. Mein Onkel hatte als Funker bei der Marine gedient und verschlüsselte Botschaften für den Widerstand übermittelt, die die Deutschen offensichtlich abgefangen hatten; sein Schwager, der nicht älter als zwanzig Jahre war, hatte ihm geholfen. Mein Onkel ist in Buchenwald gestorben; Armand, den man zu medizinischen Zwecken mißbraucht hatte, kehrte in einem erschreckenden Zustand zurück.
So schnell ich konnte, lief ich auf meinen Rollschuhen davon: wie sollte man diese Torheit der Erwachsenen verstehen?
Da, wo in Puteaux früher die Modistin wohnte, befindet sich

heute ein Café. Ich weiß es, weil ich dorthin zurückgekehrt bin. Sonst hat sich wenig verändert. Noch immer gibt es die kleinen Straßen mit den unebenen Pflastersteinen, die niedrigen Häuser mit den verfallenen Fassaden; noch heute hängen die Bewohner der Rue Agathe Nummer 6, »meinem« Haus, die Wäsche zum Trocknen aus den Fenstern. In dem schlauchähnlichen Durchgang zum Hof ist die Farbe etwas mehr abgebröckelt als damals, und die Briefkästen sind noch klappriger geworden. Nur Männer wohnen hier, Gastarbeiter.

Mit klappernden Sandalen überquert ein kleines flachsblondes Mädchen die Straße. Bin ich das selbst? Nein, ich lehne es ab, mich mit diesem Bild von Traurigkeit und Armut zu identifizieren. In meiner Erinnerung bleibt Puteaux das Paradies meiner Kindheit. Auf den Höfen und in den Gängen wimmelte es nur so von Kindern bis spät in den Abend hinein. Wenn ich aus der Schule kam, warf ich meinen Schulranzen in die Ecke, nahm im Vorübergehen den Einkaufskorb mit, rannte, die Besorgungen zu machen, schmierte meine Schularbeiten aufs Papier, um so schnell wie möglich meine Hochburg aufzusuchen, mein prächtiges Königreich, das durch die beiden Enden der Rue Agathe begrenzt wurde.

Hier war ich die Königin. Von einer kleinen Steintreppe aus, die dem Haus gegenüber lag, hielt ich Hof, hier saß ich. Mir erschien die vierte Stufe ausgetretener als die anderen, als ich neulich da war. Nadeige war dazu verdammt, mein Page zu sein. Meine Mutter verlangte von mir, sie zu beaufsichtigen, und ich rächte mich an ihr, indem ich sie zu meinem Prügelknaben machte.

Wenn mein Page nicht schnell genug auf meine Befehle antwortete, bekam er eine Ohrfeige, denn ich hatte eine lockere Hand. Meine erste Hofdame hieß Mauricette; sie wohnte auf der anderen Straßenseite, wo ihre Mutter als Hausmeisterin arbeitete. Mein Kavalier hieß Georges Truchot, sein Vater war Lumpensammler. Um mich zu erobern, schenkte er mir Blumen, die er aus den Mülltonnen geangelt hatte.

Die Jungen nannten mich »Bohnenstange«, als ich acht oder zehn Jahre alt war. Immer wieder sagten sie mir, ich sei häßlich und zu dünn, aber trotzdem waren sie da und lungerten dauernd um mich herum: »Nadine, wie lange bleibst du noch?«, »Nadine, kommst du spielen?« Die Gesichter wurden lang, wenn meine Mutter gegen zehn Uhr befahl: »Nadine, komm herein, schlafen gehen!«

Ich war acht oder zehn Jahre alt, und es amüsierte mich, meine Macht über Menschen auszuprobieren. Ich wußte sehr genau, wen ich um den kleinen Finger wickeln konnte. Ich versuchte selbst denen zu gefallen, die ich nicht mochte. Einmal – ich muß zehn Jahre alt gewesen sein – gab mir ein Junge, kaum älter als ich, einen schnellen Kuß auf den Mund. Das ganze Viertel wußte davon: man kam, um sich diejenige anzusehen, die ein Junge schon geküßt hatte. Dieser plötzliche Ruhm war mir nicht unangenehm.

Hatte ich gute Noten nach Hause gebracht, gab mir meine Mutter ein paar Centimes, und meine größte Freude war es, ins Kino am Ende der Straße zu gehen. Es war die Zeit, als Marlene Dietrich und Greta Garbo bekannt wurden, aber ihre Filme, die in den eleganten Stadtteilen gespielt wurden, verirrten sich nicht bis zu uns. In Puteaux zeigte man

Charlie Chaplin- und Zorro-Filme in mehreren Folgen, was uns die ganze Woche über in fürchterliche Spannung versetzte. Unser Kino, das »Casino«, war mit Bänken ausgestattet, und in der Pause wurden Bonbons in Wundertüten verkauft, auf denen Fotos berühmter Schauspieler klebten, die ich sammelte. Manchmal zeigte sich ein junger Schauspieler auf der Bühne, bevor der Film anfing.

Eines Nachmittags erschien eine Frau in einem langen, blauen Abendkleid auf der Bühne, nachdem der Vorhang aufgegangen war. Sie war sehr schön, hatte helle Augen; die hellblonden Haare waren mit einem Stirnband festgehalten und nach hinten gekämmt. Georgy Viennet, diese wunderbare Frau, sang, ohne sich von der Stelle zu bewegen; der Vorhang schloß sich wieder, und sie hatte noch immer keinen Schritt getan. Am Ende der Vorführung bat ich sie, wie ich es immer bei diesen Vorstellungen tat, um ein Autogramm: Die Statue bewegte sich, sie hinkte. Meine Augen waren noch immer geblendet von dieser Erscheinung – das blaue Kleid hatte es mir angetan, noch lange träumte ich davon – und ich verstand, welche Kraft sie verkörperte. Eine echte Lektion des Mutes.

Jahre später, als ich gerade eine Kur in Quiberon machte, betrat ich ein Geschäft. Eine Kundin war vor mir. Ich sah sie an: Eine Kindheitserinnerung überkam mich, die harte Holzbank, die Musik, das blaue Kleid; dieses Gesicht war mir nicht unbekannt. Sie bewegte sich, sie hinkte. »Sie sind Georgy Viennet!« Sie wirkte erstaunt. Ich fuhr fort: »Sie waren für mich das erste wirkliche Bild der Eleganz und des Willens. Was ist aus Ihnen geworden?« Während wir uns unterhielten, erfuhr ich, daß sie die Bühne verlassen hatte. Sie machte Öffentlichkeitsarbeit... für den Vetter von Edmond, Philippe de Rothschild. So nah ich mich dieser Frau immer noch fühlte, so weit waren die Leinwandgrößen in den Hintergrund getreten. Der Film hat mich nie zum Träumen gebracht; ich stand zu sehr mit beiden Beinen auf der Erde, als daß ich an die Geschichte vom Prinzen und der Schäferin, der Sekretärin und dem Millionär glauben konnte. Es gab nur eines, das mich faszinierte, und das war die Wirklichkeit: Das waren die Gebäude aus Quadersteinen, die ich auf der anderen Seite der Seine entdeckt hatte, in Neuilly. Im Vergleich dazu erschien mir mein Königreich von Puteaux plötzlich ärmlich. Neuilly, wo die Leute so glücklich sein mußten! »Eines Tages«, sagte ich zu mir, »werde ich die Brücke überqueren.«

Als ich zwölf Jahre alt war, verließen wir Puteaux, um in eine kleine Wohnung in der Nähe der Porte Champerret zu ziehen. Mein Vater arbeitete jetzt bei der Polizei, und unser Leben war weniger schwierig.
Von dieser Ecke des XVII. Arrondissements, die durch den Boulevard Gouvion-Saint-Cyr und die Avenue des Ternes begrenzt war, ergriff ich schnell Besitz. In der angrenzenden Straße befanden sich zahlreiche Künstlerateliers. Eines davon war von einer Frau bewohnt, die immer einen Sari trug, in meinen Augen der absolute Höhepunkt der Eleganz. Ich überquerte friedlich die Rue Guersant; an einem Ende wohnten wir, am anderen machte ich Besorgungen für meine Mutter bei Bardoux, damals *das* große Warenhaus.

Mit dreizehn Jahren war ich zum erstenmal verliebt. Jacques Dahan wohnte genau über uns. Jeden Abend nach der Schule trafen wir einander an der Ecke des Boulevard Pereire und der Rue Guersant; ich trug seinen Ranzen bis zum Haus. Dort wiederum half er mir, als Gegenleistung, die Mülleimer hinunterzutragen. Am Fuß der Treppe trafen wir einander wieder; er sah mich zärtlich an, erklärte mir aber: »Du bist wirklich zu häßlich; ich werde dich niemals heiraten.« Ich war furchtbar unglücklich, denn er erschien mir sehr begehrenswert. Durch ihn kam ich nach der Modistin und ihrem Mann mit einer zweiten jüdischen Familie in Kontakt; diesmal kam sie nicht aus dem polnischen Nebel, sondern aus der Sonne Afrikas. Bei diesen Pieds-noirs* herrschte bei der Befreiung von Paris eine ungewöhnlich laute, freudige Stimmung, und es gab eine Vielzahl von Gerüchen, die einen schwindelig machte. Bei uns Menschen aus dem Norden ging dagegen alles ruhiger zu, selbst wenn wir uns freuten. Ich fragte mich, warum einige Leute lachen können und andere nicht. In der Wohnung über uns strömten häufig die Familienmitglieder zusammen; besonders über einen jungen Onkel mußten wir lachen, der jüdische Anekdoten erzählte. Er hieß Gilbert Trigano.
Das Leben hält für uns manchmal die eigenartigsten Zufälle bereit. Im Jahre 1960 kam Edmond eines Abends vom Büro nach Hause und erzählte mir, er habe einen Geschäftsmann kennengelernt, der nicht wie die anderen sei.
»Er ist vorausschauend«, sagte er mir, »seine Ideen über den Massentourismus interessieren mich. Er plant Ferien-

---
* Algerienfranzosen

dörfer. Er will ein Konzept ausarbeiten und mir Anteile an seiner Gesellschaft anbieten.«
»Wie ist er?«
»Sympathisch, unternehmungslustig, hat lebhafte Augen und ist sehr intelligent.«
»Und äußerlich?«
»Nichts Besonderes. Klein, dunkelhäutig. Seine Familie kommt ursprünglich aus Algerien.«
»Eigenartig, das erinnert mich an jemanden, den ich vor vielen Jahren kannte.«
Wir sprachen beide von demselben Mann: Gilbert Trigano. So viel Spaß mir das Leben auf der Straße machte, so sehr fürchtete ich mich vor der Schule. Als einzige Erinnerung an meine Grundschuljahre in Puteaux habe ich noch im Gedächtnis, daß ich eines Tages mit Hammer und Sichel nach Hause kam, die mir ein frisch bekehrter Kommunist mit seinem roten Stempel in die Hand gedrückt hatte. Den Reigen und Abzählversen zog ich die rachsüchtigen Strophen der *Internationale* vor. Die Höhere Mädchenschule auf dem Boulevard Pereire erschien mir wie ein Gefängnis. Noch heute zieht sich mein Herz zusammen, wenn ich an ihr vorübergehe. Ich saß in der Nähe des Fensters, dort wo die französische Fahne, das Zeichen der Freiheit, an der Fassade wehte. Meine Nachbarn beugten sich über ihre Bruchrechnungen, Aufsätze oder Konjugationen; ich hingegen sah verträumt den Passanten nach. Meine einzige Hoffnung war ein kleiner Zug, der an der Schule vorüberfuhr und der mir unzählige Reisen und Zerstreuungen versprach. Ich stellte mir die Reisenden vor, die sich auf dem Weg in märchenhafte Länder befinden. Ich

wußte nicht, daß ihre Endstationen auf der einen Seite die Porte d'Auteuil, auf der anderen Seite der Pont Cardinet waren...

Damals war man bis zu seinem vierzehnten Lebensjahr schulpflichtig. Mit vierzehn Jahren und einem Tag nahm ich mein Abschlußzeugnis in Empfang, in dem mir bescheinigt wurde, daß ich »lesen, schreiben und rechnen« konnte, und warf hinter mir die Schultür zu. Gleichzeitig schloß ich für immer die Wohnungstür, hinter der mein Vater und ich uns ständig stritten, wenn es um Fragen der Disziplin ging. Ich mußte für meinen Lebensunterhalt sorgen: Nicht weit von zu Hause entfernt fand ich bei Neubauer, einer kleinen Firma, die für Peugeot Schonbezüge für Autositze herstellte, eine Anstellung. Über dem Laden in einem großen Raum mit niedrigen Fenstern war ich mit etwa zwanzig anderen Mädchen damit beschäftigt, Druckknöpfe anzubringen. Fließbandarbeit. Wir arbeiteten von sieben Uhr morgens bis fünf Uhr nachmittags. Mittags wärmte sich jede ihr mitgebrachtes Essen auf. Ich räumte meinen Arbeitsplatz auf und breitete ein sauberes Stück Papier aus, bevor ich aß, was mir den Spott der gesamten Werkstatt einbrachte. Man spricht viel von der Herzlichkeit, dem Zusammengehörigkeitsgefühl innerhalb der Arbeiterschaft. Ich habe hauptsächlich Gehässigkeit denen gegenüber kennengelernt, die nicht bereit waren, sich anzupassen.

Eine Wohnung hatte ich mir in einem wunderschönen Haus am Boulevard Gouvion-Saint-Cyr ausgesucht, das mit schmiedeeisernen Balkons verziert war und eine Marmortreppe hatte. Ich war stolz, obgleich man durch eine Dienstbotentür gehen mußte, um zu meinem winzigen

Hausmädchenzimmer in der siebten Etage zu gelangen. Ich mußte eine grüne Metalltür öffnen, einen langen Gang entlanggehen, einen kleinen Hof überqueren und einen alten Lastenaufzug nehmen, der auf jeder Etage stehenzubleiben drohte. Mein schlauchähnliches Zimmer wäre hübsch gewesen, wenn der Blick aus dem Fenster nicht durch einen großen Stein zur Hälfte verdeckt gewesen wäre, dem Fenstergiebel der Bewohner aus der sechsten Etage. Ich tröstete mich mit dem Gedanken, daß ich eines Tages in der Etage unter mir wohnen würde.

Meine Rettung kam jedoch von oben. Im achten Stockwerk wurde ein Zimmer frei, und so stieg ich mit meinem Bett, einer Grünpflanze und, tief unten in einem Koffer versteckt, einem Spirituskocher, auf dem ich heimlich kochte, eine Etage höher.

Auf dem Treppenabsatz, unterhalb einer Schräge, die durch bemalte Fenster beleuchtet wurde, befand sich ein Wasserhahn mit kaltem Wasser, an dem man sich zweimal in der Woche waschen durfte. Ich stellte auf den Treppenabsatz einen Wandschirm, auf das Waschbecken aus weißer Keramik, das mit einem Gitter versehen war, eine Blume und begann mich zu waschen. Auf der Toilette, auf der man nur hocken konnte, gelang es mir, mit Hilfe einer Gießkanne, die ich auf den Spülkasten stellte, nach und nach ein System zu entwickeln, mit dem ich mich auch einigermaßen duschen konnte.

Mit Schrubber und Eimer ausgestattet scheuerte ich einmal in der Woche die Marmortreppe, um am Monatsende finanziell leichter über die Runden zu kommen. Ich war nicht verschwenderisch. Selten ging ich ins Kino, niemals ins Theater; ich hatte nicht einmal ein kleines Radio. Aber ich wollte eine anständige Bettüberdecke haben und einen kleinen Nachttisch, nicht nur einen Hocker. Meine Eltern, die über meinen Freiheitsdrang entsetzt waren, baten mich, wieder nach Hause zu kommen. Sie bemühten sich vergeblich.

Nach der Fabrik Neubauer arbeitete ich in einem Wolladen, der sich Fourlegnie nannte. Die Arbeit dort war sauber. Ich bekam einen weißen Arbeitskittel und hatte die Aufgabe, die Ballen aufzumachen und die Knäuel und Wollstränge im Lager einzuordnen. Es kam vor, daß ich die Kunden bediente und – eine ganz besondere Ehre – am Telefon antworten durfte; dieser herrliche Apparat, mit dem ich bis dahin noch nicht in Berührung gekommen war.

Ich arbeitete eine Woche bei einem Friseur, wo ich emsig fegte, in der Hoffnung, eines Tages die Köpfe der Kunden waschen zu dürfen. Immer noch im gleichen Stadtteil, am Boulevard Pereire, war ich dann fast ein Jahr in einem Vervielfältigungsbüro angestellt, wo ich den lieben langen Tag Rundbriefe abzog. Ohne mir dessen schon bewußt zu sein, hatte ein glücklicher Zufall mein Leben bereits der Sonnenseite zugewandt.

Ich arbeitete im Wollgeschäft und hatte noch nicht meinen siebzehnten Geburtstag gefeiert. Micheline, eine der Verkäuferinnen, die schon etwas länger als ich in dem Laden war, hatte zufällig eine Anzeige aus der Zeitung ausgeschnitten, in der ein Maler Modelle suchte. Sie schlug mir vor, sie zu ihrer Verabredung zu begleiten. Wir trafen uns gegen sieben Uhr früh und bestiegen den Autobus, der bis zur Etoile fuhr; an der Place d'Iéna stiegen wir aus. Weit riß ich die Augen auf; noch nie war ich in so schöne Stadtteile gekommen. Das Gebäude, in dem der Maler wohnte, war eindrucksvoll mit seinen hohen Fenstern, die aus lauter kleinen Quadraten bestanden und die dem Platz sein Gesicht gaben. In der zweiten Etage öffnete uns, unverkennbar an seiner gelb und schwarz gestreiften Weste, ein Diener die Tür. Ich flüsterte Micheline ins Ohr:

»Was für ein komischer Kasperl!« womit ich eventuell die Frage provozieren konnte: »Sie kommen wohl auch auf die Anzeige?« An seinem beleidigten Schweigen merkte ich, daß mein Gefühl mich getrogen hatte.

Jean Gabriel Domergue trat ein: wie ich später erfuhr, war er damals schon ein sehr bekannter Gesellschaftsmaler. Mit seinem leicht ergrauten, spitzen Kinnbärtchen kam er mir wie ein alter Herr vor, ein Ahnherr von etwa fünfzig Jahren. Er starrte mich an und bat mich einzutreten.

»Geh schon«, sagte ich zu meiner Freundin.

Er wurde deutlicher.

»Nein, meine Kleine, Sie möchte ich sehen.«

Ich folgte ihm in sein Atelier. Er forderte mich auf, mich auszuziehen. Da stand ich nun im Unterrock und genierte mich zu Tode. Aber eigentlich war es auch nicht schlimmer als beim Arzt. Seine Diagnose allerdings verblüffte mich: »Phantastisch, Sie beginnen morgen früh.«

Ich, die Bohnenstange, als Modell eines Malers! Ich konnte es kaum glauben. Micheline, die mir so schön erschien, war auf der Strecke geblieben, und mich hatte man ausgesucht, dabei fand ich mein Äußeres selbst so unauffällig. Ohne es zu wissen, verkörperte ich das Naturkind, das Domergue so gern malte, die kleine Frau mit dem langen Hals, trotziger Nase, Schlitzaugen, mit schöner Büste und schmaler, kurzer Taille. Eine Malerei ohne besonderen künstlerischen Wert, deren Erfolg in der Darstellung à la Van Dongen lag. Ich besaß niemals ein Bild von Domergue, bis eine Kusine, die wußte, daß ich für ihn Modell gestanden war, mir eines schenkte, das sie zwanzig Jahre zuvor gekauft hatte. Das war eindeutig ich, mit zurückgekämmtem Haar, nackten Schultern über einem die Taille einschnürenden gelben Korsett. Seitdem erwartet mich jeden Morgen im Badezimmer eine junge Frau mit Lausbubengesicht; ich schaue sie erstaunt an und stelle fest, daß trotz der langen Reise, die vor ihr liegt, keinerlei Furcht in ihren Augen zu erkennen ist.

Dreimal wöchentlich ging ich morgens zu Domergue, von sieben bis halb neun, um ihm vor meiner Arbeit Modell zu stehen. Sieben Francs die Stunde für das Modellstehen, eine Wahnsinnssumme, verglichen mit meinem Lohn. Für diesen Preis hätte ich es auch akzeptiert, Kartoffeln zu verkaufen.

Über das reine Geldverdienen hinaus brachte mir diese Tätigkeit noch anderen Gewinn. Zuallererst lernte ich Geduld üben. Darüber hinaus öffneten sich mir die Tore zu einer unbekannten Welt. An dem Morgen, an dem ich zum ersten Mal zu Domergue hinausfuhr, hatte ich in weniger als einer halben Stunde Busfahrt Lichtjahre durchmessen. Bei Sonnenaufgang war meine Welt noch durch ein Mansardenzimmer und Wollballen bestimmt; eine Stunde später betrat ich Neuland, in dem Luxus und Schönheit herrschten. Eine Welt, in der die Wohnungen so groß waren wie Kathedralen. Eine Welt, in der die Frauen elegant waren und die Namen von Romanheldinnen trugen. Eine Welt, in der man anscheinend die Zeit gepachtet hatte.

Ich war nur eine beeindruckte Zuschauerin, mir entging es aber doch nicht, daß hier mein eigentliches Leben begann. Während der Meister malte, kamen seine Freunde aus der Gesellschaft, Schauspieler und Schriftsteller, um bei den Modellsitzungen anwesend zu sein. Ich wurde überhaupt nicht beachtet; nur hin und wieder warf man mir einen Blick zu, um die Ähnlichkeit zwischen Portrait und Modell zu überprüfen. Das war mir nicht sehr angenehm. Dafür waren unsere Sitzungen unter vier Augen ein Genuß. Während Domergue den Pinsel führte, hörte er nicht auf zu plaudern, Namen wurden wachgerufen, Plätze in Erinnerung gebracht, seine Geschichten weckten Träume in mir. In diesem charmanten, väterlichen Herrn schlummerte ein Pygmalion; ich hatte zwar nur Grundschulkenntnisse, aber ich war wißbegierig. Meine Rechtschreibung war miserabel, ich las überhaupt nicht, doch er drängte darauf, daß ich mich bildete. Welch harte Arbeit, diese Urbarmachung! Fröhlich plauderte er und kam dabei vom Hundertsten ins Tausendste. Anhand einer Sänfte, die in seinem Eingang stand, erteilte er mir Stilkunde. Ich konnte damals einen Rokoko-Stuhl nicht von einem Küchenhocker unterscheiden. Oder er sprach über Ludwig XIV. und seine Zeit oder über Napoleon. Da meine Kenntnisse bei der Jungfrau von Orléans aufhörten, wußte ich nicht einmal, daß es eine Fortsetzung der französischen Geschichte gegeben hatte.

Er erzählte mir, daß er einzig und allein nach Amsterdam gefahren war, um sich in einem Museum das Bild anzusehen, das er liebte. Das erschien mir unmöglich. Ich hatte noch nie einen Fuß in ein Museum gesetzt; die einzigen Bilder, die ich kannte, waren die in den Kirchen, in die meine Mutter mich geschleppt hatte. Wie viele Kilometer, nur um ein Gemälde anzuschauen! Das gleiche Erstaunen empfand ich, als vor einigen Jahren ein Sachverständiger für Watteau-Gemälde, der uns ganz besonders empfohlen worden war, in unserem Schloß in Pregny erschien, um den rechten Arm des »Schönen Gleichgültigen« auszumessen, der im gelben Salon hängt. Er tat das auf den Millimeter genau. Im Anschluß an seine Arbeit schlug ich ihm vor, das Haus anzusehen, das einzigartige Sammlungen beherbergt. Er lehnte dankend ab. Er hatte seinen Auftrag erfüllt und wollte so schnell wie möglich zurückfahren. Ich war erstaunt, daß ein Mann, der in der Kunstwelt Ansehen genoß, keinen größeren Wissensdrang hatte.

Jean Gabriel Domergue gab sein unerschöpfliches Wissen an mich weiter. Allein durch seine Erzählungen öffnete er vor meinen Augen ein großes Bilderbuch. Die Malstunden vergingen wie im Flug. Wenn ich abends aus dem Geschäft nach Hause kam, schrieb ich das morgens Gehörte auf großen Zetteln nieder, bevor ich es, jedes Thema für sich, in kleinen Heften notierte. Oft schlief ich, von der Arbeit völlig erschöpft, mit der Nase im Heft ein. Was für eine ungewöhnliche »Strafarbeit« hatte ich mir da auferlegt, und doch, so wußte ich, eines Tages würde mir das alles nützlich sein.

Domergue verdanke ich es, daß ich heute die schwierige Kunst der Unterhaltung beherrsche. Ich gewöhnte mich daran zuzuhören, Fragen zu stellen, im richtigen Moment das Gespräch wieder in Gang zu bringen. Außerdem brachte er mir bei, daß Schönheit an sich belanglos ist. Die wahre Schönheit, die, die den Menschen berührt, heißt ›Leben‹, ein kurzer Blick, im richtigen Moment anwesend zu sein. Wie viele schöne Frauen haben nur einen vorübergehenden Erfolg genießen können, weil sie es für selbstverständlich hielten, etwas zu empfangen, ohne dafür auch nur das Geringste zu geben. Die weniger schönen Frauen wissen, daß sie all ihre Mittel einsetzen müssen, wenn sie jemanden betören wollen.

Der Meister sparte auch nicht mit Ratschlägen: »Höre niemals auf zu arbeiten«, sagte er mir, »das ist deine Sicherheit und versuche immer, dich zu verbessern. Bei deinem Äußeren und mit deinem lebhaften Geist solltest du Theater spielen oder zum Film gehen.«

Er schickte mich zu Marc Allégret, der viele Schauspieler herausgebracht hatte, unter ihnen Jean-Pierre Aumont und Simone Simon. Ich verließ ihn, den Arm voll beladen mit Stücken von Sacha Guitry; Dutzende von Szenen, die ich in weniger als einer Woche lernen mußte!

Wie sollte das nur jemandem gelingen, der es nicht einmal fertiggebracht hatte, die Liste der französischen Departements auswendig zu lernen, dem das Einmaleins widerspenstig erschien, der sich die Grundregeln der Grammatik nicht merken konnte, dem schlechtesten Schüler der Schule am Boulevard Pereire also? Trotzdem machte ich mich mit großem Vergnügen an die Arbeit. Den ganzen Tag lang wiederholte ich die Texte, die ich am Abend zuvor im Bett gelernt hatte. Das ganze Büro nahm daran teil und amüsierte sich, wenn man mich die Texte abhörte.

An dem vereinbarten Tag wußte ich alles auswendig und trug es Marc Allégret mit der Anmut einer Schreibmaschine vor. Nachsichtig gestand er mir, trotz einiger Schwächen, Talent zu und meinte, meine Stärke läge in den frivolen, leichten Rollen wie der Kammerzofe bei Marivaux oder der Rosine im *Barbier von Sevilla*. Ironie des Schicksals! Es hieß sich beugen, denn so, wie meine Mutter mich geboren hatte, würde ich nie Andromache spielen können; resolut strich ich diese tragischen Rollen aus meinem Repertoire. Marc Allégret riet mir, Schauspielunterricht zu nehmen, aber ich wußte nicht, wie ich das bezahlen sollte. Ich mußte als Statistin beginnen.

Es folgte die normale Ochsentour. Ich kaufte die Zeitschrift ›Le Film français‹, notierte die Filme, die im Entstehen waren; ich rief die Regisseure an, führte Vorstellungsgespräche bei den Filmgesellschaften auf den Champs-Élysées. Oft ergebnislos, aber immerhin waren dies die echten Champs-Élysées zwischen der Place de la Concorde und dem Étoile.

Ich hatte große Probleme, die Zeit zum Vorsprechen zu finden, da ich in dem Vervielfältigungsbüro, in dem ich arbeitete, ununterbrochen Tausende von Matrizen abziehen mußte. Eine Migräne vorzutäuschen, war nicht meine Art; ich beschloß daher, eine neue Arbeit zu finden, die mir mehr Zeit ließ, und so begann ich, auch noch für andere Maler Modell zu stehen: Touchagues, Dyef und in der »Grande Chaumière«. Mein Terminkalender begann sich zu füllen.

Meine Freude war grenzenlos, als ich meine erste Statistenrolle ergattert hatte. Es war ein Film von Julien Duvivier: *Au Royaume des Cieux*, mit der hübschen Suzanne Cloutier als Hauptdarstellerin, die später die Frau von Peter Ustinov wurde. Wir drehten in den Studios von Billancourt, wo wir Schülerinnen spielten, die in einer Kirche vom Hochwasser überrascht wurden. Der Wasserspiegel stieg unaufhörlich, wir erklommen die Bänke, er stieg weiter und weiter, bis zu unserer Taille, bis zu den Schultern, unsere Zöpfe schwammen wie herrenloses Strandgut umher. So verbrachte ich fast eine Woche unter Wasser, unerschütterlich schlüpfte ich jeden Morgen in die nassen, kalten Kleider. Diese Erfahrung konnte meine Begeisterung nicht abkühlen; in mir brannte das heilige Feuer.

In meinem zweiten Film, *Der Glöckner von Notre-Dame*, war ich die Partnerin von Gina Lollobrigida, die Quasimodo, dargestellt von Anthony Quinn, leidenschaftlich liebte. Verloren in der Menge der zweihundert Statisten, stellte ich ganz bescheiden ein junges Mädchen dar, das zwischen der Rue Réaumur und der Rue du Claire in Paris lebte. Nach und nach entdeckte ich die Rangordnung der Filmwelt mit ihren Statisten, ihren Kleinstrollen, die nicht mehr als zwei Worte umfaßten, jenen, die aus drei Sätzen bestanden, Eintagsrollen, den Rollen, die eine Woche dauerten, den Neben- und Hauptrollen. Eine Traumwelt, voll des Lichtes, die aus der Nähe betrachtet, aus kleinen Angestellten bestand, die ohne Begeisterung und leidenschaftslos ihrer Tätigkeit nachgingen, nur um einen Arbeitsplatz zu haben. Ich stand ganz unten auf dieser Leiter, die ich erklimmen wollte.

Ich arbeitete den ganzen Tag. Übrig blieben die Abende, an denen ich nicht beschäftigt war. Welch verlorene Zeit! Ich stürzte mich in das Varietéleben, indem ich mir die Proben in Theatern wie dem »Théâtre de l'Étoile«, dem Theater in der Avenue de Wagram, dem »ABC« und dem »Bobino« ansah... Im »Européen«, ganz in der Nähe der Place Clichy traf ich zum ersten Mal Bruno und Paulette Coquatrix, die späteren Besitzer des »Olympia«. Um etwas damenhafter auszusehen, hatte ich mir einen Persianer geliehen. Vergebliche Liebesmühe, ich sah immer noch wie eine Fünfzehnjährige aus, die in den Mantel ihrer Mutter geschlüpft war. Die Coquatrix fanden wahrscheinlich andere Vorzüge an mir als meinen Pelz, denn von diesem Abend an war ich bei all ihren Vorstellungen dabei.

Damals war es noch ein kleines, ganz unbedeutendes Revuetheater ohne geistige Ambitionen, im Stil des galanten beziehungsweise frivolen Paris. Ich wirkte mutig in der Truppe der ›girls‹ mit, ohne gelernte Tänzerin zu sein. Sowie meine Zeit und meine Mittel es mir erlaubten, nahm ich einige Tanzstunden, da mich meine Talente eigentlich in den hinteren Teil der Bühne verdammten oder mir den Platz der intellektuellen Statistin zuwiesen. Im »ABC«, einem Revuetheater, das von Charpini und Brancato geleitet wurde, zwei damals bekannten Komikern, die es wagten, als Frauen verkleidet aufzutreten, stellte ich einen Herrn mit Melone dar! In *Sauce Piquante* lieh ich meine Reize der gelehrten Heloïse, der Geliebten von Abélard.* Welch ein historisches Datum, als ich endlich das Fegefeuer der Stummen verlassen und stolz meinen ersten Satz hervorbringen durfte: »Graf, nur zwei Worte!«. Es handelte sich allerdings nur um eine Persiflage des *Cid*, denn in Wirklichkeit zog ich in Ballettröckchen und Netzstrümpfen über die Bühne des »Bobino«.

Erinnerungen, nichts als Erinnerungen... Was mag aus

---

* Pierre Abélard, Mönch und Philosoph des 11. Jahrhunderts, der heimlich Heloïse, die Tochter des Kanonikers Fulbert, heiratete. (A. d. Ü.)

meinen Freundinnen geworden sein, diesen Mädchen mit den tollen Busen, den langen Beinen, die zwischen zwei Vorstellungen strickten und schwatzten? Sicherlich sind sie heute verheiratet und Familienmütter... Sie träumten immer davon, zu heiraten. Ich war erst siebzehn Jahre alt, und Heiraten war meine geringste Sorge. Mir war nur daran gelegen, im Leben Erfolg zu haben.

»Bobino«: Noch heute sehe ich mich vor der Premiere einer Vorstellung, ich kann nicht mehr sagen, vor welcher es war, im Kostüm eines kleinen Operetten-Jockeys – weißer Kasack und Reithosen aus weißer Seide, auf dem Kopf eine Schirmmütze. Es war üblich, daß die Direktoren des Theaters jedem Künstler ein kleines Blumensträußchen schickten, und daß sie in ihre Garderoben kamen, um ihnen viel Erfolg zu wünschen. Das Ehepaar Coquatrix trat ein.

Da saß ich, den Kopf zwischen den Händen und wiederholte zum letzten Mal meinen Text. Paulette machte mir Mut – erst neulich hat sie mir diese Begebenheit wieder ins Gedächtnis zurückgerufen: »Nadine, entspanne dich, du kannst deine Rolle.«

Ich richtete mich auf und schaute ihr gerade in die Augen.

»Ich werde es bestimmt schaffen.«

»Aber natürlich wirst du es schaffen, schließlich willst du es ja.«

Sicherlich nahm sie an, ich würde eine Rolle im vorderen Teil der Bühne anstreben. Vielleicht glaubte ich das selber... Obwohl... Nein, wenn ich heute daran zurückdenke weiß ich, daß damals diese Bühne schon zu eng für mich war.

Ich hatte Schlitzaugen, ein dreieckiges Gesicht, einen gelenkigen Körper. Katzengleich schlüpfte ich problemlos in die Rollen, die man mir anbot, immer berauscht, wenn man mir ein neues Rollenknäuel vor die Nase hielt, das abgewickelt werden mußte, oder sobald ich neues Land entdeckte, das zu erforschen war. Ich hatte aber auch Instinkt. Hinter meinem Wunsch, alles anzupacken, und hinter meiner Vitalität lag ein Tier auf der Lauer. Mutig wies ich alles zurück, was mir nicht passend erschien.

Wie die Katzen, das vergaß ich zu sagen, hatte ich auch Krallen. Beweis dafür ist ein Zwischenfall, den ich im »Européen« mit einer Tänzerin hatte. Man hatte mich gefragt, wie alt sie wohl sein mochte. Mylène, dieses hochnäsige Frauenzimmer, hatte mich schon immer wütend gemacht. Hinter den Kulissen verkündete ich, daß sie nicht mehr ganz jung sei: »Es würde mich nicht wundern, wenn sie schon die 25 überschritten hätte und immer noch ohne Mann wäre.«

Diese Beleidigung saß, Mylène fiel über mich her. Wie zwei Furien schlugen wir einander, wir zogen einander an den Haaren, es gab Fausthiebe, Fußtritte, man mußte uns trennen. Ein Fotograf, der eine Reportage über die Hauptdarstellerin des Theaterstücks machen wollte, war anwesend. Einige Tage später fand ich mein Foto auf der Titelseite von ›France Dimanche‹; ich hatte feuerrote Wangen und ein blaues Auge. Meine Streitsucht hatte mir dazu verholfen, bekannt zu werden.

Kurze Zeit darauf erhielt ich von dem Pariser Vertreter der Metro-Goldwyn-Mayer eine Einladung, ihn aufzusuchen. Er bot mir einen Sieben-Jahres-Vertrag nach Hollywood an.

Hollywood, Paradies der Stars, Arbeitslosenversicherung für ein junges Mädchen, das erst am Anfang seiner Karriere stand. Ich lehnte jedoch ab.

»Wenn das nicht klappt«, sagte ich zu dem erstaunten Amerikaner, »und ich in sieben Jahren nach Paris zurückkomme, bin ich zu alt, um wieder anzufangen.«

Diese Absage erschien absurd, unlogisch, und trotzdem hatte ich das Gefühl, daß, wenn ich gehen würde, meine Chance vertan wäre. Keines der Mädchen, die diese Verträge angenommen haben, schaffte den Durchbruch.

Ich konnte aber dennoch nicht für den Rest meines Lebens die Beine schwingen. Da ich den Weg zu den Amerikanern abgebrochen hatte, schlug ich den zu den großen Boulevards ein, in der Hoffnung, dort eine besser bezahlte und interessantere Anstellung zu finden. Im »Théâtre de l'Étoile«, in dem ich auftrat, traf ich den Mann, dem ich meine Karriere als Schauspielerin verdanke: Robert Beunke, der Arletty entdeckt hatte und der Impresario von Raimu und Fernandel war.

Bis jetzt hatte ich noch nichts bewiesen außer, daß ich ein niedliches Gesicht und einen ungeheuren Willen besaß. Beunke vertraute mir. Ihm habe ich es zu verdanken, daß ich am »Théâtre des Capucines« engagiert wurde, einem richtigen kleinen Theater, das ganz in weißem Satin ausgeschlagen war, und in dem sich die schönsten Frauen von Paris anläßlich lustiger Einakter, Varietévorstellungen oder Theaterstücken im Stil des 18. Jahrhunderts ein Stelldichein gaben.

Die Revuen wurden immer Monate im voraus einstudiert. Für die erste Revue, bei der ich engagiert wurde, waren bereits alle Rollen verteilt. Man nahm mich als Double, damit beauftragt, wenn nötig, zwei Dutzend Mädchen zu ersetzen, die fast einen Meter achtzig groß waren. Das war besser als gar nichts, selbst wenn mir fast zwanzig Zentimeter fehlten. Ungeduldig wartete ich auf meinen ersten Bühnenauftritt; jeden Nachmittag übte ich, abends kam ich gut zwei Stunden vor Beginn der Vorstellung und blieb bis zum Ende, in der Hoffnung, daß eine ausfallen würde. Aber weder Schnupfen noch ein verstauchtes Fußgelenk oder ein entzündeter Blinddarm stellten sich ein. Diese Mädchen hatten eine eiserne Gesundheit!
Bei der nächsten Revue ließ mich Mitty Goldwin, ein russischer Jude, der ein außergewöhnliches Gespür für Kunst hatte, feierlich zu sich rufen:»Ich hätte eine Rrrolle für dich, meine kleine Nadine.« (Er rollte gewaltig das R). Verblüfft schaute ich ihn an. In großen Druckbuchstaben sah ich mich schon auf den Plakaten erwähnt; mein Name war zu lang, ich ergriff die Gelegenheit, ihn zu ändern. Schließlich hatte ich ihn nur angenommen, und so gab ich die Hälfte wieder zurück. Aus Nadine Lhopitalier wurde Nadine Tallier. Während der Proben stellte ich fest, daß ich noch immer nicht die Rrrolle meines Lebens bekommen hatte: Abend für Abend mußte ich in einem weißen Badeanzug und mit langen, schwarzen Handschuhen die Bühne überqueren.
Am Premierenabend herrschte große Aufregung hinter den Kulissen: es war unmöglich, meine Handschuhe zu finden. In Ermangelung eines Besseren lieh ich mir weiße. Als ich

von der Bühne kam, erwartete mich Goldwin schon außer sich vor Zorn: »Du dumme Gans hast mein ganzes Stück rrruiniert; der Witz des Sketches beruht auf den schwarzen Handschuhen!« Indem ich weiße Pfötchen zeigte, hatte ich das ganze Stück verdorben. Ein vielversprechender Anfang war das nicht.

Ich wurde aber nicht aus der »Truppe« entlassen und arbeitete weiter in diesem kleinen, entzückenden Theater, in dem so viele große Schauspieler, Yvonne Printemps an der Spitze, gelernt hatten. Ich spielte dort zusammen mit Pierre Dac, Francis Blanche, Raymond Souplex, Georges Chauvier, der nach der Vorstellung manchmal von seinem kleinen Sohn Serge (Lama) abgeholt wurde. Aber auch neben Anfängern wie Henri Salvador, Raymond Devos, dessen Trampolinnummer mir unvergeßlich ist, neben Annie Cordy, Darry Cowl, Roger Pierre und Jean-Marc Thibault hatte ich Gelegenheit aufzutreten. In einer ihrer letzten Revuen sah ich eines Tages im »ABC« die Mistinguett, die damals über fünfundsiebzig Jahre alt war. In der Pause nahm mich Robert Beunke mit in ihre Garderobe; er stellte mich ihr vor und erwähnte meinen Wunsch, Varieté zu machen. Die »Miss« musterte mich von Kopf bis Fuß, und mit ihrer unnachahmlichen Stimme bemerkte sie: »Die Kleine hat recht, sie sieht nicht wie eine Arbeiterin aus.«

Das »Capucines« war eine Ansammlung von jungen Talenten, eine Fundgrube für die Impresarios. Hier trafen sich jeden Abend angesehene Herren, die mehr von der Schönheit der Frauen angezogen wurden, als von der Hoffnung auf ein Erlebnis; sie kamen um der Augenweide willen und um zu träumen. Das war elegant, altmodisch und charmant.

Im ersten Rang saß unvermeidlich einer meiner Bewunderer, der nach jeder Vorstellung unserem großartigen Portier Alex eine riesige Schachtel Pralinen für mich übergab. Ich bin weiß Gott naschhaft, doch nach zwei Monaten hatte ich genug von dieser Diät; die Pralinen hingen mir zum Halse heraus, und ich begann, sie an die Garderobiere, die Friseuse und die Hausmeisterin zu verschenken. Eines Tages hielt mich diese brave Frau am Fuß der Treppe auf: »Mademoiselle, ich glaube nicht, daß Sie gesehen haben, was in der Pralinenschachtel lag, die Sie mir gestern geschenkt haben.«
Sorgfältig und genauso in goldenes Papier eingepackt wie die anderen Pralinen lag in der Mitte der Schachtel eine eigenartige Näscherei: Ein Ring, mit einem riesigen Topas, das erste Schmuckstück, das ich geschenkt bekam!
Als ich noch Tänzerin im »Européen« war, brachten mir die Platzanweiserinnen abwechselnd Arme voll mit roten Rosen und kistenweise Pommery rosé. Mein Verehrer mit Schlapphut, hochgestelltem Kragen, weißer Krawatte und stechendem Blick hatte allerdings keinen guten Ruf. Hinter dem Bühnenvorhang lagen wir auf der Lauer und erwarteten das Auftauchen dieses »bösen Buben«, und nach der Vorstellung hielten meine Freundinnen Wache, während ich in der Garderobe darauf wartete, daß er entmutigt von dannen zog. Später wurde er bei der gesamten französischen Polizei so bekannt wie sein Spitzname: »der verrückte Pierrot«.
Ich war damals neunzehn Jahre alt. Blumen bekam ich oft, einen Topas seltener. Eine Klasse der »Ecole des Roches« machte an einem Sonnabendnachmittag blau, um mir

Beifall klatschen zu können; anschließend führten sie mich in die »Bar des Artistes« zum Abendessen aus.
Im »Capucines« stieg ich mit jeder Aufführung ein bißchen höher. In dem Stück *Les chansons de Bilitis* (Die Lieder der Bilitis), nach einem Werk von Pierre Louÿs, in der Bearbeitung von Marc Cabb und mit der Musik von Joseph Kosma, hatte ich einen großen Erfolg als griechische Schäferin. Im gleichen Jahr, 1952, wurde noch ein weiteres Stück in Sketchform aufgeführt. Edith Georges, die Hauptdarstellerin der Revue, feierte als Imitatorin von *Fifi* einen großen Erfolg, während Fortunia, eine schöne Mulattin, in einem Lendenschurz aus Bananen auftrat und à la Josephine Baker sang. Den größten Erfolg dieser Saison jedoch feierte Christiane, eine Sängerin des klassischen Fachs, die sich, Gott allein weiß wie, ins Varieté verirrt hatte. In ihrem nachtblauen Abendkleid von Carven begeisterte sie mich so stark wie zehn Jahre zuvor Georgy Viennet. Wir waren immer zu zweit in einer Garderobe. Christiane durfte sich ihre Partnerin aussuchen. Da wir uns dreimal zugelächelt hatten, bat sie mich darum, zu ihr zu kommen.
Es dauerte eine ganze Weile, bis wir uns duzten. Auf den ersten Blick hatten wir nichts gemeinsam. Ihre Herkunft: Sie stammte aus der protestantischen Mittelschicht, ihr Äußeres: groß, wohlbeleibt, elegant, blaue Augen, blondes Haar und schöne, ebenmäßige Züge. Unsere Charaktere: Sie war ängstlich, zurückhaltend, ich draufgängerisch, fröhlich. Sie war mein Lehrer in vornehmem Betragen; ich brachte ihr Strebsamkeit bei. Wir wurden unzertrennlich. Einige Gewitter blieben trotzdem nicht aus. Die prüde Christiane konnte einige meiner Bekannten nicht ausste-

hen; davon war besonders Lucienne betroffen, ein junges Modell, das sich in der Revue barbusig zeigte. Wir hatten die Angewohnheit, uns beide in eine Ecke auf die Treppe zu setzen, wo mir Lucienne haarklein ihr kompliziertes Seelenleben berichtete.
Ich wurde nicht müde, ihr zuzuhören; ich war unverbesserlich neugierig und davon überzeugt – ich bin es heute noch –, daß ich etwas Wissenswertes von den Menschen erfahren kann, die meinen Weg kreuzen.
An den Tagen, an denen wir eine Vormittags- und eine Nachmittagsvorstellung hatten, ging ich in Gesellschaft von Pierre Dac und Francis Blanche in der »Bar des Artistes« zu Abend essen, während Christiane, die schrecklich snobistisch war, die eleganten Restaurants auf den Boulevards besuchte. In der »Bar des Artistes« trafen wir die Mädchen aus dem um die Oper gelegenen Viertel, die den Herren aus der Rue des Capucines, der Rue Daunou oder der Rue Godot-de-Mauroy Freude bereiten wollten. Manchmal saßen wir mit ihnen am gleichen Tisch, und Francis und Pierre entging keines ihrer Worte. In ihren Sketchen fand ich die Unverblümtheit der Sprache dieser Damen wieder, ihre beißende Ironie, ihre köstlichen Ausdrücke. Sie fragten uns über unseren Beruf aus, sie trösteten uns, wenn wir Mißerfolge hatten, und freuten sich mit uns über unsere Erfolge. Eigentlich war ich nicht sehr überrascht, nach der Geburt von Benjamin von ihnen ein wunderschönes Paket von Christofle zu erhalten, das mit meinem geliebten Blau geschmückt war. Es enthielt ein prachtvolles Toilettennecessaire in vergoldetem Silber.
Robert Beunke beriet mich in allem am besten. Er war es,

der mich Madame Simona, einer ganz besonders tüchtigen Agentin, anvertraute. Er begleitete mich stets durch das Labyrinth des Künstlerlebens, empfahl mir, welche Rollen ich annehmen und welche ich ausschlagen sollte. Er hörte nicht auf, mir einzubläuen: »Nadine, du wirst Männern begegnen, reichen Männern vielleicht. Aber die Männer kommen und gehen, was bleibt, ist deine Arbeit, danach mußt du dein Leben einrichten.«
Selbst wenn mir ein Mann den Hof machte, mir den Himmel auf Erden versprach, dachte ich noch an diesen Hinweis.
Es gibt Mahnungen, die man nie vergißt. Die Jahre in Saint-Quentin lagen zwar schon lange hinter mir, trotzdem hörte ich noch die Worte meiner Großmutter: »Die einzige Tugend, die ich anerkenne, ist die der Arbeit.« Für mich selbst blieb mir überhaupt keine Zeit; jede Lücke in meinem Terminkalender war ausgefüllt, Tanzstunden, Schauspielunterricht, Sprechübungen. Obgleich meine Stimme nicht besonders gut war, nahm ich Gesangsstunden; nach Aussage meiner Lehrerin Mademoiselle Liszt, der Enkeltochter des Komponisten, konnte man wirklich von mir nichts erwarten. Aber tröstend fügte das charmante ältere Fräulein hinzu: »Verzagen Sie nicht, Sie werden es auf eine andere Weise schaffen.«
Mehr Aufmunterung erhielt ich von Mariane Durier, die sehr bald das Fräulein Liszt ersetzte. Sie war eine Frau um die Fünfzig, hatte ein hübsches Gesicht und einen starken Willen; einige der großen Vorkriegsschauspieler und Schauspielerinnen wie Marguerite Carré, Suzy Solidor und Max Dearly waren durch ihre Schule gegangen. Sie hatte

mit unzähligen Künstlern von Damia bis Ginette Leclerc zusammengearbeitet. In kürzester Zeit wurden wir sehr gute Freundinnen. Jeden Tag klingelte ich in den frühen Nachmittagsstunden an ihrer Wohnungstür im Erdgeschoß; sie wohnte am Ende einer Sackgasse in dem Stadtteil Batignolles. Eine Stunde lang machte ich mit ihr Sprechübungen; ich lernte, meine Stimme zu beherrschen und sang ihr Lieder aus Musicals und Operetten vor. Wenn uns Zeit geblieben wäre, hätten wir nach dem Unterricht noch lange miteinander geplaudert, aber ich mußte immer sehr schnell ins Theater laufen, wo ich zu den Proben erwartet wurde. Ich bewohnte immer noch mein kleines Zimmer in der achten Etage; ich schwang mich immer noch mit Hilfe des klapprigen Lastenaufzugs in die Höhe, ich wusch mich immer noch auf dem Treppenabsatz. Eigentlich kam ich nur zum Schlafen nach Hause, denn ich arbeitete wie besessen: tagsüber stand ich Modell, wenn ich nicht eine Rolle als Statistin in einem Film hatte, am Abend stand ich auf der Bühne.

Einer meiner weiteren Lehrmeister war Bruno Coquatrix, ein Mann, der keine Mittelmäßigkeit duldete: Jede Nummer wurde hundert Mal wiederholt. 1954 engagierte er mich als Ansagerin für das »Olympia«. Da ich vom »Théâtre des Capucines« kam, brauchte ich nur die Straße zu überqueren.
Wie es in Amerika üblich ist, kündigte ich die Sänger, die Schauspieler und die Hauptdarsteller an. Unter ihnen waren Gilbert Bécaud, Jacques Brel, Charles Aznavour, die

Platters, Lionel Hampton, Sidney Bechet und Louis Armstrong. Es war die Zeit der Piaf, und die Kritiker beklagten sich darüber, daß die Sängerinnen sich in Klageweiber verwandeln,... ohne das Talent der Piaf zu erkennen. Ich war komisch, ich hatte einen »gewissen Augenaufschlag«, wie man in der Bühnensprache sagt, also einen Blick, der das Publikum gefangenhielt. Ich wußte mich auf der Bühne zu bewegen und – wenn man den Kritiken glauben darf – so hatte ich schöne Beine! Kurz, ich brachte Abwechslung in die Vorstellungen.
Endlich befand ich mich auf einer Bühne, an der gleichen Stelle wie Georgy Viennet, in Kleidern, die Paulette Coquatrix entworfen hatte. Für diese Anschaffung hatte mir Bruno das nötige Geld vorgestreckt, da sie meine finanziellen Mittel bei weitem überschritten hätte; dafür behielt er jeden Monat einen Teil von meinem Gehalt zurück. Auf der Bühne war ich allein, ganz allein, alle Augen waren auf mich gerichtet. Meine Auftritte waren natürlich kurz, sie wiederholten sich aber zehn bis zwölf Mal pro Abend. Ich war wie betäubt und voller Angst.
Die Aufgabe war gar nicht so einfach. Die Ansagentexte mußten so zusammengestellt werden, daß das Publikum neugierig wurde, oder man mußte es so lange im Plauderton fesseln, bis der Vorhang sich endlich für den Künstler, der sich in aller Eile schminkte, heben konnte. Meinen ersten Abend im »Olympia« werde ich nie vergessen. Er wurde eine Katastrophe. Ich war so aufgeregt, daß, als ich endlich auf der Bühne stand, alles vergessen war, was ich so mühsam einstudiert hatte; ich stand wie im Dunkeln und erinnerte mich nur noch an Bruchstücke meines

Textes; kein einziger Name war mir gegenwärtig, nicht einmal der von Georges Brassens, der hinter den Kulissen stand und auf seinen Auftritt wartete. Vor mir saß alles, was in Paris Rang und Namen hatte. Ich stammelte einige Worte: »Hier nun die erste Nummer, ich brauche sie Ihnen nicht eigens anzukündigen, denn Sie werden sie ja sehen. Bis zur zweiten habe ich dann Zeit, mich zu informieren.«

Das Publikum schien sprachlos zu sein, trotzdem applaudierte es freundlich. Kaum war ich hinter den Kulissen, brach ich vor Ärger in Tränen aus. Georges legte seinen Arm um meine Schulter: »Weine nicht, das passiert uns allen mal.« Nach der Vorstellung kam er in meine Garderobe, mit einem kleinen Briefumschlag in der Hand. Er holte ein gepreßtes vierblättriges Kleeblatt daraus hervor: »Nadine, dieser Glücksbringer hat mich nie verlassen, nimm ihn. Ich schenke ihn dir.« Ich habe ihn heute noch. Ein weiteres, viel intimeres Souvenir von Georges: Ohne es mir je gesagt zu haben, widmete er mir sein Lied *Jolie fleur dans une peau de vache*; das hat mir später jedenfalls einer seiner Freunde anvertraut...

Im »Olympia« sagte ich die Kollegen an, in der festen Hoffnung eines Tages selbst angekündigt zu werden. Als Jacques Canetti, der Impresario aller großen Künstler der Music-Hall, mich fragte, ob ich zu seiner Truppe gehören und mit auf eine Tournee gehen wollte, glaubte ich, daß meine Stunde gekommen sei. An einem meiner freien Tage nahm er mich zusammen mit Brel und Brassens (die im »Deux-Anes« auftraten) in die Nähe von Antwerpen mit in ein schreckliches, kleines Theater. Da unser Zug Verspätung hatte, blieb uns keine Zeit zu proben; wir übergaben dem Pianisten nur schnell unsere Noten.

Der Vorhang hob sich; ich sollte *On m'suit*, ein Chanson der berühmten Mistinguett, vortragen. Der holländische Pianist spielt den ersten Akkord. Ich bleibe stumm. Gebannt schaue ich auf das Publikum. Der Pianist beginnt ungeduldig zu werden. Der Saal schwankt vor meinen Augen. Ich fliehe hinter die Kulissen, während die letzten Akkorde von *Quand on a que l'amour* erklingen, das Jacques Brel singen sollte...

Meine Karriere als Sängerin endete an diesem schicksalhaften Abend.

Rückblende. Cannes, einige Jahre zuvor. Zum ersten Mal in meinem Leben sah ich das Meer. Ich war aus Paris gekommen, um an einem Wettbewerb teilzunehmen, der im »Casino« stattfand. Die Gewinnerin durfte ein Stipendium und eine Rolle in einem Film von Maurice Chevalier, zu dem Marcel Pagnol das Drehbuch geschrieben hatte, in Empfang nehmen und an der Seite von Josette Day, der Hauptdarstellerin aus *La Belle et la Bête* (Es war einmal), spielen.
Würde sich mir endlich die Gelegenheit bieten, meinem Statistinnendasein zu entfliehen?
Wir begannen mit dem Vorsprechen. Zu dem Mädchen, das vor mir an der Reihe war und das vor Aufregung stotterte, sagte Maurice Chevalier schroff und mitleidslos: »Mademoiselle, ich verlange von Ihnen nicht, daß Sie singen; Sie

sollten aber wenigstens mir zuliebe richtig sprechen und artikulieren können.«
Dann war ich an der Reihe; ich versuchte, mich von meiner besten Seite zu zeigen und trug die Rolle der Lulu in *Mon père avait raison* von Sacha Guitry vor ... und ich gewann den Wettbewerb! Marcel Pagnol gratulierte mir herzlich und riet mir, meinen Preis gleich im Sekretariat von Maurice Chevalier, im oberen Stadtteil von Bocca gelegen, abzuholen. – Drückende Hitze lag über der Stadt. Ich hatte kein Geld, um mir ein Taxi zu nehmen, aber egal: mit dem Geld, das ich bekommen würde, wären die mageren Jahre endlich vorüber. Nachdem ich eine Stunde den Hang hinaufgestiefelt war, klingelte ich an der Tür der Villa, atemlos, doch freudestrahlend.
Ich wartete und wartete. Niemand öffnete mir. Meine Träume lösten sich in Luft auf; langsam stieg ich wieder in die Stadt hinunter, immer noch ohne Geld in der Tasche. Meine ganzen Ersparnisse hatte ich in der Hoffnung, daß ich Glück haben würde, in die Fahrkarte gesteckt. Damals wußte ich noch nicht, daß der Mann mit dem Strohhut dafür bekannt war, das Gedächtnis zu verlieren, wenn es darum ging, Geld herauszurücken. Um wieder nach Hause zu kommen, blieb mir nichts anderes übrig, als per Anhalter zu reisen. In dem ersten Wagen, der anhielt, saß eine sehr exzentrische Frau, die von ihrem Chauffeur gefahren wurde. Sie erinnerte mich an jemanden: ihre Segelkleidung – Schirmmütze, Blazer und weiße Flanellhose – bestätigten meine Vermutung. Es war die »kleine« Moineau, die Blumenverkäuferin aus dem eleganten Pariser Restaurant »Fouquet's«, die das Herz eines reichen Südamerikaners erobert hatte und jetzt mit ihrem

Mann ein Luxusleben an der Croisette führte. Aus dieser herrlichen Limousine stieg ich um in einen Simca zu einem jungen Paar, das bei der Ankunft in Saint-Etienne beschloß, in einem Hotel zu übernachten. Ich fragte sie, ob ich bis zur Abfahrt des Nachtzuges um elf Uhr in ihrem Wagen warten dürfte... Ich verbrachte die ganze Nacht im Auto. Bei Sonnenaufgang fand ich einen Autofahrer, der mich bis nach Paris mitnahm.
Die Enttäuschung war groß. Dennoch hielt ich durch. Endlich gelang es mir, in dem Film *Boniface somnambule* mit Fernandel als Hauptdarsteller, eine Rolle zu ergattern, die aus einem einzigen Satz bestand. Meine Chance beim Film kam erst durch Eddie Constantine. Er hatte mich im »Capucines« gesehen und verwandelte mich in *Vous pigez?* (Rote Lippen, blaue Bohnen) in eine Bar-Animierdame. Von nun an gab er mir in fast jedem seiner Filme eine Rolle. Daraus ergaben sich weitere kleine Rollenangebote. Ich spielte in drei oder vier Filmen von Léonide Moguy mit, einem Regisseur, der ebenso großherzig wie talentiert war. Er hatte Schauspieler wie Suzanne Cloutier, Etchika Choureau, Michèle Mercier, Mylène Demongeot gefördert. Ich trat immer noch im »Capucines« auf; abends sprang ich im Ballettröckchen herum; um zehn Uhr vormittags schlüpfte ich in den Studios von Saint-Maurice in *Enfants de l'amour* (Kinder der Liebe) in die Rolle der Lulu: verführt und verlassen ging ich darin, um meine »Schwangerschaft« zu verheimlichen, in ein Entbindungsheim. Zu Beginn der Dreharbeiten bekamen wir einen Ballon auf den Bauch gebunden, der mit Hilfe eines Schlauches aufgeblasen wurde. Diese Konstruktion hatte die schlechte Eigenschaft,

mit einem lauten »Pschtt« mitten in einer Szene aufzugehen und Luft abzulassen, was uns alle entsetzte und für den Tonmeister ein großes Problem darstellte. Moguy machte dem Drama ein Ende und ließ die Bälle mit Watte ausstopfen.

In dem Film *Princesse de Paris*, vom selben Regisseur, spielte ich dieses Mal Tania, ein Mannequin aus den Salons der Haute Couture. Mit Sophie Desmarets setzte sie an einem traurigen Silvesterabend ihr Leben einer Herausforderung wegen aufs Spiel: wir schlugen und beschmierten einander mit unseren Lippenstiften, wonach ich meinem Leben durch einen Fenstersturz ein Ende setzte und dabei wie ein Zirkuspferd an einer Leine baumelte.

»Sprichst du englisch«, fragte mich eines schönen Tages Eddie Constantine.

»Nicht sehr gut, aber das ließe sich ändern.« Wie er sicherlich vermutete, beherrschte ich nicht eine einzige Silbe dieser Sprache, aber er fuhr fort: »In England wird ein Film geplant mit einer Rolle, die dir auf den Leib geschrieben ist. Verabrede dich doch mit dem Produzenten.«

Noch am gleichen Abend suchte ich Mademoiselle Guyot auf, eine Englischlehrerin, die schon vielen Schauspielern Unterricht erteilt hatte, von Maria Félix bis zu Jean Marais, und die mir wärmstens von Lucienne Delyle, der Frau von Aimé Barelli empfohlen worden war. Sie wohnte ganz in der Nähe der Tuilerien in der Rue du Mont-Thabor. Ich mußte bis zur letzten Etage hinaufsteigen. Im Treppenhaus begegnete ich sehr geschäftigen jungen Damen. Ohne es zu wissen, befand ich mich in der Pariser Zentrale der WIZO, der »Women's International Zionist Organization«, einem

Zusammenschluß jüdischer Frauen, dessen Vorsitzende ich einige Jahre später wurde, nachdem ich durch meine Heirat einen wohlklingenden Namen erhalten hatte.
Zur Stunde aber hatte ich nur einen Wunsch: die vierzig oder fünfzig Sätze zu lernen, die über meine Unkenntnis hinwegtäuschen konnten. Mademoiselle Guyot ließ sich auf dieses Spiel ein und stellte mir ein kleines, maßgeschneidertes Vokabular zusammen. In London angekommen, trug ich meine Tirade dem Produzenten vor; ich begann mit einer höflichen Begrüßungsformel, zeigte ihm anschließend meine Pressemappe und versicherte ihm, daß ich genau die richtige Besetzung für die Rolle sei. Nur eine Zusatzfrage hätte genügt, und ich wäre verloren gewesen. Er antwortete mit nur wenigen Worten, dann gab er mir die Hand. Als Eddie mich nach meiner Rückkehr fragte, ob ich angenommen worden sei, mußte ich ihm gestehen, daß ich das nicht wüßte. Ich hatte nicht ein einziges Wort von dem verstanden, was man mir gesagt hatte.
Einige Tage später erhielt ich meinen Vertrag. Ich hatte die zweite weibliche Hauptrolle in dem Film *Girls at Sea* erhalten, ein Musical, in dem ich einen blinden Passagier auf einem englischen Kreuzfahrtschiff spielte. Ich stach das junge Mädchen aus gutem Hause im Herzen des blendend aussehenden Kapitäns aus. Ein fürchterliches Melodrama, aber die Zusammenarbeit während der Dreharbeiten war angenehm. An der englischen Küste hatte man die Croisette nachgebaut. Hatte nicht einige Jahre zuvor für ein anderes Filmsternchen, Brigitte Bardot, in einem ähnlich angelegten englischen Film, *Doktor ahoi*, ebenfalls ihr Glück begonnen?

Mir blieben drei Wochen, um meine Rolle zu lernen. Das Problem bestand nur darin, daß ich morgens Modell stand, nachmittags Theaterproben hatte und am Abend auf der Bühne auftrat. Ich arbeitete ohne Punkt und Komma! Mademoiselle Guyot war so freundlich, mir noch nach meinem Theaterauftritt Unterricht zu erteilen. Ich arbeitete mit ihr von Mitternacht bis drei Uhr morgens. In meinem Bett träumte ich in der Sprache Shakespeares. Drei Wochen später konnte ich meine Rolle aus dem Effeff ... aber englisch konnte ich immer noch nicht sprechen.

Nach dieser ersten erhielt ich eine zweite und dann auch eine dritte Rolle. Für die Engländer war ich die Pariser Straßengöre schlechthin; mein Akzent begeisterte sie, und sie bejubelten »the sauciest smile in Paris« (das schelmischste Lächeln aus Paris). Als Schauspielerin war ich im ganzen gesehen jenseits des Ärmelkanals erfolgreicher als in Frankreich. Und mein Gefühlsleben betreffend habe ich von dort schöne Erinnerungen mitgebracht.

Die »Herren der Schöpfung« kamen ins Theater und applaudierten mir; sie sahen mich im Kino und in den Zeitschriften; sie schickten mir Blumensträuße und feurige Briefe; ich erhielt Einladungen zum Abendessen, und es machte mir Spaß, sie anzunehmen oder auszuschlagen. Es war eine verrückte, ja berauschende Zeit.

In einen Schauspieler habe ich mich nie verliebt; ich fürchtete, daß, wenn der Vorhang gefallen, die Scheinwerfer ausgeschaltet und die Schminke abgewischt waren, er von seinem Glanz verlieren und ein gewöhnlicher Sterblicher werden würde. Nie habe ich meine Verführungskünste einem Regisseur gegenüber angewandt, um eine Rolle zu bekommen. Ich hatte genügend Erfahrung in meinem Beruf gesammelt, um zu wissen, daß man eine Rolle nur bekam, wenn man die richtige Person dafür war, sonst nicht. Daran ist nichts zu ändern. Die Produzenten sind die bedachtesten Menschen, die ich kenne; das hat einen guten Grund: es ist ihr Geld, das auf dem Spiel steht.

Ich arbeitete noch im »Olympia«, als der Präsident der Twentieth-Century-Fox, Darryl Zanuck (er hatte Marilyn Monroe herausgebracht) mich von seinem Produktionsleiter rufen ließ: »Herr Zanuck hat Sie auf der Bühne gesehen. Er beabsichtigt, nach dem Roman *Fiesta* von Hemingway in Paris mit Tyrone Power einen Film zu drehen. Es ist darin die Rolle einer jungen Französin zu besetzen. Möchten Sie zu Probeaufnahmen nach Hollywood kommen?«

Überglücklich vor Begeisterung nahm ich die Gelegenheit wahr. Ohne mein Land verlassen zu müssen, würde ich von dem Ansehen Hollywoods profitieren können! Eine Woche später kam ich in Los Angeles an und machte meine Probeaufnahmen. Kaum hielt ich meinen unterschriebenen Vertrag in Händen, als um Mitternacht das Telefon klingelte. Am Apparat war die völlig verzweifelte Bella Darvi: »Das ist meine Rolle, sie gehört mir«, schrie sie ins Telefon.

Am nächsten Tag eilte ich zum Produktionsleiter. »Kommt gar nicht in Frage; sie ist nicht die richtige Besetzung für die Rolle«, gab er mir zur Antwort. »Herr Zanuck ist wahnsinnig in sie verliebt; er wird ihr alles geben, was sie will, Kleider und Schmuck, aber die Rolle bekommt sie ganz bestimmt nicht.« Dann fügte er mit einer sehr bedauernden

Stimme hinzu: »Wenn Frau Bella Darvi es aber auf Sie abgesehen hat, ist es besser, wenn Sie von Ihrem Vertrag zurücktreten. Kennen Sie vielleicht jemanden, der die Rolle übernehmen könnte?«
Mir fiel Juliette Gréco ein. Ich hatte sie in der »Rose Rouge« gesehen. So kam es, daß sie meine Rolle bekam und Bellas Platz im Herzen von Herrn Zanuck.
In Paris traf ich Christiane wieder. Unsere größte Freude war es, in enge, taillierte Kostüme geschnürt, auf dem Kopf hinreißende Hütchen, ins Berkeley in der Avenue Matignon zum Essen zu gehen. Manchmal gingen wir dann noch als Krönung solcher Luxus-Diners über die Straße, um unseren Nachtisch im Elysées Matignon einzunehmen. Auf keinen Fall durften wir unbemerkt bleiben. Wir waren zwanzig oder einundzwanzig Jahre alt; wir wußten, daß wir hübsch waren; es war eine Wonne, in Paris zu sein. Wir hatten eine eigene Lebensphilosophie, die aus einem Film stammte: Dany Robin liebt darin einen Blumenhändler. Eines Tages lernt sie einen sehr reichen Herrn mit silbergrauen Schläfen kennen und – welch schreckliches Dilemma – sie weiß nicht mehr, ob sie von Luft und Liebe oder von Komplimenten und Champagner leben soll. Noch heute sehe ich die Schlußszene vor mir: Dany Robin steht am Fuße eines Aufzugs in einem Luxushotel und überlegt: Soll sie mit ihrem jungen Liebhaber unten bleiben oder mit dem anderen Herrn in die oberen Etagen entschweben? That is the question. »Lift, Lift«, ruft der Page, »fahren Sie hoch!« »Lift« hieß unser Losungswort. Wir waren fest entschlossen, den Fahrstuhl nicht ohne uns abfahren zu lassen.

Meine erste richtige Liebe war sehr reich und sehr englisch. Es begann bei den Filmfestspielen in Cannes 1955. Ich hatte *Girls at Sea* gerade zu Ende gedreht und gehörte zur Gruppe der englischen Darsteller. Die berühmten Schauspieler wohnten im Hotel Carlton oder im Majestic, während ich nur in irgendein kleines verstaubtes Hotel mit Namen »Hotel des flots« ans Ende der berühmten Croisette verbannt worden war.

Georges Cravenne, der Veranstalter der Festspiele, hatte mir geraten, zur Eröffnungsfeier unbedingt pünktlich zu kommen. Mein Film war kein solches Meisterwerk, daß er vorgeführt wurde. Um der Veranstaltung aber den richtigen Rahmen zu geben, mußten einige Sternchen anwesend sein. Um sieben Uhr verließ ich – im großen Abendkleid mit einem vielversprechenden Ausschnitt – mein Hotel. Es war rush-hour, unmöglich also, ein Taxi zu bekommen. Konnte man so angezogen in einen Autobus steigen? Daran war nicht zu denken. Pünktlichkeit ist die Höflichkeit der Könige; ich konnte es nicht zulassen, zu spät zu kommen. An einer Verkehrsampel, die auf Rot stand, bemerkte ich einen jungen Mann in einem uralten Kabriolett. »Sie fahren nicht zufällig zum Festspielhaus?« Mit einem starken englischen Akzent lud er mich ein, zu ihm einzusteigen, und wir begannen, uns zu unterhalten. Er war sympathisch, groß, blond, etwa mein Alter, hatte blaue Augen, breite Schultern, und wie bei dem größten Teil seiner Landsleute sah seine Kleidung aus, als wenn sie beim Trödler erstanden worden wäre. Ich schlug ihm vor, mich zu dem Festakt zu begleiten: »Ich werde versuchen, für Sie noch eine Einladungskarte zu bekommen.«

Er hielt seinen Wagen an, stieg aus und öffnete mir galant die Wagentür. Ein Schwarm von Fotografen umringte uns; ein wahrer Blitzlichtregen ging auf uns nieder. Seit drei Tagen hatte ich versucht, die Aufmerksamkeit auf mich zu ziehen; erstaunt, aber glücklich fragte ich mich, mit welcher Filmdiva man mich verwechselte. Plötzlich nahm mich Pascale Roberts, die zukünftige Frau von Pierre Mondy, am Arm: »Du verstehst es wirklich, dir den Richtigen auszusuchen.« Naiv zog ich die Schultern hoch.
»Sag' mir nicht, daß du nicht weißt, mit wem du hier bist«, fuhr sie fort.
Mein Begleiter des Abends war Lance Callingham, der Sohn der steinreichen Lady Eleonora Docker, die für Gesprächsstoff gesorgt hatte, als ihr verboten worden war, das Casino von Monte Carlo weiterhin zu betreten. Man erzählte sich, daß sie drei Millionen beim Roulette gewonnen hatte. Sie hatte darauf bestanden, daß sich ein langhaariger Croupier an ihrer Seite aufhielt, und bevor sie den 10 000 Franc-Chip auf die Nummer des unteren Dutzend setzte, berührte sie die Haare dieses ungewöhnlichen Maskottchens. Es war also Lance, dem die Aufmerksamkeit der Presse gegolten hatte. Daß ich meinen unverhofften Chauffeur nicht mehr verließ, brauche ich nicht besonders zu betonen.
Reichtum und Macht faszinierten mich. Manche Frau begegnet immer nur Klempnern; ich habe bei jedem Essen, zu dem ich eingeladen war, einen reichen Erben getroffen. Lance lud mich zum Mittagessen auf die Jacht seiner Mutter ein. Die *Shemara* war mit ihrer fünfundsiebzig Mann starken Besatzung eine der größten Jachten der Welt. In dem riesigen, holzgetäfelten Speisesaal nahmen wir beide

– tête-à-tête – das Essen ein; ein Diener servierte. Ich war kein blinder Passagier mehr; ich spielte nicht mehr nur eine Filmrolle.

Lance führte mich in eine neue Welt ein, die ihre eigenen Prinzipien hatte, ihre Traditionen, ihre besondere Art, guten Tag zu sagen oder sich zu setzen. Eine Welt, in der man anders lebte. Eine Welt, die nicht nur aus Stuck bestand, aus Vergoldung und wackeligem Zierrat, eine Welt, in der man nicht von Geld sprach, wo es aber regierte.

Meine Arbeit rief mich nach London zurück, wo ich durch *Girls at Sea* einen gewissen (nicht gerade internationalen) Bekanntheitsgrad genoß und wo ich von englischen Produzenten zahlreiche Angebote erhielt. Wie mir der Presseattachée der Filmgesellschaft riet, sollte ich am Abend meiner Ankunft zusammen mit Sammy Davis jr. oder dem Herzog von Bedford ein Interview geben. Ich entschloß mich für den letzteren. Wir waren im Dorchester, einem Londoner Luxushotel, verabredet. Ich kam in die Hotelhalle, wo ich auf einen großen, mageren Herrn mit einer Brille traf, ... der von einer Kuh begleitet wurde! Es war unverkennbar der Herzog, der diesen Fototermin zum Anlaß nehmen wollte, seine Züchtung bekannt zu machen. Erschrocken ging ich, ohne den komischen Kauz auch nur zu begrüßen, wieder fort. Mit einem Herzog wollte ich mich gerne zeigen, mit einer solchen Rivalin aber nicht.

Am nächsten Tag rief mich Lance an, um mich zum Abendessen in den »Ambassador Club« einzuladen, der damals von John Mills sen. geführt wurde, dem englischen Gegenstück von »Régine« in Frankreich. Welch eine präch-

tige Umgebung! Treuherzig sagte ich: »Dies ist genau der Rahmen, in dem ich gerne leben würde.« Er verriet mir, daß dies ein ehemaliges Palais der Rothschilds sei. Nicht weit von uns saß Prinzessin Margaret und sah verliebt einen gut aussehenden Offizier an, der Peter Townsend hieß. In der Nähe des Kamins erkannte ich meinen Herzog wieder, diesmal ohne seine Kuh, dafür aber mit einer sehr hübschen Französin, einer gewissen Nicole Millinaire, die einige Jahre später die Herzogin von Bedford wurde.
Lance überschüttete mich mit Geschenken; Lance liebte mich; Lance wollte mich heiraten. Er spielte nicht, er trank nicht, er war die Freundlichkeit und Natürlichkeit in Person. Es blieben nur noch zwei Hindernisse zu beseitigen, bevor wir in den Hafen der Ehe einlaufen konnten: sein widerlich riechendes Toilettenwasser und der Antrittsbesuch bei der Schwiegermutter, die man am besten am frühen Vormittag aufsuchte. Eine exzentrische Frau, die zugleich ungemein komisch war.
Das erste Mittagessen, zu dem ich auf den Besitz der Familie eingeladen wurde, erstaunte mich. Ich saß einer Art Kleiderschrank gegenüber, der sich komplett von den anderen Gästen abhob. Lance lüftete das Geheimnis; man hatte seiner Mutter wieder einmal Schmuck gestohlen. Die Versicherungen, die ihre Nachlässigkeit leid waren, verweigerten ihr die Versicherungssumme. Um ihre Juwelen wieder zu bekommen, bediente sie sich also der Dienste eines bekannten Ganoven, der Nummer eins in der englischen Mafia. Es ist immer besser, wenn man Leute mit Berufserfahrungen einsetzt...
Lady Eleonora Docker, von ihren Freunden »Nora« ge-

nannt, nahm mich als Schwiegertochter auf. Die Verlobung wurde auf dem Lande in Abwesenheit meiner Eltern gefeiert, die fürchteten, sich in dieser Gesellschaft nicht wohl zu fühlen. Ich bestand nicht darauf, daß sie kamen, nahm ihr Fernbleiben aber nicht zum Anlaß, mir dieser High society gegenüber eine bürgerlichere Familie zuzulegen, als ich sie in Wirklichkeit hatte. Ich war nicht die Tochter eines Herzogs; jeder konnte sich davon überzeugen. In bezug auf mich selbst habe ich nie gemogelt oder die Unwahrheit gesagt. Ich war, so wie ich war; entweder man akzeptierte mich, oder man ließ es bleiben.

Einige Wochen vor der Hochzeit suchten wir in London eine Wohnung und das was man benötigt, um sie einzurichten. Eines Nachmittags betraten wir das Lieblings-Antiquitätengeschäft von Lady Eleonora. Sie war auch dort; sie bestimmte; sie rückte herum; sie suchte aus. »Ist das nicht reizend?« Und ohne mir auch nur die Zeit zu einer Antwort zu lassen, sagte sie: »Das schicken Sie bitte an diese Adresse.« Ich sehe uns noch auf dem Bürgersteig, Lance, seine Mutter und mich; wir gingen auf den Chauffeur zu, der nicht weit von dem Geschäft entfernt auf uns wartete. In meinem Kopf ging alles sehr schnell. Ich konnte mich zwar anpassen, aber nicht akzeptieren, daß mein Leben komplett von dieser Frau bestimmt werden sollte. Und so gewann ich den natürlichen Instinkt eines beunruhigten Kätzchens wieder zurück. Ich ging einige Schritte mit meinem Verlobten und nahm liebevoll seine Hand: »Lance, sei mir nicht böse, aber ich glaube nicht, daß ich die richtige Frau für dich bin.« Darauf

ließ ich meine sprachlose Millionärin stehen und ging zu Fuß weiter. Stundenlang irrte ich ziellos durch die Straßen von London, mit tränennassen Augen, denn mich verband eine tiefe Zuneigung zu Lance. Aber mein Beschluß stand unwiderruflich fest. Die Aussicht, eine reiche Frau zu werden, wog den Verzicht auf meine Freiheit nicht auf.
Nachdem diese Verlobung gelöst war, stürzte ich mich wieder in die Arbeit. Ich hatte damals das Theater zugunsten des Films aufgegeben. Um ehrlich zu sein, in Frankreich hatte ich nie eine bedeutende Rolle in einem großen Film; ich war eher eine Heldin der zweiten Kategorie. In *Les grandes familles* (Die großen Familien) vertraute man mir dennoch eine bedeutende Rolle an – ich spielte die Geliebte von Pierre Brasseur; der zweite männliche Hauptdarsteller war Jean Gabin. Es war unter den dreißig oder vierzig Filmen, in deren Vorspann ich genannt wurde, das einzige Kunstwerk, das zählt. Doch eines ist sicher: zwischen 1955 und 1960 habe ich pausenlos gefilmt.
Es kam vor, daß ich gleichzeitig in drei Filmen mitspielte. An der Seite von Zizi Jeanmaire stand ich vormittags als Tänzerin in den Studios von Billancourt auf der Bühne, in *Folies-Bergère*, einem Film, den Henri Decoin inszenierte. Dann sprang ich in ein Taxi, um ans andere Ende von Paris, in die Studios von Épignay, zu gelangen, denn in *En effeuillant la marguerite* (Das Gänseblümchen wird entblättert) stellte ich ein Mannequin dar, das sich mit Brigitte Bardot um die Gunst von Daniel Gélin stritt. Am späten Nachmittag kehrte ich nach Billancourt zurück, um in *Le long des trottoirs* von Léonide Moguy eine Prostituierte zu spielen.

Für die Zeitungen war ich die »Pariser Straßengöre des französischen Films« schlechthin. Zu gern hätte ich das kleine, sexy Dummerchen gespielt, den unschudigen Vamp à la Marilyn Monroe oder eine komische Rolle wie Judy Garland verkörpert, die ich in New York kennengelernt hatte und deren Ausstrahlung ich nicht widerstehen konnte. Doch leider waren wir nicht in Amerika.
Ehrlich gesagt, der Film war eigentlich nur ein Sprungbrett für mich, nicht mehr. Ich liebte diesen Beruf; er paßte vorzüglich zu der exhibitionistischen Seite von mir. Aber ich hatte nicht die Begabung einer großen Schauspielerin, die in jede Rolle schlüpfen kann.
Meistens spielte ich leichte Rollen, so wie Marc Allégret es mir empfohlen hatte, Rollen, die meinem Naturell entsprachen. Wie in *En bordée* zum Beispiel, mit Philippe Clay und Pauline Carton, einem Film, der die heroisch-witzigen Abenteuer zweier Matrosen im Kampf gegen Gangster erzählte, oder in *Cigarettes, whisky et p'tites pépées* (Der Club der flotten Bienen), in dem ich Annie Cordy wieder traf; diese Stoffe entsprachen eher meinem Stil als psychologische oder Tendenzfilme. Ich trat zusammen mit den bekanntesten Komikern auf, mit Darry Cowl zum Beispiel in dem Film *Cinq millions comptant* von André Berthomien. In *Fernand Cow-Boy* mußten Fernand Raymond und ich auf einem gefederten Pferd reiten lernen, um für einen eventuellen wilden Ausritt gewappnet zu sein. An dem Tag, an dem man uns auf lebendige Gäule setzte, stürzten wir so unglücklich, daß wir, mit blauen Flecken übersät, unseren Platz gerne den Doubles überließen.
An Louis de Funès in *Comme un cheveu sur la soupe*

(Balduin der Selbstmörder) von Maurice Regamey, in dem er zum erstenmal als Hauptdarsteller im Filmvorspann genannt wurde, erinnere ich mich als einen traurigen Clown; was mich betrifft, an ein zauberhaftes Seidenkleid, das völlig verschandelt wurde. Ein Fotograf hatte mich mit zarter Hand ins Wasser gestoßen, um sein Foto zu bekommen. Diese Art von Aufnahmen waren schon fast zur Gewohnheit geworden, um den Erfolg eines Films zu garantieren, und ich hatte keine Angst davor, völlig bekleidet zu baden. Das Schwimmbad von Saint-Maurice, das die Seine darstellen sollte, war nur leider eine einzige Kloake, und das völlig unförmige Etwas, das man herauszog, hatte mich ein kleines Vermögen gekostet.

Meistens spielte ich flotte, lockere Rollen nur selten mußte ich mich dazu ausziehen. Erst mit dem Film... *Und immer lockt das Weib*, mit Brigitte Bardot im Evaskostüm, der einige Jahre später lief, wurde alles frivoler. Zweimal jedoch ließ ich meine Hüllen fallen, allerdings völlig anonym. Einmal in *Caroline Chérie* (Im Anfang war nur Liebe), für die fürstliche Summe von 25 000 alten französischen Francs, als ich Martine Carol doubelte, die sich im Gegenlicht auszog. Das zweite Mal lieh ich meinen Oberkörper einem berühmten Busenwunder, dessen Namen ich aus Angst vor Repressalien lieber verschweige.

Wieder einmal war es Eddie Constantine, der mir zu meiner einzigen Rolle in einem Musikstück verhalf, in *L'homme et l'enfant* (Gangster, Rauschgift und Blondinen) von Raoul André. Juliette Gréco, die eine eurasische Händlerin darstellte, wurde verdächtigt, ihre Parfumflaschen dazu zu benutzen, Rauschgift abzusetzen. Sie lenkte den

Verdacht von sich ab, indem sie mich beschuldigte, und, um mir Geständnisse zu entlocken, schlug sie mich bis aufs Blut mit einem Krokodilledergürtel. »Die widerwärtigste Szene des Jahres«, schrieben die etwas schockierten Zeitungen – das war im Jahre 1956! Ich mußte in dem Film bissig und scheinheilig wirken. Verzweifelt versuchte ich, die gräßlichen Gesichtszüge einer griechischen Gorgo anzunehmen, aber so sehr ich mich auch bemühte, immer wieder kam mein wahres Gesicht durch. Nie wieder war ich so schlecht wie in diesem Film.

Man sprach mich auf der Straße an: »Ein Autogramm bitte, Mademoiselle Tallier.« Einen solchen Wunsch lehnte ich niemals ab; ich fand es herrlich, erkannt zu werden. Vor gar nicht langer Zeit hielt mich ein Zollbeamter auf dem Flughafen an: »Sie drehen keine Filme mehr, Nadine?«
Ich war ihm nie vorher begegnet, aber er hatte das Recht, mich Nadine zu nennen, denn Schauspieler gehören der Allgemeinheit. Ich war in Begleitung meines Mannes; ich sah ihn an, lächelte und antwortete: »Nein, ich habe geheiratet und ein Kind bekommen.«

In Tel Aviv lief mir neulich eine nicht mehr ganz junge Frau in die Arme: »Sie sind nicht etwa ... Aber natürlich, Sie sind es, Nadine Tallier, mein Idol, als ich fünfzehn war.« Ich sah sie an. Plötzlich hatte ich das Gefühl, hundert Jahre alt zu sein ...

Und dann die Reisen, welch ein Luxus. Um den französischen Film bekannt zu machen, organisierte Georges Cravenne, damals Präsident der Unifrance-Films, in der ganzen Welt Festspiele. Die damaligen Weltstars wie François Périer, Jean Marais, Maurice Ronet, Dany Robin oder Martine Carol waren sehr gefragt. Ohne mich mit ihnen gleichsetzen zu wollen, war ich doch ein wichtiger Faktor innerhalb dieser Organisation, da ich jederzeit zur Abreise bereit war. In diesem Punkt habe ich mich nicht geändert. Ich liebe meine verschiedenen Zuhause, und trotzdem kann ich ohne weiteres in drei Minuten für Feuerland oder Kamtschatka reisefertig sein. Zu jener Zeit reiste ich dreimal um die Welt; ich durchquerte Europa sowie Nord- und Südamerika, Indonesien und Malaysia. Wann immer sich mir die Gelegenheit bot, spielte ich Lückenbüßer: Im Oktober 1956, als in London die Premiere von *Das Gänseblümchen wird entblättert* stattfand, vertrat ich Brigitte Bardot, die mit einer Mittelohrentzündung ans Bett gefesselt war. Ehreneskorte und Festessen, nichts war vergessen worden; das alles war zwar nicht für mich vorgesehen, aber mir konnte es egal sein.

Im Laufe der Reisen mit Unifrance-Films habe ich die berühmtesten Filmstars kennengelernt – die zugleich auch große Verführerinnen waren – Zsa-Zsa Gabor, Ava Gardner, Rita Hayworth, Jayne Mansfield, Nadia Gray, Martine Carol und Danielle Darrieux. Ich erlebte sie bei ihrer Arbeit, und mir wurde klar, daß Frau-Sein ein richtiger Beruf ist, wenn man ihn ernst nimmt. Erst sehr viel später, nachdem ich Jacqueline Kennedy kennengelernt hatte, wurde mir bewußt, wieso sie auf Männer eine so starke Anziehungskraft ausübt. Der Mann, an den sie sich wendet, wird zum wunderbarsten, schönsten, intelligentesten und geistreichsten Wesen auf dieser Welt. Sie macht ihn zum wichtigsten Geschöpf auf Erden, und das ist das Geheimnis in der Kunst der Verführung. Wer für Schmeicheleien empfänglich ist, kann davon meistens nicht genug bekommen.

Meine Reiselust wäre mich fast teuer zu stehen gekommen: Mitten im Algerienkrieg moderierte ich zusammen mit Jacques Brel und Philippe Clay die erste Fernsehsendung in Algier. Nur wenige Minuten nachdem wir das Studio, das für diesen Anlaß provisorisch in einem Kino der Stadt eingerichtet worden war, verlassen hatten, explodierte dort eine Bombe; fast wären wir unter dem Schutt begraben worden.

Langsam ging es mir besser. Schon einige Jahre zuvor hatte ich mein kleines Zimmer auf dem Boulevard Gouvion-Saint-Cyr verlassen, um mich im eleganten Pariser Stadtteil Neuilly einzurichten, wo ich Erinnerungsstücke von meinen Reisen zusammengetragen hatte. In der Zwischenzeit hatte ich auch einige schöne, englische Möbelstücke erworben; ich beschäftigte eine Halbtagshilfe, und meine Wohnung war voll mit Blumen. Doch dann verließ ich auch die Rue de Villiers wieder, um in ein großes Appartement auf den Boulevard Malherbes zu ziehen. Ich hatte damit begonnen, schöne Bilder, Bücher und kleine Kunstgegenstände, alles was den Charme eines gepflegten Bürgerhauses ausmacht, zu sammeln. Das Geld, das ich verdiente, war sinnvoll angelegt. »Sie hat«, das sagten die Journalisten, die mich interviewten, »was ihren meisten Mitschwestern fehlt: Einen Kopf, der fest zwischen ihren beiden schönen Schultern ruht.«

Mein Wahlspruch: »Lift! Lift!« war aktueller denn je. Es war gar nicht daran zu denken, den einmal gefaßten Entschluß rückgängig zu machen. Bei dieser schnellen Fahrt nach oben nahm ich nur diejenigen mit, die mir folgen konnten; die alten Freundinnen blieben auf der Strecke. Ich mußte nicht einmal Opfer bringen; die Leute schieden von selbst aus; wir hatten nicht mehr das gleiche Leben, nicht mehr die gleichen Sorgen. Trotzdem verleugnete ich weder das Leben in Puteaux noch die Miederröcke meiner Großmutter: sie hatten mich zu dem gemacht, was ich war. Mit der Vergangenheit ist es wie mit den Falten im Gesicht, man entkommt ihr nicht.

In Frankreich sind Ehrgeiz und Geld tabu. Wie schade, denn es sind die einzigen Dinge, die den Menschen auf Trab bringen und die ihn zwingen, sich in Frage zu stellen. Ich war ehrgeizig, aber nicht um jeden Preis. Ich bestimmte mein Leben selbst; meine Arbeit machte mich frei. Ich arbeitete, selbst wenn mir die Menschen in diesem Beruf nicht immer gefielen; ich arbeitete, ohne jemals auf die Uhr zu schauen. Der Versuchung, meine Arbeit aufzugeben, erlag ich nie.

Ich saß auf meinem Bett und lackierte sorgfältig meine Nägel. Eine meiner Freundinnen saß neben mir, blätterte in einer Illustrierten und kommentierte laut den neuesten Klatsch aus der Gesellschaft: »Stell' dir vor, Edmond de Rothschild heiratet.«
Ich trug gerade eine Schicht zinnoberroten Nagellack auf meine rechten Fußnägel auf, und ohne aufzuschauen antwortete ich lachend: »Wie schade, den wollte ich doch gern heiraten.«
Ein Satz, den ich ohne zu überlegen dahingesprochen hatte. Ich hatte nicht die geringste Ahnung, wie dieser Herr aussah. Ich konnte mir nicht einmal vorstellen, daß ein Rothschild jung sein konnte. Reich? Natürlich, aber sonst wußte ich nichts über die Rolle, die diese Dynastie im Finanzleben, in der Industrie und in der Geschichte spielte.

Und wußte ich etwa, daß sie Juden waren? Nein, wirklich, mit der gleichen Unbefangenheit hätte ich es auch bedauern können, daß ich nicht den französischen Staatspräsidenten oder Gary Cooper geheiratet hatte.

Das Schicksal blinzelt einem zuweilen verschmitzt zu. Dienstag, der 20. Januar 1960, war mein spielfreier Tag. Nach dem Abschluß meiner verschiedenen Filmprojekte war ich ans »Petit Théâtre de Paris« zurückgekehrt, das damals von Elvira Popesco geleitet wurde und die *Lieder der Bilitis* wieder ins Programm aufgenommen hatte. Jacques de Botton, der Rechtsanwalt meiner Freunde, der sich meistens um meine Verträge kümmerte, hatte mich gebeten, ihn zu einem Abendessen zu begleiten. Ich aber hatte nur den einen Wunsch, mich auszuschlafen. Daher beschloß ich abzusagen.

Ich kannte den Namen unserer Gastgeber, rief an und hatte den Hausherrn, Ben Jakober, persönlich am Telefon. Damals war der heute so bekannte Maler noch Geschäftsmann. Bevor ich irgend etwas sagen konnte, gab er seiner Freude Ausdruck, daß er mich kennenlernen würde. Er nannte die Uhrzeit, zu der wir erwartet wurden, sprach die Kleiderfrage an und gab mir die Adresse seiner Wohnung an sowie die Etage, in der sie lag. Es gab kein Entfliehen. Ich ging also zu dem Essen. Der Kreis der Geladenen war sehr ausgewählt, Schriftsteller, Politiker und Großindustrielle; alles in allem ein Milieu, das ich kaum kannte. Einige Personen erkannte ich wieder, wie Maurice Rheims, einen Auktionator, dem ich schon einmal begegnet war. Ich entsinne mich, daß ich damals ein rosafarbenes Satinkleid trug, das meine Figur, auf die ich doch besonders stolz war, gut zur Geltung brachte. Ich bemerkte, daß die Augen der Herren zu leuchten begannen und sich auf meine Wespentaille richteten; meine Müdigkeit war wie weggeblasen. Ich war siebenundzwanzig Jahre alt, und das waren nicht die einzigen Reize, über die ich verfügte.

Plötzlich sprach mich ein Herr mit blauen Augen und einem kleinen Bärtchen an, den ich bis dahin noch gar nicht gesehen hatte: »Sie tragen einen sehr schönen Diamanten, schade nur, daß er nicht echt ist.« Das Gemeine an der Sache war, daß er recht hatte. Woher zum Teufel wußte er das? Er erklärte mir, daß er dem Verwaltungsrat von de Beers' angehöre, dem bedeutendsten Diamantenhersteller der Welt, und daß er sich daher natürlich sehr genau im Bereich der Edelsteine auskenne. Das erklärte natürlich seine vorlaute Bemerkung. Trotzdem fand ich diesen Edmond de Rothschild – er hatte sich inzwischen vorgestellt – ein bißchen flegelhaft. Als er seinen Namen nannte, fiel ich nicht in Ohnmacht. Ich war nicht mehr das kleine Mädchen, das zum erstenmal einen eleganten Salon sieht; zehn Jahre Erfolg hatten mich selbstsicher gemacht. Meinen leicht hingeworfenen Satz vom Jahr zuvor – es handelte sich wirklich um denselben Mann – hatte ich völlig vergessen; erst nach meiner Heirat erinnerte mich meine Freundin Nathalie wieder an diese Begebenheit.

Bei Tisch traf ich den Blauäugigen mit dem kleinen Oberlippenbärtchen zu meiner Rechten wieder. Bevor er noch seine Serviette entfaltet hatte, öffnete er eine Pillendose. Ich nahm mir die Frechheit heraus und schaute hinein, und was entdeckte ich dort ... seinen Ehering! Ich beugte mich zu ihm hinüber: »Es besteht kein Zweifel daran, daß mein

Diamant unecht ist, ich bezweifle aber, daß dies der richtige Platz für Ihren Ehering ist.« Er sah mich belustigt an. »Sie haben recht, diese Art von Ring trägt man meistens am Finger.«

Das Eis war gebrochen. Das Essen verging wie im Flug. Mein Tischnachbar hatte lachende Augen, und wenn er herzhaft lachte, entblößte er sein ganzes Gebiß. Er war schlank und entwaffnend freundlich. Er war ein interessanter Unterhalter und ich eine gute Zuhörerin. Ich fand ihn sehr sympathisch, und das ohne jeden Hintergedanken. Edmond war damals dreiunddreißig Jahre alt; er war verheiratet, selbst wenn der Ehering in der kleinen Dose darauf schließen ließ, daß die Ehe nicht besonders glücklich war.

Nach dem Essen gingen wir in ein höher gelegenes Stockwerk, um den Kaffee einzunehmen, – die Wohnung bestand aus zwei Etagen. Die blauen Augen schlugen mir vor, zusammen irgendwo anders einen ›drink‹ einzunehmen. Ich lehnte dankend ab, da ich am nächsten Tag bei Sonnenaufgang wegfahren mußte, und so verschwand ich wie Aschenputtel, bevor es Mitternacht geschlagen hatte.

Edmond ging gleichzeitig mit mir weg und begleitete mich zu meinem Wagen, einer kleinen Dauphine. Es herrschte trockene, klirrende Kälte, aber mein charmanter Prinz versuchte nicht, meinen Arm zu nehmen. Wir gingen plötzlich ganz schweigsam nebeneinander her. Er öffnete mir die Wagentür. Als ich am Steuer saß, beugte er sich herunter und sagte schnell, in einem etwas barschen Ton: »Sie sind die Frau meines Lebens, ich muß es Ihnen einfach sagen.« Und ohne mir Zeit zu einer Antwort zu lassen, fügte er hinzu: »Wann kann ich Sie wiedersehen?«

Ich sagte ihm, daß ich für drei Tage verreisen würde. »Rufen Sie mich nach meiner Rückkehr an.«
Diese kleine Lüge war meine Ehrenrettung, der erste und einzige Versuch zu widerstehen. Ich hatte schon eine Fahrt aufs Land vorgesehen, allerdings sollte sie nur einen Tag dauern. Drei Tage würden reichen, dachte ich mir, um klarer zu sehen. Zugegeben, viele Männer machten mir den Hof, und diese Art von leidenschaftlichen Liebeserklärungen lösten sich oft in Nichts auf. Aber an diesem 20. Januar war etwas passiert; ich war beeindruckt von den Zeichen einer großen Aufrichtigkeit; unsere Unterhaltung an diesem Abend hatte mir gezeigt, daß es sich hier nicht um einen oberflächlichen Menschen handelte.
Ich brauchte mir nicht lange den Kopf zu zerbrechen. Am Mittwoch darauf klingelte am späten Nachmittag das Telefon. Ich war gerade in Windeseile nach Hause gekommen, um mich vor dem Theater schnell umzuziehen; der Schlüssel steckte noch im Schlüsselloch, als ich den Hörer abnahm. Er war es. In einem Ton, der keinen Widerspruch zuließ, fragte er: »Haben Sie heute abend nach dem Theater Zeit?«
Es wurde ein seltsamer Abend... die griechische Schäferin war mit ihren Gedanken ganz woanders. In meine Umkleidekabine zurückgekehrt, tauschte ich meine Tunika aus der Zeit von Perikles gegen ein schwarzes Spitzenkleid von Carven. Ich steckte mir zwei hübsche Ohrclips an, die mit Brillanten besetzt waren, – wieder unechte –, puderte mir dreimal die Nase und studierte vor dem Spiegel ein Lächeln ein. Als ich endlich die Treppe hinunterstürzte, hätte ich fast den Regisseur umgerannt: »Nanu, Nadine, wohin so eilig? Wohl 'nen tollen Abend geplant?«

Es wurde ein toller Abend. Ich hatte gerötete Wangen, meine Augen glänzten. Ich würde, das war sicher, sein Herz zum Schmelzen bringen. Ich betrat das Restaurant. Monsieur »Blauauge« war da, umgeben von etwa zehn seiner Freunde. Sie machten mir Platz, damit ich durchgehen konnte. Ich hatte meinen Auftritt. Die Männer wirkten angeregt; die Frauen zeigten mir die kalte Schulter; es war durchaus vielversprechend. Ich versuchte, einen Blick von Edmond aufzufangen. Hingebungsvoll schlürfte er einige Austern, lachte laut und kümmerte sich nur um seine hübsche Tischdame. Kein Blick, nicht einmal ein Zeichen, daß er mich bemerkt hatte, erreichte mich. Den ganzen Abend über sprach er nicht ein einziges Wort mit mir. Ich war drauf und dran aufzustehen und wegzugehen. Ich war gekränkt und verwirrt. Hatte ich es mit einem Verführungskünstler zu tun oder mit einem komischen Kauz ohne Manieren?
Die Clique beschloß, noch gemeinsam auf einen ›drink‹ den Nachtclub von »Régine« zu besuchen. Verärgert beschloß ich, es ihm gleichzutun und dieselben Waffen anzuwenden: ich konzentrierte mich auf meinen Nachbarn und interessierte mich nur noch für ihn. Ich brauchte nicht lange zu warten. Als ich mit ihm zur Tanzfläche ging, hielt mich eine Hand fest und entriß mich meinem Kavalier. In Edmonds Armen fand ich mich wieder; das Leben begann erneut, schön zu sein; ich gefiel mir plötzlich wieder in meinem Kleid von Carven. Am Ende dieses ersten Slowfox' haben wir uns heimlich aus dem Staube gemacht. Es hätte nur die Leidenschaft einer Nacht sein können, aber es wurde die Liebe meines Lebens.

Bis dahin hatte ich noch nie den Wunsch gehabt, mit einem Mann zusammenzuleben. Mit Edmond war das plötzlich ganz anders. Er war ein Rothschild. Warum nicht? War er reich? Um so besser! In diesem Punkt waren wir uns einig. Wäre er ein Straßenfeger gewesen, hätte ich ihn selbstverständlich nicht beachtet. Einflußreiche Persönlichkeiten waren mir schon früher begegnet. Aber zum ersten Mal hatte ich einen wirklichen Mann getroffen, einen Menschen, auf den ich schon immer gewartet hatte. Einen Mann, der einen beruhigt, der einem Sicherheit gibt, der zu seinem Wort steht und der einem trotzdem immer wieder entkommt. Ein Mensch mit besonders ausgeprägten Vorzügen, aber auch besonders vielen Fehlern. Ein Egoist und ein Egozentriker, der aber echte Wärme ausstrahlt, manchmal brutal, trotzdem die Gegenwart des anderen aufmerksam wahrnehmend, immer bemüht, den anderen nicht zu vernichten. Ein »Macho« wie kein zweiter, der meinen Beruf nur schwer ertrug, da er ihn daran hinderte, mich zu sehen, wann immer er wollte. Nach einem Jahr entschloß ich mich, etwas zu tun, was ich eigentlich nie hatte tun wollen: meine Arbeit aufzugeben. Das war der Salto Mortale ohne Netz und doppelten Boden. Ich nahm alle Risiken auf mich, die ich eigentlich nie auf mich nehmen wollte, da ich darauf erpicht war, erfolgreich zu sein. Langsam aber sicher war ich Sprosse für Sprosse die Karriereleiter hinaufgestiegen. Die Kehrseite des Glücks überließ ich denen, die schon genug Glück hatten.

Ich legte nun mein Glück in die Hände dieses Mannes. Ohne ihn würde ich wieder bei Null anfangen müssen. Ich

hatte mit meiner Vergangenheit abgerechnet, meine Verehrer abgewiesen und seit Monaten alle Rollen ausgeschlagen. Ich war seine Geisha geworden. Zu keinem Zeitpunkt glaubte ich daran, daß er mich heiraten würde.
Wir liebten uns hingebungsvoll. Ich konnte mir das Leben ohne ihn nicht mehr vorstellen; er konnte ohne mich nicht mehr leben. Wir sprachen nicht über die Zukunft. Das Zwielicht der Verborgenheit gefiel uns, aber wie schwer war es zu bewahren! Für unser erstes Weihnachtsfest stellte uns Pierre Scicounoff, ein bekannter Schweizer Rechtsanwalt und langjähriger Freund Edmonds, eine reizende, versteckte Wohnung über den Dächern von Genf zur Verfügung. Unser Inkognito währte nicht lange, da Edmond, als er die Kerzen am Weihnachtsbaum anzünden wollte, ein Feuer entfachte. Ich weiß heute noch nicht, wie er das angestellt hat. Es hatte zur Folge, daß wir diesen intimen Abend in Gesellschaft der Genfer Feuerwehrmänner verbringen mußten.
Wir lebten bereits seit drei Jahren zusammen, ohne daß Edmond mir jemals die leiseste Hoffnung auf eine Änderung dieses Zustands gemacht hätte. Als wir eines Abends zusammen beim Essen saßen, bemerkte ich besorgt, daß er abwesend wirkte. Ich drängte ihn, mir zu sagen, was ihn bedrückte. Er sah mich mit einem Blick an, der Zärtlichkeit und Traurigkeit zugleich ausdrückte: »Nadine, ich liebe dich, und du wirst immer die Frau meines Lebens bleiben. Da aber meine Scheidung bald ausgesprochen wird, kann ich nicht mehr so weiterleben ohne jemanden, der sich um meine Häuser kümmert, ohne jemanden, der an meiner Seite repräsentiert. Es wird mir nichts anderes übrigblei-

ben, als ein junges Mädchen aus der guten jüdischen Gesellschaft zu heiraten.«

Ich zuckte nicht mit der Wimper; es blieb mir nichts anderes übrig, als zuzugeben, daß ich nicht die ideale Frau für ihn war. Ich war weder eine Jüdin, noch war ich reich, und ich hatte mich – zu allem Unglück – auch noch in dem trüben Gewässer des Theaters und des Films aufgehalten. Wie dem auch sei, er schnitt dieses Thema nie wieder an.

Wir verließen den Boulevard Malesherbes und zogen in eine reizende Wohnung in der Rue du Conseiller-Collignon, nicht weit von der Muette. An einem elften November, dem »fête de la victoire«*, kam er – dieses Mal bestens gelaunt – von der Jagd nach Hause und sagte mir: »Wir sollten endlich ein Kind haben.« Das war eine schöne Art, den Sieg von Compiègne zu feiern.

Aber meinen wirklichen Sieg errang ich erst vier Monate später. Den Arm voller Pfingstrosen kam Edmond aus dem Büro nach Hause, die ersten Blumen, die er mir in drei Jahren gemeinsamen Lebens schenkte. Er legte sie in meinen Schoß, beugte sich über mich, um mir die Stirn zu küssen und fragte mich vergnügt: »Was würdest du von einem Ring halten, den du jeden Tag in deinem Leben tragen kannst?« Plötzlich wurde er ernst und fügte hinzu: »Mademoiselle Nadine Tallier, ich habe die Ehre, Sie um Ihre Hand zu bitten.«

Ich war wie gelähmt. In meiner Kehle steckte ein Kloß, innerhalb von Sekunden sah ich mein Leben an mir vorüberziehen, und ich fragte mich, ob ich genügend Kraft

---

* Gedenktag zur Erinnerung an den Waffenstillstand am 11. November 1918

haben würde, diesen anspruchsvollen Mann nicht zu enttäuschen. Ich war glücklich und ängstlich zugleich. Ich hatte fast Lust, ihm zu sagen: »Weißt du, du bist nicht dazu verpflichtet.«
Er legte seine Hand auf meine Hand. Ich hatte nichts zu befürchten; er wußte, wohin wir steuern würden. Wir liebten einander über alles. Ich sagte ja. Vielleicht habe ich auch gar nichts geantwortet, denn eigentlich war es gar nicht nötig zu antworten. Ich trug Edmonds Kind bereits unter meinem Herzen, also war ich seine Frau, eine Tatsache, die man nicht leugnen konnte.
Er wußte, daß ich die Lebensgefährtin war, die er brauchte. »98 % der Menschen überleben nur«, pflegte er immer scherzhaft zu sagen, »2 % leben wirklich, das sind die, die ich liebe, denn für sie gleicht kein Tag dem anderen.« Es gab viel schönere Frauen, intelligentere, feinere, aber ich lebte wirklich. Ich hatte gekämpft, um voranzukommen; ich hatte einige Schläge einstecken müssen; meine Seele hatte einige blaue Flecken abbekommen; das konnte mich aber nicht davon abhalten, dem Leben gute Seiten abzugewinnen; Fleiß und Arbeit, das war meine Lebensphilosophie. Ich konnte diesen Mann verstehen. Wir waren aus dem gleichen Holz geschnitzt.
Ich kam zwar nicht aus seinem Milieu, aber das kümmerte ihn wenig. So seltsam es auch klingen mag; er war so etwas wie ein Außenseiter...

E s war einmal ein kleines Mädchen mit einer roten Ponyfrisur und dünnen Beinen, das in dem Pariser Vorort Puteaux am Ende eines Gäßchens Kriegsrat hielt. Es war einmal ein lockenköpfiger Junge, der in einem Gartenhäuschen wohnte, das ganz am Ende eines Schloßparks am Genfer See lag. Er war Jude, heimatlos, es war Krieg, ein Krieg im wahrsten Sinne, und seine Mutter, mit der er lebte – seine Eltern waren geschieden –, hatte nur sehr wenig Geld zum Leben. Wir schrieben das Jahr 1940, und es ist nicht sicher, daß der eine von uns beiden, Edmond, glücklicher war als Nadine.
Edmond stellte mir nie Fragen über meine Familie; ich hingegen wollte alles über die seine wissen. Meine Vergangenheit kümmerte ihn nicht. Ich drängte ihn, mir zu erzählen, was er alles getan hatte und was man ihm angetan

hatte. Ich wollte keine Nachforschungen anstellen, sondern nur meine Neugierde befriedigen. Bis in die Einzelheiten wollte ich die Geschichte kennen, in der mein Kind seine Rolle spielen würde.

Im Juni 1940 hatte Edmonds Vater, Senator Maurice de Rothschild, gegen die Wahl von Marschall Pétain zum Staatschef gestimmt und wurde im Prozeß von Riom zu lebenslänglicher Haft verurteilt, womit er ebenso wie seine Vettern Edouard, Robert und Henri seine französische Staatsangehörigkeit einbüßte.

Edmond, der sich zur Zeit dieser Ereignisse mit seiner Mutter in Megève aufhielt, verlor damit im Alter von dreizehn Jahren automatisch ebenfalls seine französische Staatsbürgerschaft. Natürlich hätte man ihm falsche Papiere ausstellen können; damit lief man aber Gefahr, angezeigt zu werden, und außerdem würde Savoyen sicherlich ohnehin bald besetzt sein. Meine Schwiegermutter entschloß sich also vorsichtshalber am 28. Juni 1940, da ihre Nachbarin bereits festgenommen worden war, mit dem Auto in die Schweiz zu fahren, wo ihr Ex-Mann von seiner Tante Julie de Rothschild* den herrlichen Besitz Pregny am Genfer See geerbt hatte.

Das Schloß war nicht bewohnt, und es konnte nicht geheizt werden. Edmond, seine Mutter und die Erzieherin, Mademoiselle Catherine Pfeiffer, die Edmond, als er sie sah,

---

* Enkeltochter der zweiten Tochter von Mayer Amschel Rothschild, Begründer des österreichischen Zweiges der Familie. Baronin Julie heiratete ihren Onkel Adolphe, den jüngsten Sohn der Rothschilds aus Neapel, Sohn des vierten Bruders Carl. Von den zwölf Ehen, die die fünf Brüder aus Frankfurt eingingen, wurden neun mit Rothschild-Töchtern geschlossen. Man hatte Familiensinn...

sogleich in »Annecy« umgetauft hatte, da er in ihren hellblauen Augen die Farbe des Sees wiederfand, den er so liebte, richteten sich in einem kleinen Häuschen in der Nähe des Eingangstores ein.

Während der Kriegsjahre hatte das Trio für seinen Lebensunterhalt nur die Mittel zur Verfügung, die Maurice de Rothschild, der als politischer Gefangener erst in Nassau und dann in Kanada inhaftiert war, für den Unterhalt des Besitzes zurückgelassen hatte.

Seine finanzielle Lage war damals auch recht unerfreulich. Er hatte Mühe, mit der Unterstützung auszukommen, die sein Bruder James ihm aus England schickte. Nachdem die Vereinigten Staaten in den Krieg eingetreten waren, ließ er sich in New York nieder.

Bis zu diesem Zeitpunkt hatte Maurice sein Augenmerk mehr darauf gerichtet, Geld auszugeben, als es zu verdienen, doch hatte er, weiß Gott, genug davon. Er war ein eleganter, geistreicher junger Mann, der den Sommer in Marienbad und den Winter in Sankt Moritz verbrachte und es nicht für nötig hielt zu arbeiten, der seiner Pferdezucht, der Jagd und der Gegenwart schöner Frauen mehr abgewinnen konnte als den Bankbüros. Nach dem Ersten Weltkrieg (in dem er dank seiner ausgezeichneten Kenntnisse auf internationaler Ebene dem Generalstab zugeteilt war) gab er dem Drängen seiner Frau Noëmie Halphen und seiner Freunde, die ihm sein lockeres Leben vorwarfen, nach und ging in die Politik, was ein weiteres, sicheres Mittel war, sein Geld zu vergeuden.

Sein Wahlkreis war bis 1925 das Departement Hautes-Pyrénées mit Sitz in Tarbes, wo er ausgezeichnete Arbeit

leistete. Als er gegen den Vetter seiner Frau, Achille Fould (dessen Sohn Aymar auch Parlamentarier war und der Tarbes verlassen mußte und Abgeordneter im Médoc-Gebiet wurde), die Wahl verlor, ließ er sich im folgenden Jahr, 1926, als Ratsherr in den Hautes-Alpes zur Wahl aufstellen. Dieser fliegende Wechsel wurde nicht von jedermann gutgeheißen, und man erklärte die Wahl für ungültig. Einen Monat später wurde er dann ganz ehrenhaft noch einmal gewählt.
Im gleichen Jahr schenkte seine Frau ihm einen Sohn. Das war ein richtiges Ereignis, denn die jüngere Linie der Rothschilds hatte bis zu dem Zeitpunkt noch keine Nachkommen.

Das Kind wurde natürlich Edmond genannt, wie sein einundachtzig Jahre alter Großvater.
Dieser ehrwürdige Greis war der vierte Sohn von James de Rothschild, der 1815 den französischen Zweig der Familie gegründet hatte. James, der unermüdliche Arbeiter, James, der den Prunk liebte, James, der wohlbeleibte und jähzornige Diktator. Als er 1868 mit einundvierzig Jahren starb, trat sein ältester Sohn Alphonse seine Nachfolge an der Spitze des Unternehmens an. Der Großvater meines Mannes war also damals nur dreiundzwanzig Jahre alt. Obgleich alle Söhne der Rothschilds ihrem Wahlspruch gemäß (concordia, industria, integritas – Eintracht, Fleiß, Redlichkeit) im Familienunternehmen arbeiteten, nahm er kaum am täglichen Arbeitsprozeß im Büro teil.
Seine Frau Adelheid, eine Rothschild aus Frankfurt am

Main, die – aufgrund des dort herrschenden Antisemitismus – fast in einer Gettoatmosphäre und in einer streng religiösen Umgebung aufgewachsen war, veranlaßte ihn, sich für das Judentum und für philantropische Aktionen einzusetzen.

Aber seltsamerweise wurden die Weichen für seine wahre Bestimmung dadurch gestellt, daß die Brüder ihn, den Benjamin, in das Geschäftsleben mit einbezogen. 1870 wurde Edmond ans Kaspische Meer entsandt, um dort die Ölquellen zu inspizieren, die die Familie zusammen mit russischen Juden betrieb. Alphonse, der Älteste, war davon überzeugt, daß der Petroleumlampe die Zukunft gehörte. Auf den Rücken von Kamelen transportierte man, bereits in Weißblechkanistern verpackt, Tonnen der kostbaren Flüssigkeit nach China, das damals den größten Markt für Petroleum darstellte.

Baron Edmond reiste mit der Eisenbahn. Sein Herz lehnte sich gegen die gewalttätigen Progrome auf, die er in Rußland wahrnahm. Von nun an versuchte er, Alphonse und Gustave leidenschaftlich davon zu überzeugen, daß die weitere Zusammenarbeit mit dem zaristischen Rußland eines Juden unwürdig sei und daß eine soziale Explosion dort früher oder später unvermeidlich kommen werde. Die Rothschilds überließen daher ihre Anteile an den Ölquellen in Baku einer holländischen Gesellschaft, die Beteiligungen in Rumänien und in Niederländisch-Indien besaß, im Tausch gegen Aktien der gleichen Gesellschaft. Der Name der Gesellschaft? Königlich Niederländische SHELL!
Gleichzeitig beendeten die Rothschilds ihre Vermittlertätigkeit für russische Staatsanleihen. Weniger als ein halbes

Meine Mutter und meine Großeltern

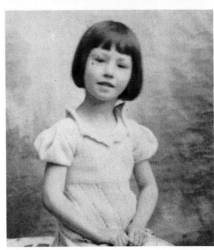

Nadine, die »Bohnenstange«

Edmonds Eltern

Rechte Seite: Edmond und sein Großvater

Edmond und seine Großmutter

Filmfestspiele in Cannes,
hinter mir Lance Callingham

»Girls at Sea«

*Filmfestival in Edinburgh: Dominique Wilms, Noëlle Adam, Annie Girardot, Nicole Berger und ...
Nadine Tallier*

Léonide Mogny, Michèle Mercier, Charles Boyer, Henri Vidal und ... wieder Nadine Tallier

Verheiratet auf Gedeih...
nicht auf Verderb

Meine Schwiegermutter,
Annecy und Benjamin

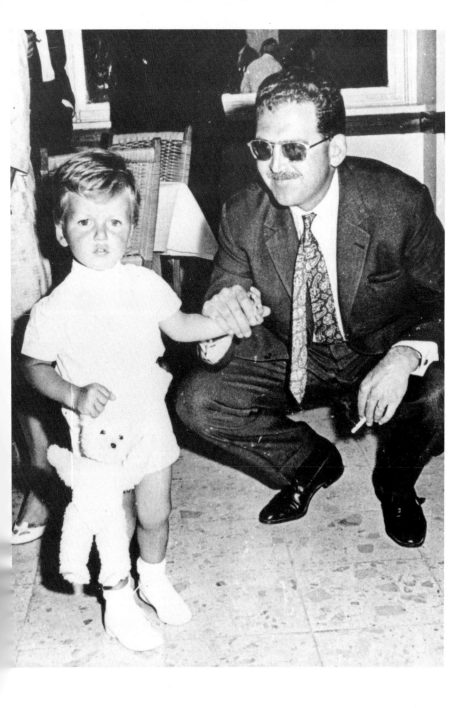

ein Herz schwankt zwischen dem Papa und seinem Teddybär

Benjamin auf seinem ungestümen Roß

Auf den Spuren seines Vaters?

Mein schönstes Geschenk zum 50. Geburtstag: ein <u>Happy Birthday,</u> gesungen von Placido Domingo

Mit Mercedes de Gunzbourg

Linke Seite: Auf dem Ball der WIZO mit Jacques Chazot

Mit »meinem« Herzog von Bedford und Marcel Bleustein-Blanchet

Oben: Teddy Kollek, ohne den Jerusalem nicht das wäre, was es ist.

Unten: Edmond und Alain hinter Ben Gurion

Mit Geneviève Page

Siesta in der Kinderkrippe von Jerusalem

Die Kinder von Maubuisson

Nadine Tallier...

..wird Baronin Edmond de Rothschild.

Endlose Gespräche im Grünen

Benjamin in den Gewächshäusern auf
Schloß Pregny

Benjamin vor der Klagemauer

Jahrhundert später brach die Revolution aus. Bei den Rothschilds macht sich eben alles bezahlt, selbst die guten Taten! Die Ermordung Zar Alexanders II. ließ die Progrome wieder aufleben (die Verschwörer hatten sich in der Wohnung einer jungen Jüdin getroffen). Die Juden wurden Opfer unzähliger Ungerechtigkeiten, da sie im Verdacht standen, die Monarchie stürzen zu wollen. Die Aufnahme in weiterführende Schulen und Universitäten wurde ihnen sehr schwer gemacht; die Ausübung verschiedener Berufe, zum Beispiel der des Rechtsanwaltes, wurde ihnen untersagt. Innerhalb von sechs Monaten verließen 225 000 jüdische Familien Rußland und begannen, vom Gelobten Land zu träumen, von Palästina.

Man bat Baron Edmond, bei der Durchführung dieses Projektes zu helfen, worauf dieser antwortete: Er träume davon, das Judentum wieder auf dem Boden der Vorfahren zu errichten, trotzdem gebe er folgendes zu bedenken: Würden diese russischen Juden, erfahrene und geschickte Kaufleute, sich in Landwirte verwandeln können? Der Baron suchte ein Dutzend von ihnen aus und schickte sie auf eine Landwirtschaftsschule in der Nähe von Jaffa. Nachdem dieser Test gelungen war, ging er nach Konstantinopel und erwarb von den Türken Land, auf dem die erste jüdische Kolonie entstand, die jemals in Palästina gegründet wurde. Von nun an widmete er sich dieser Aufgabe bis zu seinem Tod, ein halbes Jahrhundert später. Zunächst wirkte er noch im Verborgenen, doch diese Anonymität währte nicht lange. Der »bekannte Wohltäter«, legte die Sümpfe trocken, grub Brunnen, baute Häuser und gründete Industrien, von der Parfümfabrik bis zur

Glashütte. Er organisierte seine eigene Verwaltung in Palästina und setzte zur Überwachung der Ernte Inspektoren ein.*

Baron Edmond gab 70 Millionen Gold-Francs aus, mehr als die ganze Diaspora zusammen aufgebracht hatte, um 50 000 Hektar Land zu kaufen und um die Wüste wieder fruchtbar machen zu können.

Dankbarkeit verpflichtet: Auf den israelischen 500-Schekel-Scheinen ist heute der »großzügige Spender« als Gründungsvater des Staates Israel zu sehen, eine Bezeichnung, die er genauso beanspruchen darf wie Theodor Herzl, Chaim Weizmann und David Ben Gurion.

Nach der fast unerwarteten Geburt ihres Sohnes (sie waren seit siebzehn Jahren verheiratet) ging die Ehe meiner Schwiegereltern auseinander. Vielleicht aufgrund ihrer unterschiedlichen Temperamente, sicherlich aber auch wegen der zwei so verschiedenen Familientraditionen.

Die Rothschilds hatten sich niemals wirklich in die französische Gesellschaft eingegliedert, was auf ihren Charakter und die Art ihrer Berufe zurückzuführen war. (Baron James war unter Ludwig XVIII., Karl X. und Louis Philippe Bankier; obgleich er Träger des Großkreuzes der Ehrenlegion war, hatte er es immer abgelehnt, die französische Staatsbürgerschaft anzunehmen, und er starb staatenlos).

Dagegen fühlte sich die Familie Halphen, aus der meine

---

* Diese einst fruchtbaren Gebiete waren unter der türkischen Verwaltung wieder zur Wüste geworden (A. d. Ü.)

Schwiegermutter stammte, hundertprozentig französisch, obgleich ihre Mitglieder Israeliten waren. Sie gehörten einer jener begüterten Familien an, die seit ewigen Zeiten in Bordeaux oder in der Grafschaft Venaissin lebten und stets einen freien Beruf oder eine Tätigkeit in der Armee gewählt hatten. (In der Medizin, dem Finanzwesen oder im Auswärtigen Dienst kamen sie weniger leicht unter, behindert durch eine Art numerus clausus).

Edmonds Großvater mütterlicherseits, Jules Halphen, hatte sich gleich nach dem Krieg von 1870 im Polytechnikum eingeschrieben. Er strebte eine militärische Karriere an, um Elsaß-Lothringen zurückzugewinnen. Eines Tages ließ der Kriegsminister diesen Artillerieoffizier – er war damals Kommandant der Festung von Vincennes und sprach fließend Englisch, Deutsch und Chinesisch – zu sich kommen, um ihm einen verantwortungsvollen Posten im »Deuxième Bureau«, dem französischen Geheimdienst, anzubieten. Jules Halphen beriet sich mit seiner Frau, die dieser Versetzung außerordentlich ablehnend gegenüberstand. Ihr jüngster Sohn Jacques, der seit seiner Geburt kränkelte, würde das Leben in Paris nicht überstehen. »Wenn du diesen Posten annimmst, wirst du den Tod deines Sohnes zu verantworten haben.«

Major Halphen lehnte also ab und empfahl seinerseits einen Kameraden, der gleichzeitig mit ihm befördert worden war: einen gewissen Alfred Dreyfus, der ebenfalls aus der guten jüdischen Gesellschaft stammte. Einige Jahre später, 1894, kam es zur gleichnamigen Affäre. Hätte es nicht einen besorgten Vater gegeben, wäre Frankreich vielleicht eine schwere moralische und politische Krise erspart geblieben... Es sei denn, Major Halphen hätte ebenfalls als Sündenbock herhalten müssen! Die Großmutter meines Mannes mütterlicherseits war eine geborene Pereire und entstammte einer bekannten Familie aus Bordeaux, die wie die Halphens aus Spanien über Portugal gekommen war. Einer ihrer Vorfahren war während der Regierungszeit Ludwigs XV. sehr bekannt geworden, da er als erster eine Unterrichtsmethode für Taubstumme eingeführt hatte. Außerdem hatte er vom Regenten die Erlaubnis erhalten, den ersten jüdischen Friedhof auf einem Grundstück anzulegen, das er im Pariser Stadtteil Villette gekauft hatte. Durch seinen Enkel Emil, einem Gnostiker, wurden die Pereires eine bekannte Industriellendynastie. Mit zweiundzwanzig Jahren war Emil von James de Rothschild als Makler eingestellt worden. Er überredete seinen Chef, die erste Eisenbahnstrecke in Frankreich zu finanzieren, die von Paris nach Saint-Germain-en-Laye führte. Die Strecke wurde 1835 eingeweiht – sie schuf die »Chemins de fer du Nord«, die nordfranzösische Eisenbahn. Emil überließ sie den Rothschilds und sicherte sich die Konzession für die »Chemins de fer du Midi«, die südfranzösische Eisenbahn. Er gründete noch weitere Unternehmen, so bedeutende wie die »Companie générale transatlantique«, bevor er einen so aufsehenerregenden Konkurs wie den des »Crédit Mobilier« erlitt, ein Kreditinstitut neuer Art, auf langfristige Darlehen an die Industrie spezialisiert, das von den Rothschilds bekämpft wurde.

Wie ein Echo hallten die lange Zeit zurückliegenden Auseinandersetzungen dieser in Tradition und Lebensstil so unterschiedlichen Familien wider: Auf der einen Seite die den Aufwand liebenden Rothschilds, auf der anderen Seite die unnachgiebigen Halphens; auf der einen Kosmopolitismus, der durch die weitverzweigte Verteilung der Familie auf die europäischen Hauptstädte gefördert wurde, auf der anderen kleinkarierter Patriotismus. Sehr zu seinem Verdruß verwandelte meine Schwiegermutter während des Ersten Weltkriegs das Stadtpalais ihres Mannes in der Rue de Monceau in ein Lazarett, wo sie ihm ständig ein Loblied auf ihren Bruder Henri sang, der mehrfach dekorierter Kürassier war. Verärgert über den Verlust seines Sitzes als Abgeordneter von Tarbes, warf er Jules Halphen später vor, es abgelehnt zu haben, ihn finanziell gegenüber der Tageszeitung »Dépêche de Toulouse« zu unterstützen. Geringfügige Sticheleien und kleine Verbitterungen, die alleine nicht genügen, das Unglaubliche zu erklären: Eltern, die ihre Kinder dazu trieben, sich scheiden zu lassen, nachdem die Erbfolge gesichert war.

Baron Edmond und seine Frau Adélaïde ließen es an nichts fehlen und brachten ihre Ex-Schwiegertochter in der Avenue du Bois, an der Ecke der Rue Leroux, in einem Stadtpalais unter, dessen Wände mit himmelblauem Damast, der Farbe ihrer Augen, bespannt waren. Als Personal erhielt sie einen Haushofmeister, einen Kammerdiener, ein Zimmermädchen, eine Waschfrau, einen Koch, einen Konditor, einen Chauffeur, die besagte Annecy und sogar ein englisches Kindermädchen, das nur damit beauftragt war, Edmond zu baden.

In diesem Rahmen spielte sich die Kindheit Edmonds ab, des kleinen Prinzen, dessen Königreich den Frauen gehörte, seiner Mutter und seiner Gouvernante. Die Schwester von Baron Maurice, Myriam de Rothschild, eine kinderlose Witwe, besuchte die drei häufig. Meine Schwiegermutter, durch und durch eine Dame, hatte ein elegantes Auftreten und eine Unmenge von Prinzipien, die sie einer außerordentlich strengen Erziehung verdankte. Die Welt bestand für sie aus zwei Gruppen, den Menschen, die die Familie kannte und den anderen, die die Familie nicht kannte. Ihr Sohn durfte natürlich nicht im Stadtpark spazierengeführt werden, da der Besitz der Großeltern Rothschild sich ganz in der Nähe im Stadtteil Boulogne befand. Jeden Morgen und jeden Nachmittag fuhr der Chauffeur Annecy und Edmond dorthin. Wenn ich den Bildern aus der Zeit Glauben schenken darf, war er damals ein goldiges Kind mit blonden Locken und blauen, von langen Wimpern eingerahmten Augen; er trug einen entzückenden marineblauen Mantel mit Samtkragen von der Modeschöpferin Maggy Rouff und auf dem Kopf einen kleinen, dazu passenden Filzhut. Jeden Nachmittag wiederholte sich das gleiche Ritual: Edmond junior wurde von Großmutter Adélaïde zu Walderdbeeren und Schokoladenmakronen ins Schloß eingeladen, bevor sie mit ihm spazierenging, damit er die Schwäne mit Brot füttern konnte.

Seine humanitären Aktivitäten und sein Interesse an Kunst und Wissenschaft beschäftigten Baron Edmond mehr als seine Kinder, deren Erziehung er immer den mustergültigen Kinderfräulein überlassen hatte. Trotzdem kam er von Zeit zu Zeit, um einen liebevollen Blick auf seinen Enkelsohn zu werfen. Er war ein bezaubernder alter Herr mit auffallend blauen Augen, einem weißen Bart und einer stattlichen Figur.

Einmal pro Woche besuchte Edmond seine Großmutter Halphen, eine äußerst vornehme, aber langweilige alte Dame, die auf ihre Abstammung aus der Familie Pereire sehr stolz war. Seit dem Tod ihres kleinen Jacques trug sie Trauerkleidung und lebte völlig zurückgezogen bei verhängten Fenstern in einer großen Wohnung in der Avenue Malakoff.

Den Monat Juli verbrachte Edmond in Houlgate, weil dort das Klima so besonders gut ist, den August in Genf, wo er seinen Vater sah. Die eigentliche Erholung aber brachten die Winterferien in Megève; hier legte meine Schwiegermutter endlich alle Pflichten ab und entspannte sich wirklich.

Bis zum Jahr 1914 war diese große Sportlerin mit ihrem Mann nach Sankt Moritz zum Skilaufen gefahren. 1916 wollte sie sich wieder einmal einige Tage von der anstrengenden Leitung ihres Lazaretts erholen, als sie einen ihrer Vettern traf, der sich als Kriegsgefangener auf Ehrenwort in der Schweiz aufhielt. (Während des Ersten Weltkriegs konnten hochrangige Offiziere Ärzte finden, die ihnen bescheinigten, daß sie gegen den Stacheldraht allergisch sind). Anschließend ließ sie sich in einem der großen ihr schon bestens bekannten Hotels in Sankt Moritz nieder. Das Hotel war bis unters Dach voll mit Deutschen. Sie beschwerte sich darüber beim Direktor, der ihr das übelnahm (war die Schweiz nicht ein neutrales Land?) und überall in ihrem Zimmer kleine Briefe anbrachte: »Erinnern Sie sich an die fünf Brüder aus Frankfurt!« Völlig verzweifelt darüber bat die Baronin ihren norwegischen Skilehrer, für sie in Frankreich einen Ort ausfindig zu machen, wo sie ungestört Ski laufen konnte.

So kam es, daß unser Norweger mitten im Krieg die gesamten französischen Alpen erforschte. Er listete topographische Erhebungen auf, besorgte sich militärische Karten, examinierte die verschiedenen Gebiete und teilte meiner Schwiegermutter 1919 mit, daß er auf zwei zauberhafte Gegenden gestoßen sei. Die eine war sehr schön, aber schwer zugänglich, Val d'Isère, die andere war weniger schneereich, leichter zu erreichen und sehr sonnig, Megève.

Noëmie de Rothschild entschied sich für Megève. 1929 reiste sie zum ersten Mal dorthin. Bald ließ sie sich ein Chalet bauen, den ersten Skilift in Gang setzen und das erste Hotel, das »Mont d'Arbois«, errichten. Sehr bald folgte eine russische Familie mit dem Namen Rosenthal – die Könige der Perle –, darauf eine dritte jüdische Familie, die des Direktors der Zeitung ›Les Échos‹, ein Herr Schreiber. Welch seltsamer Zufall: Unser Sohn Benjamin studiert heute an einer Universität in Kalifornien zusammen mit dem Sohn der Rosenthals und dem von Jean-Jacques Servan-Schreiber.

Edmonds Großvater starb 1934, seine Frau Adélaïde 1935 und die Großmutter Halphen 1936. Von 1934 bis 1938 trug meine Schwiegermutter Trauerkleidung und nahm nicht am gesellschaftlichen Leben teil. 1938 war das Jahr, in dem das Münchner Abkommen geschlossen wurde; 1939 begann der Krieg, der Edmond seine Jugend nahm. Am Tag der Befreiung war er neunzehn Jahre alt, und es war bereits zu spät für ihn, in eine der berühmten Schulen aufgenommen zu werden. Seine Mutter war geschieden, und als geschiedene Frau gab man keine Empfänge. Wen hätte sie auch empfangen sollen? Ihre Familie und ihre Freunde waren verschleppt worden und gestorben. Oder sie hatten ihr Vermögen verloren. Oder sie lebten zurückgezogen auf ihren Schlössern in der Provinz. Oder aber sie waren ganz einfach todunglücklich. Obgleich an Jahren um zwei Generationen älter, ist Edmond bei weitem jünger als seine Vettern zweiten Grades Guy, Alain und Elie.

So paradox es auch klingen mag; obwohl er ein Rothschild ist, hat Edmond eigentlich keine Familie. Und aufgrund der genannten Umstände gehört er keiner bestimmten Gesellschaftsschicht an. Die einzigen gesellschaftlichen Ereignisse, die er kennengelernt hatte – soweit das im Alter von zehn bis zwölf Jahren überhaupt möglich ist – spielten sich in der Nähe von Genf auf dem Schloß Pregny ab, wo mein Schwiegervater, der Senator, anläßlich der Herbstsitzung des Völkerbundes, die Großen der Politik wie Robert Schuman, Paul Reynaud, Léon Blum sowie Churchill und Anthony Eden empfangen hatte. Nach dem Krieg fiel Pregny in einen Dornröschenschlaf, da Baron Maurice von dem Wunsch beseelt war, das Vermögen, das er selbst erheblich reduziert hatte, wieder herzustellen, bevor es durch den Krieg zu starken Einbußen kommen würde.

Diese überraschende Sinneswandlung stammte aus dem Jahre 1942, als Baron Maurice in Amerika lebte. Er war damals einundsechzig Jahre alt und führte einen Lebensstil, der ihn erkennen ließ, daß es angenehmer ist, reich als arm zu sein. Infolgedessen bewegte er sich beharrlich in den New Yorker Börsenkreisen und verfiel bald auf ein einfaches System: Er lieh sich zu niedrigem Zinssatz Geld und kaufte an der Börse hochwertige Rohstoffe, die einen hohen Ertrag versprachen. Je stärker sie im Wert fielen, um so mehr kaufte er, und wenn sie wieder stiegen, verkaufte er sie wieder, um seine Darlehen zu bezahlen. Das Unternehmen war risikoreich, da er auf hochwertige Rohstoffe gesetzt hatte, von denen er meinte, daß die Welt sie mehr und mehr benötigte – Eisenerz, Kupfer, Blei, Kaffee und Zucker. Aus diesem Grund investierte er große Summen in Zuckerrohrplantagen auf Cuba und Santo Domingo; außerdem beteiligte er sich an Diamanten-Minen in Südafrika.

Innerhalb von zehn Jahren trug Edmonds Vater ein großes Vermögen zusammen. Niemals setzte er jedoch seinen Fuß auch nur in irgendein Büro. Nachdem er wieder in die Schweiz zurückgekehrt war, arbeitete er alleine in Pregny. Umgeben von fünf Telefonen lag er auf dem Bett und überlegte; das Wasser des Genfer Sees und die weiße Bergspitze des Montblanc beruhigten ihn, wenn der Zahlenwalzer ihn zu stark ermüdete. In einem Pavillon im Park richtet er sein Büro ein.

Einmal mehr bewies Baron Maurice, mit welcher Zähigkeit die Rothschilds überleben können. Für mich ist dies der Schlüssel zum Erfolg dieser Familie: Ihr Geschick, sich der jeweiligen Situation realistisch und vorausschauend anzupassen. Die unüberlegten Reaktionen Frankreichs während der stürmischen Kriegsereignisse hatten ihn enttäuscht: Edmonds Vater sah alles im internationalen Zusammenhang und gewann so die Wette, die er sich selbst gegenüber eingegangen war.

Wie sein Vater, so verachtete auch Edmond die Grenzen. Es gab keinen Grund für ihn, in der Familienbank in der Rue Laffitte zu arbeiten, denn Baron Maurice war kein Teilhaber mehr. Wie sein Vater war auch er von den Vereinigten Staaten begeistert, von diesem Land der unbegrenzten Möglichkeiten. 1949 begann er, in einer Firma zu arbeiten, die seinen Vettern gehörte und die mit Lateinamerika Import- und Exportgeschäfte tätigte, die »Commerciale Transocean«, deren letzter Generaldirektor Georges Pompidou war. Er reiste nach Chile, Brasilien und Argentinien. Diese prosperierenden jungen Länder mit ihrem angenehmen Klima zogen den jungen Mann an, der gerade dabei war, dem grauen Europa und den Röcken seiner Mutter zu entfliehen.

Edmond hatte lediglich sein Staatsexamen in Jura abgeschlossen, jedoch keine Ausbildung im Finanzwesen erhalten. Von Betriebswirtschaft wußte er nichts; er lernte einfach dadurch, daß er Bilanzen und Börsenkurse studierte, und es gelang ihm sogar, einen Scheck auszustellen. Über Geld wurde nämlich bei meiner Schwiegermutter nicht gesprochen. Dieses Wort war beinahe verpönt. Das Kind Edmond war überzeugt davon, daß das Hotel Mont d'Arbois und der Skilift dem Direktor gehörten. Seine Mutter hatte es wohlweislich unterlassen, ihm zu sagen, daß sie beides zum größten Teil finanziert hatte. Für sie waren verwöhnte Söhne das Schlimmste, was es auf dieser Welt gibt.

Edmonds Vater sah es als überflüssig an, sich um die Erziehung seines Sohnes zu kümmern, wozu er, laut Aussage seiner eigenen Eltern, auch nicht fähig war; niemals half er ihm bei seinen Geschäften. Gegen Ende von Edmonds Ausbildung hatte er ihm angeboten, ihn in Pregny in die Geheimnisse der Börse einzuweihen, aber Edmond hatte dieses Angebot klugerweise abgelehnt. Mit vierundzwanzig Jahren gründete er in Buenos Aires sein erstes Unternehmen, mit sechsundzwanzig Jahren hatte er ein Büro in Paris, in der Faubourg Saint-Honoré 45, in der Toreinfahrt, die zu dem ehemaligen Haus einer Urgroßeltern Pereire führte. Zusammen mit Freunden versuchte er sich in internationalen Geschäften. Er verkaufte Stahlbeton nach Argentinien und importierte Kaffee aus Brasilien; dank der Hilfe eines befreundeten Bankiers, Albin Chaladon, der ihm vertraute, kaufte er die Firma Simpère wieder zurück, ein Unternehmen, das mit Öl handelte.

Als Edmond einunddreißig Jahre alt war, starb sein Vater. Er erbte ein Vermögen, das größer war als das irgendeines anderen Rothschild auf der Welt, dazu noch mit wenig Verantwortung verbunden. Es sollte sein Leben verändern.

Bis dahin hatte seine einzige Sorge darin bestanden, seine Unternehmen blühen zu sehen, das Leben zu genießen und der Familientradition folgend, in den radikalen und den radikal-sozialistischen Kreisen Politik zu machen; dann begeisterte er sich für de Gaulle und dessen Verteidigungs- und Entkolonisierungspolitik.

Im Zusammenhang mit dem Tod seines Vaters traten verschiedene wichtige Ereignisse ein. Das erste bestand für Edmond in der Entdeckung Israels. Noch niemals hatte er seinen Fuß dorthin gesetzt, da er wußte, was das für einen Enkel des »Großzügigen Wohltäters« bedeuten würde. Er fühlte sich noch nicht reif dafür. Seine Mutter – der alle zionistischen Ideen fremd waren – hatte ihn auf diese Aufgabe nicht vorbereitet.
Und dann kam die Suez-Krise von 1956, der erstaunliche Durchbruch der israelischen Truppen und ihre Unterstützung durch die englische und französische Regierung. Edmond hat mir oft erzählt, wie er, durch eine infektiöse Gelbsucht ans Bett gefesselt, in Mandegris (einem kleinen Jagdpavillon im Park des väterlichen Besitzes Armainvilliers im Departement Seine-et-Marne) diese Ereignisse wie eine Offenbarung erlebt hat. Israel existierte; Israel mußte sich verteidigen; Israel brauchte, um zu überleben, seine europäischen Verbündeten. Sein Vater war tot, und so unternahm Edmond die Reise, die Baron Maurice niemals unternommen hatte. Es kam, wie es kommen mußte. Er sah sich einem Volk gegenüber, das viel von ihm erwartete, während man bis dahin noch nie etwas von ihm erwartet hatte. Man bat ihn, in Europa den Vorsitz der Aktion »Bons pour Israël« zu übernehmen. Um dem Staat finanziell zu helfen, verkaufte man Obligationen zu niedrigen Zinssätzen.
Er mußte seine Schüchternheit überwinden und lernen, in der Öffentlichkeit zu sprechen, gerade er, der dies haßte. Die Begegnung mit David Ben Gurion, dem damaligen israelischen Ministerpräsidenten, beeindruckte ihn ganz

besonders. »Ihr Großvater«, sagte Ben Gurion, »war kein Menschenfreund, sondern ein Staatsmann, der das richtige wirtschaftliche Konzept für Israel hatte: Es gilt Kapital anzuziehen, damit Arbeitsplätze für die neuen Einwanderer geschaffen werden können.«
So kam es, daß Edmond dort Geschäfte entwickelte: 1960 die erste Pipeline vom Roten Meer zum Mittelmeer, die das persische Öl transportierte, gefolgt von einer Fabrik für pharmazeutische Erzeugnisse und dann seine erste Bank, die »Israel General Bank«. Er, der nur zweimal im Jahr Jude war, zu Rosch ha-Schanah (Neujahrsfest) und Jom Kippur (Versöhnungsfest), um seiner Mutter einen Gefallen zu tun, er, der erst während des Krieges 1940 entdeckte, daß er Jude war, nahm für sich den Judaismus in Anspruch: Jenes mit Pioniergeist verbundene Gespür für Tradition.
Sein zweiter Lebensabschnitt begann, in dem er seine Unternehmen aufbaute. Bis zu dem Zeitpunkt hatte er nur Handel getrieben; jetzt entdeckte er sein Interesse an internationalen Finanzgeschäften: Das Familienlaster in einer neuen, noch nicht dagewesenen Form. Er entwickelte eine eigene Geschäftsphilosophie, orientiert an neuen, wirtschaftlichen Entwicklungen. Er lehnte es ab, Industrieller zu werden. Es war besser, unabhängig zu bleiben und sich auf die Bedürfnisse der neuen Gesellschaft einzustellen. 1959 interessierte er sich tatkräftig für zwei Geschäfte; das eine sollte ein Mißerfolg werden, das andere aber unglaublich erfolgreich. Die erste Discount-Laden-Kette Inno France, die von einer belgischen, zu den Galeries Lafayette gehörenden Gruppe ins Leben gerufen wurde, hatte sich nicht bewährt. (Zum gleichen Zeitpunkt hatte

Marcel Fournier Edmond vorgeschlagen, sich an »Carrefour«, einem Geschäft zu beteiligen, das seinen Hauptsitz in Annecy hatte und das das Prinzip verfolgte, die Läden nicht in den Städten zu errichten, sondern in den Vororten; doch zu Unrecht glaubte Edmond, daß die Franzosen noch nicht so weit seien, amerikanische Einkaufsgewohnheiten anzunehmen). Ein eindeutiger Erfolg war dagegen seine Beteiligung am Club Méditerranée. Die Gründer Gérard Blitz und Gilbert Trigano wollten dem Unternehmen, das sie zehn Jahre zuvor gegründet hatten, einen neuen Charakter geben. Edmond hält bis zu 42 Prozent der Aktien des Clubs. Das dritte Betätigungsfeld Edmonds außerhalb Israels und neben seinen Geschäften war die Einrichtung seiner Häuser. Wie in dem berühmten Volkslied *Cadet-Rousselle* besaß auch er alles dreifach. Zumindest Pregny in der Schweiz, Armainvilliers östlich von Paris, sowie das herrschaftliche Stadtpalais in der Rue de l'Élysée, gegenüber dem Präsidenten-Palast, mußten komplett renoviert werden. Sein Vater hatte sich im Alter nur wenig Gedanken um die Ausstattung der Anwesen gemacht.

Stück für Stück fügte ich das Puzzle seines Lebens und seiner Familie zusammen. Ich stellte fest, daß Edmond, der letzte Sproß des jüngsten Familienzweiges, dann erst wirklich ein Rothschild geworden war, nämlich Jude und Bankier, als er die Dreißig überschritten hatte. Alles in allem hatte er mir gegenüber nur einige Jahre Vorsprung!

Seit November erwartete ich ein Kind. Der Arzt hatte mir absolute Bettruhe verordnet. Achteinhalb Monate hütete ich das Bett, ohne auch nur einen Fuß auf den Boden zu setzen. Von der einen Seite nahm man das Laken unter meinem Rücken weg und auf der anderen Seite zog man ein neues auf. Ich empfing meine Freunde am Bett, und sie aßen in meinem Zimmer.
Einen Monat nach unserer standesamtlichen Trauung Ende Juli erlaubte mir mein Arzt endlich aufzustehen. Es war nichts mehr zu befürchten; das Kind, das ich unter meinem Herzen trug, war bestimmt schon ein Prachtexemplar. Ich hatte mich sehr ausgiebig während dieser langen Zeit mit ihm unterhalten, und es hatte mir auf seine Art mit Kopf- und Fußstößen geantwortet. Sicherlich war es bereit, dem Leben ins Auge zu schauen.

Die Krankenschwester, Madame Lussia, ein freundlicher Drache, dessen Aufgabe während dieser langen Monate darin bestanden hatte, mich ruhig im Bett zu halten, war nun bereit, mich aus der Waagerechten wieder in die Senkrechte zu bringen. Sie legte meinen Arm um ihre Schultern und zog mich langsam in die Höhe. Als ich stand, blieb mir die Luft weg, und ich war nicht imstande, auch nur einen Schritt alleine zu gehen. Im Badezimmer sah ich mich zum erstenmal im Profil. Der Anblick war recht erheiternd. Als ich das Umstandskleid, das mir eine Freundin für diesen großen Tag geliehen hatte, anzog, fand ich mich noch komischer. Aufgrund meiner unfreiwilligen Internierung hatte ich keine Gelegenheit mehr gehabt, mich elegant einzukleiden. Dummerweise hatte meine Freundin ihr Kind im Dezember bekommen. In ihrem schwarzen Wollkleid glaubte ich ohnmächtig zu werden, denn in diesem Juli herrschte eine erdrückende Hitze. Plötzlich hörte ich Geräusche aus der Garderobe. Edmond war nach Hause gekommen. Um ihm eine Überraschung zu bereiten, ging ich ihm entgegen, wobei ich wie eine Ente watschelte; ich steckte immer noch in meiner traurigen Tunika. Erschrokken starrte er mich an, dann brach er in Gelächter aus: »Wie häßlich du bist, mein armer Liebling!« Ich beschloß, mir am Nachmittag in Begleitung von Madame Lussia ein Kleid zu besorgen, das der Jahreszeit mehr entsprach. Aus dem ersten Taxi, das anhielt, wurde ich mit einem freundlichen: »Guten Tag, Mademoiselle!« begrüßt. Ich regte mich fürchterlich darüber auf. Sah denn nicht die ganze Welt, daß ich ein Kind erwartete? Im ›Prénatal‹, einem Geschäft für Umstandsmoden, erkannte man wenigstens meinen Zu-

stand. Am liebsten hätte ich alles gekauft, so glücklich war ich über die wiedergewonnene Freiheit. Doch plötzlich wurde mir schwindelig, und ich bekam schreckliche Schmerzen. Schwester Lussia war völlig aufgelöst. Schaulustige fanden sich ein. Blaulicht, schnell, schnell, ich versichere Ihnen, das Baby ist bald da.
Fahrt durch den Bois de Boulogne. Die Bäume flogen an uns vorüber. Ich hatte mich aufgerichtet und hielt mir den Leib. Es war heiß, so schrecklich heiß. Ein Eisverkäufer.
»Schwester Lussia, bitte lassen Sie uns anhalten.«
»Wie bitte, Madame, aber Sie...«
»Bitte, nur eine Sekunde.«
Und so kam es, daß an diesem 30. Juli gegen vier Uhr nachmittags eine Gebärende in einem Krankenwagen, eine Eiswaffel mit Erdbeer- und Vanilleeis in der Hand, im Amerikanischen Krankenhaus von Paris eintraf!
An das, was dann folgte, kann ich mich nicht mehr erinnern. Es sei denn, im Unterbewußtsein an das Trommeln meines Mannes an die Tür und an den Geburtshelfer, der ihm mit ärgerlicher Stimme zurief: »Monsieur, hören Sie doch auf. Das einzige, was ich Ihnen sagen kann, ist, daß es kein Mädchen ist!«
Edmond antwortete mit der historischen Frage: »Aber was ist es denn dann, Herr Doktor?«
Mit zwei oder drei Freunden feierte er an diesem Abend die Geburt seines Sohnes, indem er von einer Bar in die andere zog und den verdutzten Politiker Olivier Guichard auf beide Wangen küßte.

Es folgte die Bewährungsprobe – man kann von einer Bewährungsprobe sprechen, da es sich um eine Art Inthronisation handelte, als meine Schwiegermutter mir zum erstenmal gegenüberstehen sollte – in der Klinik. Sie war nicht zu unserer Hochzeit gekommen; ich war ihr nicht vorgestellt worden, hatte sie aber einmal anläßlich einer Gala-Vorstellung gesehen.

Entschlossenen Schrittes betrat sie mein Zimmer, gefolgt von Annecy, die ihre Gesellschaftsdame geworden war. Sie war groß, schlank, vornehm, sehr elegant und hatte herrliches weißes Haar. Das ganze Gegenteil von einer rundlichen »jiddischen Mutter« mit warmherziger Stimme.

Sie ging geradewegs auf die Wiege zu, betrachtete durch ihre Lorgnette das Baby von oben bis unten, das, aufgrund der Hundstage ohne Windeln dalag, und sagte mit zufriedener Miene: »Er hat die Füße meines Sohnes.« Dann richtete sie ihre Augen auf mich: »Sie heißen Nadine?« »Ja, Madame«, erwiderte ich. Unerschütterlich fuhr sie fort: »Sie haben nicht zufällig noch einen anderen Vornamen?« Ich sagte ihr, daß ich auch noch Nelly hieße. »Sonst haben Sie keine weiteren Namen?« fragte sie in einem Ton, in dem sie auch den Kellner hätte fragen können, ob er nichts Besseres auf der Karte habe. »Madame, das ist alles, was ich Ihnen anbieten kann«, hörte ich mich antworten.

Meine angeborene Keckheit hatte wieder die Oberhand gewonnen; ich meinte, mich verteidigen zu müssen. Ich war völlig aus der Fassung geraten, und in meinem Innersten wußte ich genau, daß ich der Mutter von Edmond für immer und ewig mißfallen würde. Zum erstenmal verstand ich, daß es nicht so einfach war, einen Rothschild zu heiraten und eine Halphen-Pereire zur Schwiegermutter zu haben.

»Ich freue mich, daß Sie mir einen Enkel geschenkt haben.« Da ich ganz in meine Gedanken versunken war, nahm ich diesen Satz erst mit einiger Verzögerung auf. Mit einem leichten Lächeln auf den Lippen setzte mir die Königinmutter meine Krone auf, bestätigte mir meine Rechte. Ich atmete tief durch; ich war die Mutter von Benjamin, diesem Rothschild der sechsten Generation, der dank meiner das Licht der Welt erblickt hatte. Später verstand ich ihre anfängliche Kälte, ihr Bemühen, sich gegen Gefühle jeder Art zu schützen (wenn Edmond sie küßte, wußte sie es immer so einzurichten, daß sie ihm ihre Stirn hinhielt: »Spiel nicht den kleinen Liebhaber«, sagte sie liebevoll zu ihm). Immerhin, ich trug die Vornamen ihrer liebsten Cousine und ihrer Freundin, Nadine Herren und Nelly de Rothschild, die einige Jahre zuvor gestorben waren.

Die Kinderschwester legte ihr das Kind in den Arm. Man sah, daß Edmonds Mutter es nicht mehr gewöhnt war, Säuglinge an ihr Herz zu drücken. Sie übergab ihn schnell der treuen Annecy. Einige Tage später richtete ich mich mit dem Baby auf dem Lande, in Mandegris, ein, um den restlichen Sommer zu genießen. Ich hatte alles, was ich wollte, den liebsten Mann, ein entzückendes Baby und Reichtum. Trotzdem durchlebte ich ein Drama. Ungeachtet meiner gestickten Laken, ungeachtet meines Zimmers, das überladen war mit den herrlichsten Geschenken, weinte ich wie viele Wöchnerinnen: Benjamin hatte nichts von mir, weder die Stupsnase, noch die hervorstehenden Wangenknochen, noch die Schlitzaugen; er war ganz das Ebenbild seines Vaters! Das hat sich nicht geändert; er gleicht ihm immer noch sehr stark, aber schon lange habe ich meine Tränen darüber getrocknet. Alles in allem ist er nicht schlecht geraten.

Über die Familienmitlieder, die es wagten, eine »Schickse*« zu heiraten, wurde nicht mehr der Bann verhängt. Der Gründer des englischen Zweiges der Familie, Nathan Rothschild (ein Mann, der sich völlig in der »City« assimiliert hatte und der es ablehnte, den Adelstitel zu tragen, der der Familie 1822 von Fürst Metternich verliehen worden war), besaß eine Tochter namens Hannah. Diese rief den Zorn ihres Vaters hervor, als sie ihm mit zweiundzwanzig Jahren mitteilte, daß sie die Absicht habe zu heiraten. Sie hatte sich dazu den charmanten Henry Fitzroy, den Sohn des Duke von Southampton, ausgesucht, der alle Vorzüge besaß bis auf einen: Er war Protestant. Eines schönen Tages im April 1839 mußte das junge Mädchen eine Pferdedroschke herbeirufen und sich in einem einfachen Nachmittagskleid zur Kirche fahren lassen, wo ihr Verlobter und ihr Bruder Nathaniel, als einzige Anwesende bei der Zeremonie, auf sie warteten. An Stelle von Hochzeitsgeschenken bekam sie die Mißachtung ihrer Vettern zu spüren. Als Arthur Fitzroy, der Sohn Hannahs, einige Jahre später an den Folgen eines Sturzes von einem Ponny starb, sprachen sie von göttlicher Strafe. Die Bande, die den Zusammenhalt, die Macht der Familie ausgemacht hatten, wurden durchbrochen. Mehrere Vettern der jungen Generation hatten nicht wie üblich junge

---

* nichtjüdisches Mädchen

Mädchen aus der guten jüdischen Gesellschaft geheiratet. Guy, der Chef der Familie, hatte in zweiter Ehe eine Katholikin geehelicht. Für Edmond war nur wichtig, daß sein Sohn Jude wurde. Er hat mich nie gebeten, zum jüdischen Glauben überzutreten. Lange vor meiner Heirat hatte ich, ohne ihm etwas davon zu sagen, damit begonnen, mich mit dem Judentum vertraut zu machen und bei einer Theologiestudentin Unterricht genommen. Ich wollte den Mann, mit dem ich lebte, sowie seine religiöse Umgebung besser verstehen.
Nach meiner Heirat bat ich die junge Studentin, meine Religionskenntnisse zu vervollständigen. Ich war fest entschlossen zu konvertieren, da die Religion über die Mutter an die Kinder weitergegeben wird.
Ich war Katholikin, ich war getauft, und ich ging zur Kommunion. Ich glaubte an Gott und an seine Gebote, damit aber hörte meine Frömmigkeit auch schon auf. Ich hatte nicht das Gefühl, etwas aufzugeben, indem ich die Religion wechselte.
Sowie ich nach der Geburt von Benjamin wieder auf den Beinen war, stattete ich dem Oberrabbiner von Frankreich, Jacob Kaplan, einen Besuch ab. Dem wichtigsten Mann in der Gemeinde. Eine Art Papst auf nationaler Ebene, obgleich für die Juden der Rabbiner nicht nur ein Priester, sondern ein Weiser ist. Ich, die ich glaubte, seit langer Zeit von jeglicher Schüchternheit den Mächtigen gegenüber befreit zu sein, fühlte mich wie ein kleines Mädchen im Angesicht dieses Gottesmannes, der einsilbig und schroff war, mit einem abgezehrten Gesicht, einem grauen Bart und ganz dunkler Kleidung.

Ich teilte ihm meinen Entschluß mit. Zu meiner großen Überraschung versuchte er, mir eindringlich klarzumachen, daß die Eheschließung mit einem Juden kein ausreichender Grund sei zu konvertieren. Er sprach über die Schwierigkeit, in der heutigen Zeit Jude zu sein, über den Rassismus und den Holocaust. Er erinnerte mich daran, daß nach jüdischem Glauben »die Gerechten aller Nationen ein Anrecht auf ewiges Seelenheil haben«, vorausgesetzt, sie befolgen wirklich die Gebote ihrer Religion. Mit einem Wort, wenn es nach ihm ginge, gäbe es für mich keinen Grund, die Religion zu wechseln. Nicht ohne Humor fügte er hinzu: ›Warum sich mit den 613 Geboten der Thora abmühen, wenn es zehn auch tun, vorausgesetzt, Sie bleiben Christin?«
Ich bestand dennoch auf meinem Vorhaben. Mehrmals besuchte ich ihn in seiner dunklen Wohnung im Stadtteil Saint-Lazare. Sie war im Empirestil eingerichtet, und ihre Wände waren mit Büchern förmlich tapeziert. Ich teilte ihm meinen aufrichtigen Wunsch mit, mich in die Gemeinde zu integrieren. Erst dann trug er meine Bewerbung dem Rat der Rabbiner vor, und sie wurde angenommen.
Dank dieses Mannes mit dem wohlwollenden Lächeln – der, während er mit leiser Stimme sprach, sein schwarzes Käppchen ständig auf dem Kopf hin und her rückte – entdeckte ich die Mutter aller anderen Religionen, die jüdische, die Gott preist, ohne seine Existenz nachweisen zu wollen. Ich fühlte mich wohl in dieser Religion, die den Dogmen mißtraut und keine Erbsünde kennt, die den Körper weder verdammt noch ihn verachtet. Eine Religion ohne Priester und ohne Hierarchie. Diese Religion, die weit

davon entfernt ist, Furcht zu predigen (ganz im Gegensatz zu dem, was viele Menschen denken), ist ebenso wie das Christentum eine Religion der Liebe. »Du sollst den Herrn, Deinen Gott, und Deinen Nächsten lieben wie Dich selbst«, heißt ihr erstes Gebot.

Der Großrabbiner sprach mit mir über die Bibel, die Propheten und die Weisen, die Geschichte des jüdischen Volkes, über zweitausend Jahre Exodus und Aufstand, Kampf, Widerstand und Exil. Ich verwechselte doch wahrhaftig Abraham, Isaak und Jakob, und Moses, der sich vierzig Jahre in der Wüste aufhielt, sowie die Könige Samuel, David und Salomon, und andere bekannte Namen wie Johannes der Täufer, der in die jüdische Gemeinschaft aufgenommen wurde, oder der heilige Paul, der den Juden nur unter seinem ersten Namen bekannt ist, Saulus von Tarsus. Ich erfuhr, daß viele christliche Feste jüdischen Ursprungs sind. Ostern wird bei den Christen anstelle von »Pessach« gefeiert, das an den Auszug der Hebräer aus Ägypten erinnert, Pfingsten anstelle des »Schavuoth«, der Verkündigung des Gesetzes auf dem Berg Sinaï, ein Fest, das sieben Wochen nach »Pessach« begangen wird. Ich erfuhr vom wahren Sinn des Sabbath – eine soziale Errungenschaft, die von den Griechen und den Römern bekämpft wurde, weil sie darin eine schuldhafte Neigung zum Müßiggang vermuteten –, des Feiertags, an dem man weder arbeiten noch reisen darf, an dem man lesen aber nicht schreiben darf; der Ruhetag für die Seele, an dem man von allen materiellen Sorgen und täglichen Kümmernissen befreit mit seinem Gott und seiner Familie eins sein soll. Stunden brachte ich bei dem Großrabbiner mit Lernen zu.

So viele Dinge mußten in meinen Kopf hinein! Das war keine Rolle mehr, die man behalten mußte, wie etwa beim Theater oder beim Film. Es war ein Wissen, das man sein ganzes Leben mit sich herumtragen würde, eine Geistesübung, eine neue Kultur, die ich mir zu eigen machen wollte. Wie oft habe ich diese Kurse verzweifelt verlassen, in der Angst, diese ganzen Regeln des Talmud, seine strengen Speisevorschriften, die klaren humanitären Gebote niemals behalten zu können. Wie zahlreich waren doch die hebräischen Gebete, die jeweils den verschiedenen Tagen des Jahres und den verschiedenen Tageszeiten entsprechen; ein Gebet beim Aufstehen, ein anderes, wenn man sich zu Tisch setzt, ein weiteres, wenn man das Brot gebrochen hat, ein Gebet nach dem Essen und vor dem Einschlafen.

Ich hatte ein Baby, und ich hatte fast keine Zeit, es zu genießen. Doch ich hatte einen Entschluß gefaßt, und den wollte ich bis zum Ende durchführen. Mein Stolz verbot mir, um Aufschub zu bitten; die Frau eines Rothschild hatte Jüdin zu sein.

Nach monatelanger, geduldiger Arbeit schlug eines Tages die Stunde der Prüfung. An einem Donnerstagnachmittag um vier Uhr fand ich mich wieder in der Synagoge in der Rue de la Victoire ein. Drei Rabbiner erwarteten mich in der ersten Etage; sie saßen hinter einem langen Tisch und luden mich ein, auf einem kleinen Hocker vor ihnen Platz zu nehmen. Der Raum wirkte unheimlich mit seinen kahlen Wänden und seinen hohen bemalten Fenstern, die ein graugrünes Licht verbreiteten. Beeindruckend, dieses Tribunal.

Ich war nicht mehr dreißig Jahre alt, sondern fühlte mich wie fünfzehn, nein wie vierzehn. Ich biß auf meinen rechten Daumen und preßte nervös die Knie zusammen. Die Thora (das jüdische Gesetz), der Talmud (die Erläuterung des Gesetzes), die Haggadah (die Geschichte vom Auszug aus Ägypten), und die Halacha, (die jüdische Tradition) bildeten in meinem Kopf ein einziges Durcheinander. Wie war doch gleich der Unterschied zwischen dem Tallith* und der Tzitzith**? Beim Thema ›Vorschriften, die die Frau betreffen‹ konnte ich ihre Pflicht nennen, am Sabbath die Lichter anzuzünden, die zwei anderen wollten mir aber partout nicht einfallen. In meiner Aufregung war ich mir nicht sicher, das »Schema«, den wichtigsten Artikel des jüdischen Gesetzes, zu kennen: »Höre Israel, Er unser Gott, Er einer...«. Es war die erste und letzte Prüfung meines Lebens.
Und ich bestand sie! Die Fragen folgten Schlag auf Schlag. Ich hatte keine Angst mehr. Ich antwortete mit erstaunlicher Leichtigkeit. Nach anderthalb Stunden ließ man mich ein Register unterschreiben. Ich hatte die notwendigen Schritte gemacht, um in die Gemeinschaft aufgenommen zu werden, und die erste Etappe des Religionswechsels, die Anerkennung der Gesetze, hatte ich mit Erfolg zurückgelegt.
Die zweite Hürde, das rituelle Bad, fand am nächsten Tag statt. Eigentlich handelt es sich um ein komplettes Eintau-

---

* Tallith: Gebetsmantel
** Tzitzith: Quaste oder Trodddel an vier Ecken des Oberkleides zur beständigen Erinnerung an alle Gebote.

chen ins Wasser, eine Taufe, wie sie Johannes der Täufer einst im Gewässer des Jordans durchgeführt hat, ein Ritus, der nicht allein den Konvertiten vorbehalten ist, sondern dem die jüdische Frau sich einmal im Monat unterziehen soll. Diese Prozedur sollte in fließendem Gewässer stattfinden, was in Paris ein kleines Problem darstellt, es sei denn, man taucht komplett in die Seine! Man behilft sich, indem man an ein Becken einen Behälter anschließt, der das Regenwasser auffängt.

Eine Frau begleitete mich. Bevor ich in das Becken stieg, mußte ich meine Kleider ablegen, meine Ringe und sogar das kleine Pflaster, das ich an der Ferse hatte. Direkt hinter der Tür hielten sich zwei Rabbiner auf; sie unterhielten sich mit mir und sprachen Segenswünsche. Sie fragten mich, welchen jüdischen Namen ich mir ausgesucht hatte: Lea, die Frau von Jakob.

Ich mußte mit dem Kopf ganz unter Wasser tauchen; meine Begleiterin überzeugte sich davon, daß auch nicht eines meiner Haare aus dem Wasser herausschaute. Genau in dem Moment bat sie die Rabbiner, sich schnell zu versichern, daß der Ritus erfüllt war. Heute erlauben einige Rabbiner den weiblichen Konvertiten, ein weites Gewand zu tragen, damit sie der Zeremonie beiwohnen können. Wie züchtig!

Ich stieg aus dem Wasser heraus, zog mich wieder an und bedeckte meinen Kopf mit einem Handtuch, bevor ich den Rabbinern wieder gegenübertrat. Es folgte der Segenswunsch, der jedes frohe Ereignis im Leben der Juden begleitet.

Die schwermütigen Weisen und gesungenen Gebete entsprechen nicht allzusehr meinem Geschmack, und trotz meines Evaskostüms war mir nicht zum Lachen zumute. Ich war von nun an für immer jüdisch unter den Juden. Nicht etwa, um eine vollkommene Ehefrau abzugeben, sondern aus einem Gefühl des Anstands heraus: Mein Mann ehrte mich mit seinem Namen, er ließ mich an seinem Reichtum teilhaben; ich hielt es für richtig, seine Freuden, aber auch seine Überzeugungen und seine Sorgen zu teilen. Ich war an seiner Seite, um ihm zu helfen und nicht etwa nur zu seiner Dekoration.

Ich war für immer jüdisch unter den Juden: Ich dachte an die Modistin und ihren Mann, meine alten Freunde aus Puteaux, an meine beiden Onkel Charles und Armand, die deportiert worden waren.

Die religiöse Trauungszeremonie fand zwei Wochen nach meinem Glaubensübertritt in den Salons des Schlosses von Armainvilliers statt. Noch bevor ich Benjamin erwartete, hatte Edmond mich mitgenommen, um mir dieses wundersame Gebäude im anglo-normannischen Stil aus roten Ziegelsteinen und mit kleinen Türmen zu zeigen. Es war von einem englischen Architekten Ende des letzten Jahrhunderts in der bizarren Form eines »S« errichtet worden. Ein riesiges Bauwerk mit über hundert Zimmern, das zuerst von den Deutschen, dann von den Amerikanern besetzt war. Darauf blieb es jahrelang unbewohnt. Es liegt mitten in einem märchenhaften, 2000 Hektar großen Park (heute sind es noch 700 Hektar), 40 km nördlich von Paris. Der Besitz stellte nur einen Teil des Landes dar, das Baron James im Departement Seine-et-Marne der Familie Fouché abgekauft hatte und auf dem er sein Schloß Ferrières errichten ließ. Das Land erstreckte sich von Lagny bis nach Villeneuve – Saint-Denis!

Edmond wollte das Gebäude abreißen und am Ufer des Sees ein kleineres bauen. Ich redete es ihm aus. Das Schloß war sicher nicht sehr schön, doch es gefiel mir. Vielleicht sah ich in ihm den idealen Drehort für einen Film. Der Innenarchitekt Henri Samuel (er assistierte Gérald van der Kemp bei der Renovierung der königlichen Gemächer, sowie der kleineren Wohnräume in Versailles) machte sich an die Arbeit. Am Tag der Hochzeit waren die Zimmer noch lange nicht fertig. Die Salons aber erstrahlten bereits in voller Pracht.

Im holzvertäfelten großen Salon, dessen Wände mit einem zauberhaften buntbedruckten Kattun bespannt waren, hatte man die »Chuppah« errichtet, den Baldachin, der in der jüdischen Tradition das neue eheliche Heim darstellt. Der Großrabbiner namens Kaplan empfing uns dort – er hatte die Trauungszeremonie übernommen – zusammen mit dem Chazzan, dem Priester, der die Zeremonie leitete und für die Gesänge zuständig war. Ich sehe mich noch in einem eierschalenfarbenen Kostüm, das an der Seite geknöpft war, eine dreireihige Perlenkette um den Hals und ein passendes Armband am Handgelenk. Auf dem Kopf trug ich eine weiße Nerzkappe, die überhaupt nicht zum Wetter paßte, denn an diesem Herbsttag waren es 20 Grad im Schatten! Edmond stand stolz unter dem Baldachin, eine Nelke im Knopfloch, das schwarze Käppi auf dem Kopf, die Schultern mit der weißen Tallith bedeckt, die dem Gebet vorbehalten ist. Hinter uns stand mehr als die erforderliche »Minjan«, das heißt die zehn Männer, die die Gemeinde darstellen sollen und ohne die eine jüdische Hochzeit nicht gültig ist.

In seiner Predigt begrüßte uns der Rabbiner, dann segnete er uns und gab uns einen Kelch mit Wein, Zeichen des Glücks und des Wohlstands. Dann streifte mir Edmond den Ring über den Finger. Man las uns die »Ketubah«, den Ehevertrag vor, der wie in früheren Zeiten in aramäisch abgefaßt war. Darin verpflichtet sich der Mann, die Rechte seiner Frau zu schützen. Dann breitete man die »Tallith« über unsere beiden Köpfe, und der »Chazzan« sang die üblichen sieben Segenswünsche. Alles verlief nach Vorschrift, oder fast nach Vorschrift, denn als Edmond mir den Kelch reichte, damit ich zum zweiten Mal daraus trinke, war kein einziger Tropfen mehr darin...

Traditionsgemäß zerbrach Edmond ein Glas, womit er selbst am schönsten Tag seines Lebens der Zerstörung des Tempels gedachte. Die Anwesenden riefen »Massel Tov« (viel Glück). Danach begaben sich die anwesenden Gäste, besonders die Familienmitglieder, ins Eßzimmer. Einige gingen, um sich Benjamin anzusehen, der rosig in seiner Wiege aus weißem Piqué lag. Unsere Hochzeit erinnerte an eine Hochzeit auf dem Lande, was mir gefiel: Zuerst wurde ein Kind geboren und dann alles legalisiert.

Der einzige Zwischenfall ereignete sich in der Küche, in der man damals noch sechs Lämmer gleichzeitig an riesigen Drehspießen braten konnte. Der Rabbiner, der damit beauftragt war, die Zubereitung des koscheren Mahles zu überwachen, rief, als man sich gerade daran machen wollte, die Teller aufzutragen, daß sie unbedingt mit kaltem Quellwasser abgewaschen werden müßten. Große Aufregung bei den Küchenjungen! Allein Victor, der alte Diener von Baron Maurice, beruhigte die Gemüter. Zur allgemeinen Erleichterung erinnerte er daran, daß in Armainvilliers alles Wasser, das aus dem Wasserhahn fließt, direkt von den beiden sechzig Meter tiefen Brunnen kommt, die in den Park des Besitzes gegraben worden waren!

Die Feierlichkeiten dauerten keine sieben Tage (sonst ist es üblich, daß die Jungvermählten jeden Abend von den Eltern und Freunden eingeladen werden, um am Ende der Mahlzeit gemeinsam die sieben Segenswünsche zu singen). Aber etwas später gab Edmond eine große Gesellschaft für das »Tout Paris« im Stadtpalais in der Rue Leroux, in dem er früher mit seiner Mutter gewohnt hatte. Das war mein Eintritt in die große Welt, mein Debütantinnenball mit einunddreißig Jahren. Lyne, eine Mitarbeiterin des Coiffeurs Alexandre, die mich schon frisiert hatte, als ich noch beim Theater war, hatte mir eine zauberhafte Hochfrisur und Guy Laroche mein erstes Abendkleid entworfen. Es war aus weißem, grobem Satin, mit Perlen und kleinen Diamanten bestickt. Das Oberteil war auf Corsage gearbeitet, die Taille eng geschnürt, der Rock über den Hüften gekraust. Beraten von Cynthia Karlweis, eine meiner ersten neuen Freundinnen, hatte ich die richtige Wahl getroffen.

Die zwei Meter hohen Blumenbouquets auf den Buffets, ein zartrosa und rotes Blumengemälde, erinnerten an die etwas verblichenen Farbtöne der Gobelins. Der Florist Jacques Bedat, ein Künstler auf seinem Gebiet, hatte Kerzen aufgesteckt und sie mit Rittersporn, Zinnien und Stockrosen umgeben sowie mit farbigen Kugeln, in denen das Licht glitzerte. In den hohen Fensternischen standen Palmengruppen, Feigenbäume und Farne, die ebenfalls von innen angestrahlt wurden und überdimensionale Schatten an die Decken warfen. All das übertraf meine kühnsten Träume.

Aschenputtel hängte sich im Arm ihres Märchenprinzen ein. Wir standen beide auf der obersten Treppenstufe und empfingen die Gäste. Immer wieder stellte Edmond die gleiche Frage: »Sie kennen meine Frau, nicht wahr?« Ich kannte niemanden, und niemand kannte mich, außer denen, die sich an mich als Schauspielerin erinnerten. Aber was machte das schon: Ich war die Frau von Edmond, nur das war wichtig. Unermüdlich tanzten wir in den riesigen Salons. Man flüsterte: »Bezaubernd, entzückend!« Vielleicht war es ehrlich gemeint; man lächelte viel; ich war der absolute Mittelpunkt des Festes.

Ich tanzte und vergaß alles um mich herum, bis auf ein gewisses Gefühl der Unwirklichkeit, das ich in der ersten Zeit unserer Ehe öfters hatte, wenn wir eingeladen waren. Die Tatsache, daß mein Mann kurze Zeit einer anderen gehört hatte, machte die Sache nicht leichter. Wenn ich als Frau von Edmond de Rothschild vorgestellt wurde, bemerkte ich die erstaunten Blicke der Gäste, die meinten, sich an eine sehr schöne, dunkelhaarige Frau zu erinnern und die jetzt einem Rotfuchs gegenüber standen. Noch schwieriger wurde es, wenn ich mich selbst vorstellen mußte. Ich war so scheu, daß ich es kaum wagte, meinen Namen zu nennen, so als gehöre er mir nicht. Ja, das war es, ich hatte das Gefühl, ihn gestohlen zu haben. Mir war, als wenn ich eines schönen Morgens von dem Ruf geweckt würde: »Beeilen Sie sich, Mademoiselle Tallier; man erwartet Sie auf der Bühne!«

Ich tanzte Walzer und vergaß alles, sogar die Spötteleien, die es manchmal bei meinem Erscheinen gegeben hatte. Der freundliche Satz zum Beispiel, den eine von Edmonds Freundinnen, die in Mandegris eingeladen war, in die Runde warf: »Schau an, und wir hatten schon gedacht, du hättest das Haus in einen Nachtclub verwandelt.« Leichtfertig hingeworfene Worte, die aber viel über die ersten Reaktionen der Menschen verrieten: Was für eine Idee, eine Schauspielerin zu heiraten, schlimmer noch, eine Darstellerin der Musichall, wenn man jung, reich und charmant ist und wenn einem die schönsten Erbinnen zu Füßen liegen. Am nächsten Morgen traf mich die besagte Freundin im Salon des noch völlig verschlafenen Hauses in eine Lektüre vertieft.

»Was lesen Sie da?« fragte sie mich.

»Das hier natürlich«, sagte ich ganz ruhig und hielt ihr die Zeitschrift ›Strip-tease‹ hin, »es dürfte Sie kaum erstaunen.«

Wir haben schnell damit aufgehört, uns gegenseitig anzugiften und sind gute Freundinnen geworden. Trotzdem ist mir dieser Winterabend in Mandegris, an dem mir das Herz schwer war, im Gedächtnis geblieben.

Ich hielt mich an die schönen Augenblicke, um zu mir selbst zu finden. Ich versuchte nicht, die »Baronin Edmond« zu spielen; es genügte mir vollkommen, Madame de Rothschild zu sein. Ich lehnte es meiner manchmal herzlichen, aber immer autoritären Schwiegermutter gegenüber ab, die zu spielen, die ich nicht war. Ich glaube, daß sie mir dankbar dafür war; unsere Beziehungen wurden dadurch leichter.

Mir wurde sehr schnell klar, daß ich nicht nur einen Mann, sondern auch eine Stellung geheiratet hatte: Es war ein Ganztags-Job, die »Baronin Edmond« zu sein. Ich mußte die Familie kennenlernen und mich mit den Namen und Spitznamen sämtlicher Vettern aus London, Paris und den Vereinigten Staaten vertraut machen. Das war nicht immer einfach. Aber im großen und ganzen wurde ich herzlich aufgenommen.
Da gab es die »gesellschaftlichen Beziehungen«, ein Wort, das für mich bis dahin wie chinesisch klang. Mir waren natürlich schon viele Menschen begegnet; ich sprach französisch, und meine Umgebung fand mich amüsant. Immer konnte ich mich spontan und natürlich geben. Ich kümmerte mich herzlich wenig darum, ob ich eine »Frau von Welt« war oder nicht. Ich mußte mich ändern. So ver-

schlang ich alle Bücher über Etikette, und vor allem beobachtete ich meine Umgebung, was noch immer die beste Form des Lernens ist.

Bei den Essen, zu denen wir eingeladen wurden, erlernte ich die Kunst, jemanden vorzustellen: Man muß den Herrn der Dame vorstellen und nicht umgekehrt, es sei denn, der Mann ist ein ehrwürdiger alter Herr. Dem Namen der Frau muß der Vorname ihres Ehemannes hinzugefügt werden und nicht ihr Name. In der Theaterwelt hatte ich es bis dahin genau umgekehrt gemacht. Ich machte mich mit den feinen Unterschieden innerhalb der aristokratischen Rangordnung vertraut: Herzog, Graf, Baron, eine Hierarchie, die mich bis dahin wenig gekümmert hatte. Ich stellte fest, daß man sich nicht vor der Hausfrau zu Tisch setzt und daß man als Dame nicht aufsteht, um einen Herrn zu begrüßen, (es sei denn, es handelt sich wieder um einen Greis, einen Mächtigen dieser Welt oder einen Weisen). Ich gewann Erfahrung in der Kunst des »small talk«, eine gewissermaßen in Moll geführte Unterhaltung, die bewirken soll, daß jeder sich wohlfühlt, ganz gleich ob er Mediziner, Botschafter oder Minister ist. Eine Fähigkeit, die einen nicht als komplette Idiotin, die nur mit ja oder nein zu antworten weiß, erscheinen läßt oder als taktlose Person, die andere mit ihren Fragen überschüttet.

Nicht das kleinste Detail entging mir: Zum Beispiel ein besonders schönes Blumengesteck auf dem Tisch. Ich erkundigte mich nach dem Schöpfer dieses Kunstwerkes und konsultierte ihn dann bei dem nächsten Essen, das wir gaben. War ein Braten besonders zart, so wußte ich es einzurichten, den Namen des Metzgers zu erfahren. Ich notierte mir alles, die Anschriften der besten Bäcker, die Bezeichnungen nicht tropfender Kerzen oder die Adressen von Wäschereien, wo Tischdecken tadellos gebügelt wurden. Da ich Angst hatte, etwas nicht zu behalten, schrieb ich die Informationen, die ich im Verlauf eines Abends sammelte, in das kleine Notizbuch, das ich immer in meiner Handtasche bei mir trug.

Ich legte nicht nur von wichtigen Dingen Karteien an, sondern auch von Leuten, die nun für mein Leben bedeutend waren. Ein richtiges kleines Spionagebüro! Wenn ich ein Paar kennenlernte, schrieb ich mir noch am selben Abend die Namen, Vornamen, den Beruf des Mannes, woher er stammte oder das Alter der Kinder auf. Wenn ich die beiden dann sechs Monate später wiedersah, konnte ich zu seiner Überraschung mit Unschuldsmiene fragen, wie es der süßen Cécilíe oder dem kleinen David gehe, oder wie weit die Arbeiten am neuen Landhaus gediehen seien.

Eine wahrhaft amerikanische Ausbildung, eine methodische Geduldsarbeit, die ich zehn Jahre lang verrichtete, und das nicht nur auf dem Gebiet des gesellschaftlichen Lebens. Sechs Monate nach unserer Hochzeit beschloß mein Mann, daß ich eine Sekretärin brauchte. Das war sehr nett von ihm gemeint, aber ich hatte nicht die geringste Ahnung, was ich mit ihr anfangen sollte, zumal Nicole Misrahi – ulkigerweise war sie eine Klassenkameradin meiner Schwester Nadeige gewesen – ebenso eine Anfängerin war wie ich. Am ersten Tag kaufte ich Hefte und Filzstifte und bat sie, um Zeit zu gewinnen, Reinschriften von Notizen anzufertigen. Dann trug ich ihr auf, meine Freundinnen anzurufen, um mit ihnen einen Termin für ein gemeinsames Mittagessen

abzustimmen. Die besagten Freundinnen aber riefen mich zurück, und ihre entrüsteten Stimmen gaben mir deutlich zu verstehen, daß sie es nicht für richtig hielten, mit meiner Sekretärin statt mit mir persönlich zu sprechen, wenn es darum ging, eine Einladung von mir anzunehmen.
Für die Bearbeitung meiner Korrespondenz wählte ich ein nicht gerade alltägliches Verfahren. Unter dem Vorwand, keine Zeit zu haben, rief ich Mademoiselle Misrahi am Morgen an und diktierte ihr meine Briefe. Ich hatte schreckliche Angst, daß sie mich nach der Rechtschreibung des einen oder anderen Wortes fragen würde, wobei ich ihr beim besten Willen nicht hätte behilflich sein können. Die Schreiben sollten mir am späten Nachmittag zur Unterschrift vorgelegt werden. Die so vorbereiteten Briefe schrieb ich dann sehr sorgfältig ab und legte sie Edmond zur Begutachtung vor.
Meistens arbeiteten wir gemeinsam in einem reizenden kleinen Gartenhaus des Faubourg Saint-Honoré, das zwischen dem Hof und dem Garten unseres damaligen Wohnhauses lag. Wir waren voll guten Willens, was uns aber nicht vor einigen Ärgernissen schützte. Als wir unseren ersten Empfang vorbereiten mußten, verbrachten wir Stunden damit, im »Who's who« oder im »Gotha« nach Namen von Gästen zu suchen, die Edmond uns im Vorbeigehen zugerufen hatte. Ein geheimnisvoller »Monsieur Xeres«, ein temperamentvoller Andalusier und Erbe eines sehr bekannten Weingutes, entpuppte sich als kein anderer als Jacques Sereys, der Ehemann von Philippine de Rothschild. Eine unbeschreibliche Arbeit machte uns der erste Wohltätigkeitsbazar, den ich 1965 zugunsten Israels organisierte.

Ich telefonierte herum, läutete an Haustüren und ging von Händler zu Händler, um eine große Auswahl von Sachen zu bekommen. Ich stellte Listen über Listen auf und lud ganz Paris in die herrlichen Räume der Rue Leroux ein. Mit Herzklopfen erwartete ich an dem besagten Tag das erste Klingelzeichen. Es war fünf Uhr, die Stunde, zu der ich eingeladen hatte: Niemand kam. Um halb sechs – es war noch immer keiner gekommen – begann ich mir Sorgen zu machen. Erst um sechs Uhr tauchten zwei ältere Damen auf. Das war alles. Der Verkauf mußte abgesagt werden. Nicole und ich waren in heller Aufregung. Gerade da erschien meine Schwiegermutter und wies mich in dem eiskalten Ton, den sie manchmal an sich hatte, zurecht: »Eine Baronin Rothschild verschickt keine Rundschreiben.«
In meiner Naivität hatte ich angenommen, daß es im Bereich der Wohltätigkeit nur auf den guten Zweck ankommt, und hatte den Gästen anstatt einer gedruckten Einladungskarte ein fotokopiertes Schreiben geschickt.
Mit mehr Erfolg organisierte ich bald darauf meine ersten Damenessen. Edmond hatte mir gesagt, wie wichtig das sei, und ich glaubte es ihm gerne, war ich doch selbst davon überzeugt, daß man zwar mit Hilfe der Männer vorankommt, über die Frauen aber erst wirklich reüssiert. Es ist schön, die Blicke der Männer auf sich zu ziehen, besser aber noch, einen Mann zu heiraten, der einen liebt. Sie werden jedoch nie einen Salon betreten, wenn sie sich nicht mit der Dame des Hauses verstehen, wenn sie nicht zu der Mafia von Frauen gehören, die Karrieren fördern oder verhindern. Frauen, die sagen: »Frauen interessieren mich

nicht; ich schätze nur die Gesellschaft von Männern«, sind in meinen Augen sehr töricht!

Zu jedem Essen lud ich etwa zwölf Damen ein, und häufig lernte ich in ihnen liebenswerte Personen kennen; einige gewann ich sogar zu kostbaren Freundinnen: Mercedes de Gunzburg, eine spritzige Italienerin mit scharfem Verstand (ihr Mann François, Besitzer eines Weinguts in der Nähe von Bordeaux, ist, was den Wein betrifft, unser sachkundigster Nachbar). Geneviève Page (die Frau von Jean-Claude Bujard, Edmonds ältestem Freund und einem seiner Hauptmitarbeiter) ist sehr schön und sehr amüsant. Sie hatte vor Jahren in dem Stück *La manière forte* im Athénée-Theater einen großen Erfolg. Shermine de Gramont, eine Mohammedanerin mit kohlrabenschwarzem Haar und tiefblauen Augen, die am Bosporus geboren und mit siebzehn Jahren an einen bekannten türkischen Volkswirtschaftler verheiratet wurde – später heiratete sie Graf Charles de Gramont, einen Vetter Edmonds. Befreundet bin ich auch mit Janine Vernes, einer Künstlernatur unter den Bankiersgattinnen, Inbegriff des Charmes, die fähig ist, jeden Großen dieser Welt warten zu lassen, weil sie einen Sonnenuntergang oder das Lächeln eines Zigeunerkindes betrachten will. Viele andere wären noch aufzuzählen, die mich mit großer Herzlichkeit aufnahmen.

Karussell mondänen Lebens und echter Freundschaft. Natürlich auch beruflicher Verpflichtungen. Edmond bat mich oft, Mitarbeiter zu Hause zu empfangen, mit denen er weniger formelle Beziehungen anknüpfen wollte, oder ihn zu Arbeitsessen zu begleiten. Ich unterzog mich dieser Pflicht gerne, da ich glaube, daß eine Frau in diesem Bereich ihre Rolle spielen muß und daß ein Mann anders aufgenommen wird, wenn seine Frau ihn begleitet.

Da ich vor der Geburt von Benjamin ans Bett gefesselt war, konnte ich 1963 das rauschende Fest der »Hundert Stunden des Mont d'Arbois« in Megève nicht miterleben, mit dem das von meiner Schwiegermutter gegründete Hotel zu neuem Leben erweckt werden sollte. Ich hatte aber die Aufgabe, die Gäste auf das Hotel zu verteilen: Madame Gianni Agnelli, die Prinzessin de Polignac, die Herzogin de La Rochefoucauld ... Entsetzlich! Es gab keine Suite mehr, die der Rockefellers würdig gewesen wäre. Das einzige noch freie Appartement lag nach Norden. In seiner Großzügigkeit beschloß Edmond gleich das benachbarte Chalet zu kaufen, um seine amerikanischen Freunde dort unterzubringen.

Gewaltiges Feuerwerk, tahitianisches Candlelight-Dinner am Swimming-pool, nichts fehlte in dieser verrückten Nacht, die mit Kennerhand von der Königin des Nachtlebens, Régine, organisiert worden war, weder die Schönheit von Jacqueline de Ribes, noch die Verführungskunst der Playboys der damaligen Zeit, Gunther Sachs, Jacques Charrier, Alain Delon, noch das gewinnende Lachen von Henri Salvador, Georges Cravenne und Maurice Biraud.

So prunkvoll das Fest auch war, es hatte nicht den Erfolg, den man sich erhofft hatte. Diese Luxusherberge war nicht mehr zeitgemäß. Edmond zog einige Jahre später die Konsequenz und wandelte es in ein Club-Hotel um. Aus dem Chalet, das er für die Rockefellers gekauft hatte, machte er ein raffiniertes, gemütliches »Relais-Château«. So fand sich seine etwas verrückte Tat wie durch Alchimistenhand in ein ausgezeichnetes Geschäft verwandelt. Hier finden heute die literarischen, künstlerischen und musikalischen »Nouvelles soirées du Mont d'Arbois« statt, zu denen wir bedeutende Medizinprofessoren sowie Schriftsteller oder Politiker einladen. Unsere jüngste Errungenschaft: der »Prix historique du Mont d'Arbois«, bei dessen Jury ich die Ehrenpräsidentin bin. Wie sagte doch ein Bürger von Megève bei der Einweihung des Platzes, der nach meiner Schwiegermutter Noëmie benannt ist: »Nach der Baronin Mimi kam die Baronin Nana...«

Ich begleitete meinen Mann bei seinen Reisen durch die Welt, es sei denn, er hielt meine Gegenwart für überflüssig. Vielleicht tat ich es auf Kosten der Zeit, die ich mit meinem Sohn hätte verbringen können. Baba, seine elsässische ›nanny‹, kümmerte sich vortrefflich um ihn. Mich hingegen konnte niemand an der Seite seines Vaters ersetzen. Wir waren das ganze Jahr über zwischen Paris, Genf, London, Mailand, Tel Aviv und New York unterwegs. Anläßlich einer Wahlveranstaltung von Lyndon B. Johnson, der sich um die Erneuerung seines Mandates bemühte, hatte ich im Jahr 1964 in einem Hotel, nicht weit vom Central Park entfernt, folgendes kleines Erlebnis:
Als Redner wurden unter anderem Frank Sinatra, der Oberbürgermeister von New York und natürlich Lyndon B. Johnson erwartet. Letzterer hatte sich verspätet. Ich war todmüde; außerdem mußten wir am nächsten Morgen bei

Sonnenaufgang nach Paris reisen, und ich hatte noch nicht damit begonnen, die Koffer zu packen. Um 23 Uhr verschwand ich diskret durch eine Hintertür. In einem dunklen Gang begegnete mir im Eilschritt ein Herr.
»Sie brauchen sich nicht zu beeilen«, sagte ich zu dem verspäteten Besucher, »er ist noch immer nicht da.«
»Von wem sprechen Sie?«
»Vom Präsidenten natürlich. Ich warte schon zwei Stunden auf ihn. Jetzt reicht es mir; ich gehe schlafen.«
»Es tut mir sehr leid, gnädige Frau, entschuldigen Sie bitte.«
Es war Präsident Johnson. Ich hatte einen Bock geschossen. Wie konnte ich das wieder gutmachen...
»Herr Präsident«, sagte ich, nachdem ich mich vorgestellt hatte, »seien Sie mir bitte nicht böse, ich muß meine Koffer packen, ich gehe trotzdem schlafen.«
Als Edmond abends heraufkam, fragte er mich fassungslos: »Kannst du mir erklären, warum der Präsident mir bei der Begrüßung sagte: ›Ich freue mich, Sie kennenzulernen, aber ich hatte schon das Vergnügen, Ihrer besseren Hälfte zu begegnen...‹«
Im darauffolgenden Jahr waren wir anläßlich des »United Jewish Appeal« Ehrengäste im Hotel Fontainebleau in Miami. 2000 Personen nahmen daran teil. Edmond war der Festredner. Eine alte Dame kam auf mich zu, machte einen tiefen Knicks und stotterte, während ich ihr hoch half: »And how is the Queen, Madame?«
Zweifellos dachte sie, ich sei ein Mitglied der englischen Königsfamilie. In dem Durcheinander verzichtete ich darauf, dieses Mißverständnis zu korrigieren.

»Aber sehr gut«, sagte ich mit souveränem Lächeln, »es geht der Königin sehr gut, ich bedanke mich für die Nachfrage.« Jedes Jahr verbringen wir zwei Wochen in Südafrika, um an der Vorstandssitzung von De Beers teilzunehmen. Ich habe übrigens ihren Präsidenten, Harry Oppenheimer, in Verdacht, Edmonds Mandat mit schöner Beharrlichkeit immer wieder zu erneuern, um die Freude zu haben, uns alljährlich zu sehen.
Als wir eines Tages eine Lücke von 48 Stunden in unserem Zeitplan hatten, riet uns Harry, ans Kap zu fahren und einen Spezialisten für die Gewinnung von Diamanten aus dem Sand des Ozeans aufzusuchen. Wir kamen zu dem besagten Gebäude und fanden uns vor einer gewaltigen Panzertür mit einem Guckloch, durch das wir in Augenschein genommen wurden. Nachdem uns in die Festung Einlaß gewährt worden war, geleitete uns ein Hüne von einem Mann, der, nach seinen Taschen zu urteilen, eindeutig bewaffnet war, zu einem mit Diamanten geradezu bedeckten Herrn. Ring, Manschettenknöpfe, Uhrkette, Krawattennadel – nichts was nicht mit diesen kostbaren Steinen bestickt gewesen wäre. Mr. Collins schlug uns vor, die »Ernte« des letzten Jahres anzusehen. Der Leibwächter rollte also auf dem Schreibtisch einen Samtteppich aus und schüttete ein Kilo Rohdiamanten nach dem anderen darauf. Ich stand wie versteinert da, als Mr. Collins mich plötzlich ansprach: »Mrs. Rothschild, I have something special for you.« Er nahm mich an der Hand und zog mich mit sich zum Ende des Korridors. Dann ging er in die Küche Richtung Eisschrank. Was für eine ungewöhnliche Idee, Diamanten im Eisschrank aufzuheben, dachte ich bei mir. Er griff in den Eisschrank und

schaute mich mit einem freundlichen Lächeln an. »This is for you, because you are so typically french!«
Noch heute sehe ich das Bild vor mir, wie Edmond und ich laut lachend wieder in den Aufzug stiegen mit unserer Flasche exzellentem französischen Weißwein unter dem Arm.

Seit meiner Heirat führte ich mehr das Leben einer Diplomatengattin als das der Ehefrau eines Geschäftsmannes. Zum Glück verfolgte Edmond keine intellektuellen Ziele mit mir; er verlangte nicht von mir, einen literarischen Salon zu führen! Aber ich mußte wohl die Frau eines bekannten Kunstsammlers werden.
Ich war nicht mehr so unwissend, wie zu der Zeit meiner Besuche bei Jean-Gabriel Domergue; ich hatte bei den Antiquitätenhändlern herumgestöbert, ich war gereist und hatte Museen besucht, ich war Edmond nach Venedig und Florenz gefolgt, und in meiner Aussteuer befanden sich bei meiner Eheschließung ein oder zwei Kommoden aus der frühen Louis XVI-Epoche.
Edmond war von der typischen Rothschild-Krankheit befallen: Der Liebe zur Kunst. Baron James, sein Urgroßvater, hatte, seit er 1818 sein erstes Gemälde *La laitière* von Greuze erworben hatte, die herrlichsten Kunstobjekte gesammelt. Bald schmückte er seine Wände mit Gemälden, die aus dem Privatbesitz von Wilhelm III. von Holland, Christian von Dänemark, dem Prinzen Demidoff sowie dem Herzog von Berry stammten. Als die Sammlung von Versailles zum Verkauf angeboten wurde, erstand er den

Schreibtisch von Marie-Antionette, der heute noch mein Zimmer in Paris ziert. Edmonds Großvater beschränkte sich nicht wie sein Vater darauf, die schönsten Stücke zu kaufen. Er spezialisierte sich auf Stiche und Zeichnungen des 18. Jahrhunderts. 3000 Exemplare seiner Sammmlung kann man heute im Louvre bewundern, in einem Saal, der seinen Namen trägt. Zu den eigenen Schätzen von Baron Maurice gesellten sich noch die Kunstwerke, die er von seinen Tanten Myriam und Julie geerbt hatte.
So kam es, daß Edmond Besitzer einer der bedeutendsten Kunstsammlungen seiner Zeit wurde. Herrscher über ein Königreich, dessen Wände mit Werken von Rembrandt, Rubens, Fragonard, Boucher, Watteau und Goya bedeckt waren, Meisterwerke der Impressionisten nicht mitgerechnet. Ein Reich, in dem die Möbel von den bekanntesten Kunsttischlern wie Charles Boulle, Heurtault, Cressent, Dubois oder Riesener signiert waren. Ein Königreich, das mit Wanduhren, Gobelins, seltenen Büchern, den herrlichsten Teppichen, Silberplatten und Goldservicen bestückt war.
Ein Königreich mit heimatlosen Einzelstücken. Diese prachtvolle Sammlung, deren Teile unterschiedlicher Herkunft waren, hatte seit dem Tod meines Schwiegervaters, ja sogar seit dem letzten Krieg, das Tageslicht nicht mehr gesehen. Unzählige Stücke wurden in Kisten unter Verschluß gehalten. Edmond, der überall und nirgends zu Hause war, hatte es abgelehnt, diese Herrlichkeiten hervorholen zu lassen. Jetzt aber hatte er Frau und Kind. Die Arbeit konnte also beginnen. Es war an der Zeit, die Schätze aus Tausend und einer Nacht wieder zutage zu fördern.

Maurice Rheims, ein entfernter Vetter Edmonds, den wir beide sehr schätzen, übernahm es, das Inventar zu erstellen: eine gewaltige Aufgabe, da die Stücke auf verschiedene Orte verteilt waren. Ich hatte den bescheidenen Auftrag, erst einmal alles vorzusortieren. So verbrachte ich die ersten zwei Jahre meiner Ehe auf staubigen Speichern und nicht etwa, wie man annehmen könnte, damit, in den Salons herumzustolzieren. Jeden Morgen zog ich mit Victor Capilliez, dem Diener meines Schwiegervaters, einem alten, interessanten Herrn mit gewelltem Haar, los. In den Speichern begann er sofort damit, die Kisten zu öffnen. Ich krempelte mir die Ärmel hoch, da ich kommen sah, daß wir hier den Tag verbringen würden.

Edmond vertraute mir. Er war davon überzeugt, daß man einen Sinn für das Schöne nicht in Vorträgen und Kursen entwickelt, sondern im Umgang damit, vorausgesetzt, man hat das entsprechende Empfindungsvermögen und die Beobachtungsgabe. Mein Mann hatte mir nur einen einzigen Rat gegeben: »Teile alles nach Sachgebieten ein. Stell' alles, was dir gefällt, nach rechts und was dir nicht gefällt, nach links.« Natürlich landete alles auf der rechten Seite! Ich lernte schnell, die plumpe Schönheit eines rohrgeflochtenen Louis XIV. Sessels oder die geschwungene Form einer Louis XV. Kommode von der vornehmen Starre eines Louis XVI. Lehnsessels zu unterscheiden. Bei den Porzellanmarken fand ich mich in etwa zurecht, konnte Limoge von Meißen und rotes, grünes oder blaues Sèvres von den Servicen aus Bordeaux unterscheiden. Die Maler waren in den meisten Fällen so höflich, ihre Bilder zu signieren. Aber die Kunstgegenstände! Ich verzweifelte geradezu

dabei, Bronzen, Terrakotta-Figuren, Biskuitporzellan, Emaille- und Majolikaarbeiten einander zuzuordnen.
Ich getraute mich nicht, ein Stück in die Hand zu nehmen, aus Furcht, es zu zerbrechen, denn ich wußte, daß es ein Vermögen darstellte.
Einige Jahre später erlebte ich noch einmal diese Angst, als wir in Pregny mit der gleichen Arbeit begannen. Ein alter Angestellter und ich transportierten Hängelampen und chinesische Porzellanvasen in die Eingangshalle. Ihm rutschte plötzlich ein Deckel weg und zersprang in tausend Scherben. Vor Schreck wurde ich leichenblaß. Wie sollte ich Edmond dieses Drama erklären? Mit einem Kloß im Hals bat ich den Diener, die Scherben in Zeitungspapier zu sammeln. Ich wollte sie Madame André, der berühmten Pariser Restauratorin schicken, vielleicht würde sie noch einmal ein Wunder vollbringen können? Ich war noch ganz in meine Gedanken versunken, als ich die sichtlich erleichterte Stimme des alten Mannes im blauen Arbeitskittel vernahm: »Frau Baronin haben wirklich recht, all dieses alte Zeug wegzuwerfen...«
Aus jeder Kiste förderten wir Schätze zutage; ich fühlte mich wie ein tapferer Pirat, der die Zeugen einer Zeit ausgräbt, in der meine Vorfahren keinerlei Rolle gespielt haben. Meinem Gefühl folgend teilte ich alles in kleine Posten auf. Um mich zu beruhigen, bat ich Victor, mir seinen Segen dazu zu geben; er fand alles gut, was ich tat, half mir aber kaum weiter. Dieser gute Mann war in verschiedenen Dingen beschlagen, in Sachen Kunst kannte er sich aber genauso wenig aus wie ich. André dagegen, unser Diener in Pregny, der als Nachtwächter eingestellt

wurde, kann heute, was Kunst betrifft, mit einem Museumsdirektor mithalten.

Abends hielt ich es nie für möglich, daß das Ganze irgendwann einmal zu Ende gebracht werden könnte. Wir kamen aber trotzdem voran. Maurice Rheims gratulierte mir: »Du hast sehr gute Arbeit geleistet...!« Er ließ alle Gegenstände ausnahmslos mit Etiketten versehen und fotografieren und legte für jedes Stück eine Karteikarte an. Dieses Inventar wurde dann Edmond vorgelegt, und er entschied über die Plazierung eines jeden Teils. Er hatte nur die Qual der Wahl zwischen Pregny, Armainvilliers und Paris.

Von den drei großen Wohnsitzen, die Edmond geerbt hatte, war Pregny ohne Zweifel das Schmuckstück. Zunächst aufgrund seines Alters: Adolphe und Julie Rothschild hatten es um 1870 bauen lassen, nachdem sie das Königreich Neapel aus Angst vor seinem Anschluß an ein vereintes Italien verlassen hatten. Es war damals Mode, sein Haus am Ufer eines Sees zu bauen. Als echte Romantiker hatten sich die Deutschen in die italienischen Seen verliebt und die Franzosen in den Genfersee. Hier beschloß Onkel Adolphe sich niederzulassen. Dabei war ihm der englische Architekt Paxton behilflich, der geniale Erbauer des berühmten »Crystal Palace« in London sowie eines anderen Rothschild-Hauses, des Schlosses Ferrières in Frankreich. Pregny war nicht zuletzt auch wegen seiner gewaltigen Ausmaße und der Größe der Räume ein Schmuckstück,

»ein entzückendes Landhaus«, wie Tante Julie es nannte. Seine Lage war einmalig: genau gegenüber von Genf und trotzdem weit von allem entfernt, ein Ort des Luxus und des Friedens, wo die Zeit scheinbar stehengeblieben ist.

Die Blumenbeete vor dem Haus sind nach französischem Vorbild angelegt; an sie schließt sich eine riesige Rasenfläche, die fast bis zum See hinunterreicht. Hier tummeln sich Rotmelane und Turteltauben und manchmal aus ihrem steinernen Bassin entflohene Enten, die dann von Pyram und Palmyre, den beiden zum Haus gehörenden Labradorhunden, verfolgt werden. Im Park wachsen Pinien und Eichen. Ihre Zweige reichen bis auf die Erde und winden sich umeinander wie dicke Schlangen. Auch zwei Rotzedern stehen dort, die der Genfer Linguist Ferdinand de Saussure um 1818 aus dem Libanon mitgebracht hat (ein drittes Exemplar kann man im Botanischen Garten in Paris bewundern).

Am Ende des Grundstücks befindet sich eine Phantasie-Rokokolandschaft à la Paxton: eine riesige Voliere aus steinernen Stalagmiten, die in früherer Zeit eine Sammlung exotischer Vögel beherbergte, sowie ein Aquarium mit Seefischen. Die Fische befinden sich heute im Meereskunde-Museum in Genf. Sie werden uns allerdings wieder gebracht zur Belebung der Galerie, wenn ich in diesem märchenhaften Rahmen ein Essen veranstalte. In dem Bassin lebten einmal zwei Krokodile. Eines Morgens entdeckte ich meinen Mann in der Mitte des Parkes auf allen Vieren kriechend. Die Krokodile waren entkommen. Man fand nur eins wieder. Das zweite ist immer noch frei; es könnte sich in den Tiefen des Sees versteckt halten. Viel-

leicht macht es in der Vorstellung der Leute seinem gewaltigen Vetter, dem Bewohner von Loch Ness, Konkurrenz?
Ein Hauch Geschichte schwebt über diesen romantischen Stellen: in dem Dorf Pregny steht das kleine Herrenhaus, zu dem Voltaire aus Ferney zum Theaterspielen herüberkam. Am Ende des Parks, direkt am See, befindet sich einer der Orte, an den sich Kaiserin Joséphine gerne zurückzog, nachdem Napoléon sie verstoßen hatte. Etwas weiter, in Coppet, empfing Germaine de Staël, die Tochter des Bankiers Necker, in ihrem Schloß ihre Freundin Juliette Récamier in der Begleitung ihres ständigen Verehrers Benjamin Constant.
Und nicht zuletzt trug sich in Pregny der letzte Akt im Leben der Kaiserin Elisabeth von Österreich zu, der Gemahlin Kaiser Franz-Josephs, der strahlenden Sissi, die durch Familientragödien (den Selbstmord ihres Sohnes Rudolf sowie den entsetzlichen Tod ihrer Schwester, der Herzogin von Alençon, die beim Brand eines Wohltätigkeitsbazars in der Charité umgekommen war) in eine alte Frau verwandelt wurde, obgleich sie nur knapp sechzig Jahre alt war. Im September 1898 sagte sie sich bei ihrer sehr innigen Freundin Julie an*. Am Abend des 9. »soupierten Elisabeth und Julie tête-à-tête auf das Erlesenste; sie tranken aus wertvollen Kristallgläsern und speisten von sehr wertvollen Wiener Porzellantellern, während ein verborgenes Orchester sanfte Weisen spielte. Dann gingen sie gemächlich im

---

* Dank dieser Freundschaft hatten die Rothschilds Zugang zum Habsburger Hof, der in Fragen der Etikette sehr streng war und nur Personen empfing, die zumindest sechzehn adlige Ahnen hatten.

Garten spazieren bis zu den Gewächshäusern, der ganze Stolz der Baronin Julie, wo die Obstbäume in Spalieren angeordnet sind. Hier werden von den weiß behandschuhten Gärtnern nur englische Obstsorten angebaut. Noch heute wird jede Weinrebe mit einer besonderen (geheimgehaltenen) Mischung bepinselt und jeder Trieb wird einzeln an der Mauer befestigt. Sobald die Trauben größer werden, sucht man die allerbesten aus. Und bei jeder dieser Trauben schneidet man mit der Schere die Hälfte weg, damit die andere sich besser entwickelt.
Die Arme ineinander verschlungen, schütten die beiden Freundinnen einander ihr Herz aus, während der Abend langsam niedersinkt. Bevor sie abreist, trägt die Kaiserin sich im Gästebuch ein und während sie automatisch darin herumblättert, findet sie die Unterschrift des lieben Rudolf. Der Zauber des Ortes ist gebrochen. Traurigen Herzens reist sie ab. Auf der Rückfahrt hört sie nicht damit auf, ihrer Hofdame, der Gräfin Sztaray, vom Tode zu sprechen, den sie zugleich fürchtet und herbeisehnt.
Wie gerufen, ereilt sie am nächsten Morgen der Tod. Die Baronin Julie hatte Elisabeth zur Überquerung des Sees ihre Yacht, die »Gitana«, angeboten, aber diese wollte so wie alle anderen hinüberfahren. Während sie auf das Boot am Quai du Mont-Blanc wartet, wird sie von Lucheni, einem italienischen Anarchisten, ermordet. Und so tritt das Schloß von Pregny als der Ort in die Geschichte ein, an dem die Kaiserin Sissi ihre letzte Station gemacht hat.«*

---

* Virginia Cowles, *The Rothschilds: a Family of Fortune*, Weidenfeld & Nicolson, London 1979.

In einem kleinen, in beiges Leder gebundenen Buch bin ich in Pregny auf die Unterschrift von Elisabeth und Rudolf sowie das Mittagsmenu von Julie und Elisabeth gestoßen.

Als Edmond nach dem Tod seines Vaters das Schloß übernahm, war es ein wahres Möbellager, bis unters Dach mit den herrlichsten Dingen vollgestopft, die aber ohne jeglichen Charme kombiniert waren. Wenn er auch Sinn für Kunst hatte, so fehlte Baron Maurice doch offensichtlich das Gefühl für eine Innendekoration. Da er Angst hatte, bestohlen zu werden, ließ er – obgleich das Haus Tag und Nacht bewacht war – all seine Schätze verpacken, wenn er sich auf Reisen begab (er ging sogar so weit, die Leinwände der Bilder aus den Rahmen zu nehmen). Einige Möbelstücke, wie zum Beispiel der Schreibtisch von Marie-Antoinette, wurden in Spezialkisten verpackt.

Die erste Entscheidung, die Edmond traf, bestand darin, im Park einen traumhaften Swimming-pool nach kalifornischem Vorbild zu bauen. Nach diesem Zugeständnis an die heutige Zeit begann er mit den Renovierungsarbeiten im Schloß. Unterstützt wurde er dabei von seinem unzertrennlichen Helfer Henri Samuel, der in den Häusern der Rothschilds Stammgast ist, da er für Guy das Château von Ferrières im Departement Seine-et Marne und das Château Reux in der Normandie, für Alain das Hôtel Marigny in Paris sowie den Familienbesitz Château-Lafite ausgestattet hat.

Nachdem die gräulich schimmernden Holzvertäfelungen im Salon und die Säulen in der Eingangshalle abgeschliffen waren, strahlten sie wieder in ihrem ursprünglichen

Glanz. Satin, Damast, durchwirkte Seide und Seidenstoffe wurden nach alten Unterlagen – nur vierundfünfzig Zentimeter breit – auf alten noch heute benutzten Webstühlen bei Seidenwebern in Lyon hergestellt. Aus der feinen Zusammenfügung des Rothschild-Stils – eine Mischung aus Kunstwerken höchster Qualität aus allen Epochen, kombiniert mit den gepolsterten Stühlen, wie sie zur Zeit Napoleons III. Mode waren – mit dem ganz persönlichen Geschmack Edmonds, bedingungsloser Anhänger des 18. Jahrhunderts, ging ein Traumschloß hervor, das die schönen Dinge der Vergangenheit mit denen der Gegenwart vereint.

Hier hängen die herrlichen Sammlungen, die Edmond von seinem Vater und Großvater sowie von Onkel Adolphe übernommen hat. Im kleinen Salon gerät man in regelrechte Verzückung angesichts des berühmten Schreibtischs von Choiseul mit einem Aufsatz von Leleu und Bronzeverzierungen von Caffieri. Ein Möbelstück, das einmalig auf der Welt ist. Der übersteigerte Luxus Choiseuls, so sagt man, habe mit dazu beigetragen, daß dieser erste Minister König Ludwig XV., in Ungnade fiel. An diesem Schreibtisch bereiteten Metternich und Talleyrand die Schlußakte des Wiener Kongresses vor. Im großen Salon, dessen breite Fenster zum Park hinausgehen und in dem wir uns im Sommer gerne aufhalten, plaudert Madame Vigée-Lebrun auf ihrem Selbstporträt mit der von Boucher porträtierten Marquise de Pompadour. Daneben gibt es dort auch die Damen von Nattier. Im Salon Fragonard befinden sich herrliche Reproduktionen bekannter Gemälde: *Colin Maillard, L'Escarpolette, Le Baiser volé* und der *Bel Indifférent* von Watteau. Daneben die Kommode von Madame du Barry, der Favoritin Ludwigs XV. – ein wahres Juwel, von Weisweiler signiert und mit Szenen auf Sèvres-Porzellan von van Loo geschmückt. Im großen Eßzimmer hängt die größte Pastellzeichnung der Welt. Sie stellt Präsident Rieux dar, den Sohn des Bankiers Samuel Bernard. Das Werk ist von Quentin de La Tour; sein Vorname ist zugleich der Ort seiner Herkunft. Er ist in der gleichen Stadt wie ich geboren! In Edmonds Büro hängt eine Sammlung von Zeichnungen des 18. Jahrhunderts, darunter einige Rötelzeichnungen von Moreau dem Jüngeren sowie drei herrliche Guardi.

Als die Seidenbespannung von der Wand genommen war, entdeckte man in der Bibliothek wertvolle Bilder aus Córdoba. An diesem Lieblingsort mit seiner illustren Gesellschaft finden wir uns vor dem Abendessen ein. Es erwarten uns: Saskia, Rembrandts Frau, jung, blond, verträumt; vielleicht denkt sie gerade mit Rührung an das Kind unter ihrem Herzen. Schöne Unbekannte in roten Gewändern von Luini gemalt. El Greco ist vertreten durch ein Selbstbildnis, das ihn mit der bekannten ernsten Miene zeigt. Dazu ein reizendes Mädchen von Bronzoni, *Die Majas auf dem Balkon* von Goya, deren verschwörerische Mienen auszudrücken scheinen, daß ein hübscher, junger Mann über den Platz geht. Und *Die drei Grazien* von Rubens, deren milchige Rundungen ich durch mein Champagnerglas hindurch sehen konnte. Das von den Deutschen mitgenommene Gemälde wurde nach dem Krieg in einem Turmzimmer des Schlosses Neuschwanstein unversehrt wiedergefunden.

Wertvollste Stücke des Raumes sind goldgefaßte Teller und Wasserkannen aus geschliffenem Kristall sowie ein wunderschöner Anhänger von Benvenuto Cellini (eine Karawelle, wie sie von jeder Frau erträumt wird) und eine Kette von Kaiser Karl V., die in Vitrinen aufbewahrt werden. Sie würden dem Louvre, dem Palazzo Pitti oder der Schatzkammer in Wien zur Ehre gereichen. Diese prächtigen Renaissanceschätze hat Baron Adolphe vom Ex-König von Neapel zurückgekauft. Sie hatten dem Haus Habsburg, den Bourbonen und den Medici gehört.

Hatte Henri Samuel in Pregny schon bemerkenswerte Leistungen im klassischen Stil vollbracht, so konnte er in Armainvilliers seine unzähligen Talente beim Restaurieren voll und ganz einsetzen.
Es war eine Heidenarbeit. In den letzten Jahren seines Lebens hatte mein Schwiegervater, ein Koloß, 1,90 m groß und 120 Kilo schwer, sich allzugern in seinem Zimmer vergraben; da er ganz besonders lichtempfindlich war, hatte er durch Eisengitter gesicherte verschiebbare Läden vor den Fenstern anbringen lassen. Davor hingen Gardinen und schwere Übergardinen. Sein Himmelbett wurde von dicken Stoffvorhängen fast erdrückt. Er lebte inmitten von 1925 in der Tschechoslowakei hergestellten Möbelstücken, die wegen ihrer Häßlichkeit heute schon wieder amüsant sind (Benjamin, den die Persönlichkeit seines Großvaters so beeindruckt hat, daß er sich ihn zum Vorbild nahm, bat mich, sie ihm zu geben. Sie stehen jetzt in seinem Zimmer in der Rue de l'Elysée). Dafür aber waren die anderen Zimmer, wie in Pregny, mit herrlichen Möbelstücken eingerichtet.

Ein Motiv war schnell gefunden: man würde dieses Haus im Tudorstil in den Wohnsitz eines 'Major Thompson' aus dem Ende des 19. Jahrhunderts verwandeln, in ein englisches Jagdhaus also oder jedenfalls in das, was ein Franzose sich darunter vorstellt. In der Zwischenzeit konnte ich feststellen, daß die meisten englischen Wohnsitze wesentlich steifer eingerichtet sind als das Schloß in Armainvilliers.

In dem Keller einer Bank hatte Edmond die Jagdtrophäen seines Vaters entdeckt, die er aus Indien und von Afrika-Expeditionen mitgebracht hatte: Gazellen, Büffel, Zebras, Nilpferde und Nashörner. Heute halten sie an den Wänden der Eingangshalle und in dem langen Flur im Erdgeschoß Wache. Hier sind die Wände mit dunkelgrünem Stoff bespannt und mit Vertäfelungen aus Vogelkirschbaum- und Birnbaumholz verziert. An diesem herrlichen, einladenden und gemütlichen Ort fühlten wir uns sehr wohl, ganz besonders wenn die Bäume knackten und der Winter sich langsam über den Park ausbreitete.
In der weitläufigen Halle wurden Renaissancemöbel aufgestellt, die aus dem Haus von Baron Adolphe stammten; in den großen Salon kamen Louis XIV.-Möbel von Boulle, und in das Arbeitszimmer Edmonds der Schreibtisch seines Großvaters, ein Louis XV.-Stück von Cressent signiert, sowie vier dazugehörige Bücherschränke, ein Ensemble, das etwas ernst wirkt, aber gut in die Landschaft des Department Seine-et-Marne paßt.
Da Edmond sich für die Gemälde des 18. Jahrhunderts, die er von seiner Tante Myriam und von seinem Vater geerbt hatte, nicht begeistern kann, kaufte er sehr schöne holländi-

sche Werke, darunter eines von David Téniers, ein Bild voller Lebensfreude, das wir im Salon über dem Kamin aufhängten. Dieses Gemälde habe ich immer besonders gern gehabt – vielleicht, weil ich ihm während unserer Hochzeitszeremonie gegenüberstand. In demselben Raum befindet sich ein wunderbarer Pissaro: am Ende eines dichtbelaubten Parkes, der von einigen Blumenbeeten belebt wird, betrachtet eine junge Mutter mit einem weißseidenen Sonnenschirm ihre kleine, auf einer Trompete blasende Tochter.

Ich liebte alles in unserem Haus, selbst den undefinierbaren Geruch des seit Generationen gewachsenen Holzes. Edmond hatte mir ein reizendes kleines Büro einrichten lassen, das zum Park hinaus lag; im Sommer zogen Damhirsche und Hirschkühe an meinem Fenster vorbei. In der Ferne sah ich Fohlen auf ihrer Koppel, Rundholzzäune auf tiefgrünem Rasen. Schon kurze Zeit später ließ mein Mann in diesem Raum Bücherregale anbringen, um die Werke seines Großvaters Jules Halphen, des Polytechnikers, aufzustellen. Sechs Monate danach entdeckte ich in dem Raum einen Fernsehapparat. Von nun an war mein Reich zugleich der Ort, den Edmond für seine Siesta bevorzugte. Auch bestimmte amerikanische Fernsehserien wollte er sich dort anschauen – in der Hoffnung, die zarte Farrah Fawcett zu entdecken.

Henri Samuel ließ Reproduktionen alter Perserteppiche anfertigen, was mir als Höhepunkt des Raffinements erschien; die blumenbedruckten Baumwollstoffe für die Zimmer ließ er vorwaschen, damit die Farben nicht so grell wirkten.

In Armainvilliers war alles bis ins kleinste Detail perfekt ... einige Zimmer aber blieben eine Baustelle. Das Haus war weder von Baron Edmond fertiggestellt worden, noch von Baron Maurice, und auch mein Mann hat es nicht vollendet. In der Familie ist man abergläubisch: Ein Haus fertigzustellen bedeutet, den Gedanken zu akzeptieren, am Ende seiner Tage zu sein. Kein Rothschild würde dieses Risiko jemals eingehen.

Ich liebte den Park, der mit kleinen Pavillons im anglonormannischen Stil des Hauses durchsetzt war. Hier hatte der kleine Benjamin die herrlichsten Abenteuerspielplätze. Wir gingen in den großen Eichenwäldern spazieren; wir rannten über Rasenflächen, auf denen Gruppen von Rhododendron- und Oleandersträuchern wuchsen. Auf dem Fahrrad fuhren wir um den See herum, dem wir seiner ausgedehnten Form wegen den Spitznamen das »Briekäsemeer« gegeben hatten; wir begrüßten die Schwäne und fuhren über kleine Holzbrücken, die die Inseln untereinander verbanden, Souvenirs aus der Zeit, als Edmonds Großvater sich für japanische Gärten begeistert hatte. Wir begaben uns zu der Pagode unter den rosafarbenen Apfelbäumen, wo unser Großvater so gerne den Tee einnahm, nachdem er vor der Tür eine große, von seinen Matrosen gesteuerte Barke festgemacht hatte. Das Lieblingsausflugsziel Benjamins war die alte Zeder, in deren Nähe die Hunde der Familie unter Steinplatten beerdigt waren; daneben stand zum Gedenken an diese Tiere eine Figur des Tierbildhauers Frémiet. Ich erinnere mich, daß Hunde uns bei unseren großen Ausflügen zu Pferd und bei Jagden begleiteten.

Armainvilliers war eine Welt für sich vor den Toren von Paris, zwanzig Minuten Zugstrecke vom Gare de l'Est entfernt. Dem Eingangstor gegenüber befand sich ein kleiner Bahnhof, als Zeichen dafür, daß die Familie bei der Entstehung der Eisenbahn eine große Rolle gespielt hatte. Armainvilliers war eine Welt, in der man früher nahezu autark leben konnte. Es hatte einen herrlichen Obstgarten und ein Bassin von ungefähr 50 Metern, in dem sich die Statuen spiegelten. Obgleich es dem Ganzen einen florentinischen Anstrich verlieh, diente es doch in erster Linie als Eisschrank, als Vorratskammer für die Fische und als ... Eiskühler. Wenn das Bassin zugefroren war, schnitt man große Eisblöcke heraus, die man im Kühlhaus aufbewahrte, um sie dann später für Sorbets und eisgekühlten Champagner zu verwenden.

Auf der anderen Seite des Parks konnte man, so weit der Blick reichte, Bohnen-, Weizen- und Maisfelder erkennen; ein Hof mit dreihundert Milchkühen, ein Mustergut, das zu Beginn des Jahrhunderts Besucher aus einem Umkreis von über hundert Kilometern anzog. Alle handwerklichen Berufe waren auf dem Besitz vertreten, Maschinenschlosser, Maurer, Dachdecker, drei Schreiner und über zwanzig Gärtner. Vor zehn Jahren waren es noch, Frauen und Kinder mitgezählt, ungefähr einhundertachtzig Personen.

Wir lebten ja auch in Paris, und es war höchste Zeit, uns um die Rue de l'Elysée zu kümmern, denn das kleine Gartenhaus in der Faubourg Saint-Honoré, zuvor eine ideale Junggesellenwohnung für Edmond, war nun zu klein für

unsere dreiköpfige Familie. Wenn wir in Frankreich waren, mußten wir – bis wir mehr Platz hatten – Benjamin und Baba sogar in Armainvilliers wohnen lassen.
Edmond hatte von seinem Großvater in der Faubourg Saint-Honoré 41 einen Gebäudekomplex geerbt, der aus den alten herrschaftlichen Stadthäusern der Rothschilds und der Pereires bestand. Nach dem Krieg verkaufte sein Vater das Ganze an den amerikanischen Staat, der seine Botschaft darin unterbrachte.
Er behielt indessen das alte Stadtpalais der englischen Maîtresse Napoléons III., das sich in der Rue de l'Elysée 10 befand. Einige Jahre zuvor hatte er es dem apostolischen Nuntius abgekauft. Mein Schwiegervater wollte dort einen Ballsaal und ein Museum für seine geerbten Sammlungen herrichten lassen. Der Krieg aber vereitelte sein Vorhaben. Edmond beschloß, dieses Haus, das nur wenige Schritte von seinem Büro entfernt lag, zu seinem Pariser Wohnsitz zu machen. Es befand sich allerdings in einem traurigen Zustand. Er ließ daher alles niederreißen, bis auf die Fassade aus der Zeit des Second Empire. Der Architekt Christian de Galea rekonstruierte ein Palais im reinsten Stil des 18. Jahrhunderts. Zur Restaurierung ganz besonders seltener chinesischer Lackarbeiten des 18. Jahrhunderts mußten Handwerker gefunden werden, die in der Lage waren, eine Halbfläche zu ergänzen. Henri Samuel gelang es sogar wieder einmal, die alten Holzvertäfelungen aus dem Eßzimmer von Edmonds Großvater zu verwenden und in das Eßzimmer in der Rue de l'Elysée einzubauen, wobei er als Vertiefungen sechs alte Fensteröffnungen benutzte. Edmond ließ darin vier herrliche Gemälde von

Hubert Robert aufhängen sowie eine Meißener Porzellansammlung aufstellen, bekannt unter dem Namen das »Masken-Service«.

Er beschloß, den Großteil der Erbschaft, die Tante Myriam ihm hinterlassen hatte, in Paris zu behalten. Im »Chinesischen Lackzimmer« stellte er eine Kommode von Martin auf, deren blaue und weiße Farben mit der Zeit grün und zitronengelb geworden sind. Dieses Möbelstück hat mich immer fasziniert; es ist einzigartig (im Museum für Kunst und Gewerbe befindet sich ein Eckmöbel, das dazu paßt), und es gehörte einer gewissen Mailly-Nesle, einer Maîtresse Ludwigs XV., deren Vorname herauszufinden mir bis heute nicht gelungen ist. Dabei haben von den fünf Töchtern des Marquis de Nesle, einem Kommandanten der königlichen Gendarmerie, vier und zwar Louise, Pauline, Diane und Marie-Anne in den Armen des Vielgeliebten gelegen!

Im großen weißen Salon, der zum Garten führt, legte man zwei Seidenteppiche aus und stellte Möbelstücke von Hertault auf, die Edmond anläßlich eines Verkaufs von Rothschild-Werten in London erwerben konnte (was sehr selten ist, da die Rothschilds sonst immer diejenigen sind, die kaufen und niemals verkaufen). Er bestückte die Wände mit Bildern. In den unteren großen Flur hängte er ein Gemälde von De Troys *Le Déjeuner aux Huitres* (Das Austernfrühstück), zwei Lancrets und verschiedene Porträts von Boucher: In die Bibliothek kam ein Kinderbildnis von van Dyck, das einen kleinen Blondschopf mit zartem Teint zeigt.

Er wollte diesem Wohnsitz aus dem 17. Jahrhundert einen modernen Rahmen geben. An das Wohngebäude schloß

sich ein Schwimmbad an, das sich seinerzeit Monsieur André, der Besitzer von Luxushotels in Deauville, gebaut hatte. Mit den Innenarchitekten Alain Demachy und M. Rose vom Museum für Naturgeschichte schloß er die wahnwitzige Wette ab, daß er dieses klassische Becken in einen tropischen See mit einem drei Meter hohen Wasserfall und einem Wald aus Bananen- und Feigenbäumen verwandeln würde! Eine Treppe mit einem von Giacometti entworfenen Treppengeländer führt zum Becken hinunter. Was jeden außer Bouboule verwirrt, der seinen Platz nie verläßt und dessen runde Augen vollkommene Gleichgültigkeit ausdrücken. Bouboule, unser Fisch und unser schwarzer Labrador Sieur Ithaque de Rothschild sind in der Rue de l'Elysée die einzigen Vertreter der Tierwelt.
Es mußte für einen Zugang zum Schwimmbad gesorgt werden. Dazu wurde das Untergeschoß komplett umgebaut: Es entstand ein regelrechter Kinosaal, ein weiß gefliestes Galeriegewölbe. In diesem unterirdischen Museum stellte Edmond die in Regenbogenfarben schillernden Gläser aus, die sein Großvater aus Palästina mitgebracht hatte und vervollständigte diese Sammlung mit griechischen und ägyptischen Antiquitäten. Damit folgte er der Rothschildschen Tradition, eine Sammlung, die man geerbt hat, nicht nur zu erhalten, sondern sie auch zu erweitern. Die Darstellung eines Schreibers aus der 18. Dynastie wacht über dieses Königreich.
In Anbetracht dieser modernen Umgebung kaufte Edmond neue Bilder, einen Gauguin, den Maurice Rheims in Norwegen entdeckt hatte, einen Léger und einen sehr amüsanten Kisling von 1942, dem Jahr, in dem der Maler sich in

New York niederließ. Das Untergeschoß gefiel mir zwar, doch ich fühlte mich darin wie ein Besucher. Um es als seine Privatdomäne zu kennzeichnen, hatte Edmond eine Treppe bauen lassen, die direkt in die Eingangshalle führte. So konnte er vor dem Abendessen den Gymnastikraum oder die Sauna aufsuchen oder mit seinen Freunden ein Gläschen trinken, ohne sie durch den Rest des Hauses führen zu müssen.

In der ersten Etage, in der sich unsere Privaträume befinden, hatte Edmond mir ein Zimmer zugedacht, den sogenannten »Vormittag-Salon«, der sich an unser Schlafzimmer anschließt und zum Garten hinausgeht. Es ist ein reizendes Zimmer; seine Wände sind mit perlgrauer Seide bespannt, in die chinesische Figuren hineingewebt sind. Für meinen Geschmack ist zu vieles an kostbaren und zerbrechlichen Dingen darin. Indessen wäre jedes Wort darüber zuviel; mit seinem von den Rothschilds geerbten herrschsüchtigen Wesen würde der Gebieter dieses Ortes mir ohnehin nicht erlauben, in diesem Raum, in dem alles en détail bedacht wurde, ein chinesisches Porzellangefäß oder eine Lampe auch nur zu verschieben.

Es ist in mehr als einer Hinsicht zauberhaft, in einer Umgebung zu leben, die es mit Versailles aufnehmen kann. Ich liebe alles, was mich umgibt; ich freue mich, wenn ich einen Strauß Tulpen oder vielleicht eine Rose auf eine wunderbare Kommode stelle, um die Schönheit des Möbelstücks noch mehr zur Geltung zu bringen. Von einem blau oder grüngemusterten Meißner-Service zu essen, ist geradezu ein Fest für mich. Wenn ich alleine in Pregny bin, gehe ich abends manchmal die große Marmortreppe hinunter; im Schloß hört man dann nur das Ticken der Wanduhren und die leisen Geräusche meiner Schritte. Ich gehe durch die großen Salons und zünde alle Lichter an – einfach nur für mich –; in ein Sofa geschmiegt träume ich lange vor dem Bildnis von Saskia. Ich träume von dem Prunk vergangener Zeiten und streichle die Rückenlehnen der Sessel, die mit den eingewebten Initialen von Marie-Antoinette versehen sind. Ich habe nie gewagt, ihren Schreibtisch zu öffnen, in dem sie vielleicht Liebesbriefe an einen schönen Liebhaber versteckt hatte.

Man nimmt nicht ungestraft die Rolle einer Königin ein. Es verlangt eine unerschütterliche Disziplin. Es wäre unmöglich, seine Hausschuhe oder seine Handtasche in einem Raum herumliegen zu lassen, der von Geschichte zeugt, unvorstellbar, sich in Jeans sehen zu lassen oder sich sprachliche Ausrutscher zu erlauben. Ein Glas auf dem Schreibtisch von Choiseul stehen zu lassen, käme einer Majestätsbeleidigung gleich, und Edmond empfände es geradezu als Entweihung, die Heizung höher als auf 17 zu stellen: die Holzfurnitur der Möbel könnte ja springen.

In Armainvilliers durfte ich einige Nippsachen und Kupferstiche nach meinem Geschmack aufstellen. Ich hatte sie in irgendwelchen Lagern oder bei Antiquitätenhändlern entdeckt. In Mandegris, einem von Edmonds Lieblingsplätzen, nahm er zum ersten Mal meine Mithilfe in Anspruch. In dem kleinen, mit wildem Wein bewachsenen Haus, das am anderen Ende unseres Besitzes Armainvilliers lag, gab es viel zu tun.

Gemeinsam suchten wir die Stoffe, Sofas und Gemälde des Tiermalers Edouard Meritte für diesen Wohnsitz aus. Ich begann meine ersten Sammlungen anzulegen, Tonarbeiten aus der Jahrhundertwende, feine Keramik mit großartigen Dekoren und frechen Farben sowie holländische Fourniermöbel des 18. Jahrhunderts mit eingelegtem Elfenbein; damals waren sie nicht sehr viel wert, heute reißt man sich um sie. Ich habe in der Zwischenzeit noch weitere Sammlungen angelegt, zum Beispiel ist meine böhmische Kristallglassammlung in gelb, blau, rot und grün so schön, daß ich mich auf diesem Gebiet zu einer Expertin entwickelt habe.

Mein Mann war begeistert über das Resultat meiner Bemühungen, und er begann, mir Aufgaben anzuvertrauen. Bald durfte ich unser Chalet in Megève einrichten. Es gelang mir, eine gemütliche Atmosphäre zu schaffen: Holzverkleidete Wände, österreichische Möbel und – ein oft kopierter Einfall – mit dunkelgrünem Loden bezogene Sofas. Mit demselben Wunsch, zwischen Haus und Landschaft Harmonie herzustellen, richtete ich später mit Hilfe von Alain Demachy noch weitere Häuser ein: ein Chalet in Österreich, dann unser Haus in Césarée und das Château Clarke in der Gegend von Bordeaux.

Meine Häuser sind meine ganze Freude; sie machen zwar sehr viel Arbeit, aber sie kommen auch meiner Begeisterung für Innendekoration entgegen. Da mir die Steilküste in Quiberon so gut gefiel, bat ich eine Freundin, mir dort ein Haus zu suchen. Sie fand eines für mich, man wollte ihr aber nur eine Luftansicht davon für mich mitgeben. Ich verliebte mich auf der Stelle in diese Fischerhütte und kaufte sie unverzüglich, ohne jemals den Fuß hineingesetzt zu haben.

Die Häuser müssen unterhalten werden, Freunde, die auf der Durchreise sind, begrüßt werden; es müssen Empfänge gegeben werden. Da es Zauberstäbe nur in Märchen gibt, gilt es, realistisch zu sein. Die Hotelkette »Palais et Châteaux Edmond de Rothschild« braucht, wenn sie funktionieren soll, sehr viel mehr als meine zwei Hände und meinen guten Willen. Bei meiner Heirat gab es bereits ein perfekt organisiertes Personal. Die Altgedienten bilden die Neuen aus und vermitteln ihnen die Liebe zu ihrer Tätigkeit. Eine Liebe, die, soweit man es nach der Qualität der verschiedenen Dienstleistungsbereiche beurteilen kann, fest im Herzen verankert ist.
Die immer lächelnde Raymonde, deren Eltern Halbpächter in Armainvilliers waren, ist 1936 als Zimmermädchen in die Dienste von Baron Maurice getreten: seit 48 Jahren ist sie im Haus tätig.
Der unersetzliche Marcel in Megéve: seit 37 Jahren bereits arbeitet er für die Rothschilds.
Violette, mein Pariser Zimmermädchen, die mir eine regelrechte Mutterliebe entgegenbringt: sie ist seit 33 Jahren bei uns.
André, ihr Vater, war Leiter der Gewächshäuser in Pregny und ist seit seinem 21. Lebensjahr im Schloß angestellt. Heute bekleidet er den Posten eines Haushofmeisters und geradezu unersetzbaren Verwalters: seit 32 Jahren ist er im Hause Rothschild.

Albert übt die gleiche Tätigkeit in Paris aus: seit 26 Jahren schon.
Jacques, unser Chauffeur in der Schweiz, arbeitet seit 24 Jahren für die Familie.
In Paris gibt es noch Jacky, Edmonds Chauffeur und gleichzeitig sein Vertrauter: er gehört seit 22 Jahren zum Haus Rothschild.
Von der treuen Annecy gar nicht zu sprechen; sie führt gewissermaßen die Hitparade der Altgedienten an: Im September 1929 übernahm es die junge Schweizerin aus Graubünden mit ihren roten hochgesteckten Zöpfen, für eine Woche die an Grippe erkrankte Kinderschwester Edmonds zu vertreten. Er war damals ein kleiner Junge von drei Jahren. Sie hatte den Wunsch, französisch zu lernen. Sie sollte genügend Zeit haben, ihre Kenntnisse zu vervollkommnen: seit 55 Jahren ist sie ein vollwertiges Mitglied der Familie!
Für die Rothschilds zu arbeiten bedeutet soviel, wie für ein Grand-Hotel tätig zu sein. Diejenigen, die es schaffen, sind in ihrem Fach die Größten. Ihre Herkunft ist unterschiedlich. Mein Zimmermädchen in Pegny, die hübsche Madame Laurenti, war früher Sekretärin in Genf. Patrick, der stellvertretende Haushofmeister, ein junger Mann mit einem freundlichen Lächeln und roten Wangen, war vorher Fernfahrer. Ein ehemaliger Verkäufer ist für die Gewächshäuser zuständig, und nur er versteht es, die Obstbaumanlagen so zu bearbeiten, wie es früher gehandhabt wurde.
Um den Anforderungen, die das Haus an jeden stellt, gewachsen zu sein, muß man fast alles bis dahin Gelernte vergessen und bei Null anfangen. Dem, der sich damit

begnügt, alles so zu machen, wie er es gewohnt ist, wird keine lange Zukunft gewährt. Als Beispiel nenne ich Albert und seine zahllosen Gebote, die er sich zur Auflage macht:
– Wenn die Herrschaft im Haus ist, mußt Du immer für sie da sein, am Tag wie in der Nacht. Bevor der letzte Gast nicht gegangen ist, darfst Du nicht schlafen gehen.
– Du darfst nie angestrengt wirken, auch wenn hundert Personen da sind und ebensoviele am nächsten Tag erwartet werden.
– Du mußt Kunstsinn beweisen, wenn es darum geht, einen Tisch schön zu decken: zwischen Meißener Porzellan, Sèvres- oder Bordeaux-Servicen mußt Du ebenso unterscheiden können wie zwischen den Silberbestecken.
– Stark wie Eisen mußt Du sein, damit Du ausgestreckten Arms die zehn Kilo schweren Silberplatten, noch dazu mit einem Kalbsnierenbraten tragen kannst.
– Eine vorsichtige Hand sollst Du haben, damit Du mit den zahlreichen Schätzen, die Jahrhunderte überdauert haben, richtig umgehen kannst.
Dem gilt es noch hinzuzufügen, daß Organisationstalent notwendig ist und ein untrügliches Gedächtnis (man kann es sich nicht leisten, zehn Schranktüren zu öffnen, weil man eine bestimmte Zuckerdose sucht), ein untadeliges Äußeres von morgens (blaue Hose, Blazer, weißes Hemd und schwarze Krawatte) bis abends (gestreifte Hose und schwarze Weste) und, das versteht sich von selbst, Ehrlichkeit, die über jeden Zweifel erhaben ist. Wenn unser Personal nicht gefordert wird! Ich bin mir dessen bewußt und gebe heute Junggesellen den Vorzug; sie können freier über ihre Zeit verfügen, und außerdem reisen sie gern.

Eric, unser Küchenchef von zweiundzwanzig Jahren, reist ständig zwischen Pregny, Megève, Bordeaux und Paris hin und her.
Für jeden von ihnen versuche ich, die Arbeit bestmöglich zu organisieren, um Zeit für sie zu sparen. Überall sind schnell hingekritzelte Notizen von mir zu finden. In der Etage habe ich eine Kaffeeküche einrichten lassen; das Frühstück würde sonst gewiß eiskalt aus dem Kellergeschoß in den Zimmern ankommen. Obgleich es siebzig Telefone in Pregny gibt, habe ich jeden Bediensteten mit einem kleinen elektronischen Gerät ausgestattet, das »piep-piep« macht, wenn man es anfunkt. Von sämtlichen Reisen bringe ich neue Geräte mit, die ihnen die Arbeit leichter machen.

Der Stil Rothschild verkörpert nicht nur schöne Häuser, das feine Nebeneinander von Komfort und Museumsstücken. Er bedeutet auch eine bestimmte Lebensart, eine besondere Art, Gäste zu empfangen – man kann sie perfekt nennen –, die allen Familienmitgliedern eigen ist.
Edmond und ich machen da keine Ausnahme. Bereits als junges Mädchen war ich gewissenhaft: da ich mit einem Mann zusammenlebe, der peinlich genau ist, hat sich daran nichts geändert. Meine Kontrollgänge zur Bank sind in Paris bekannt. »Achtung, der General kommt!« Und wie durch ein Wunder verschwinden die Postkarten von Schwiegermutter und Tante Berta im hintersten Eckchen des Schubfachs, die auf den Stühlen herumliegenden Mäntel kommen in den Schrank, alte Blumentöpfe landen ganz unten

im Papierkorb. Trotz meiner wiederholten Ermahnungen bestand ein junger Direktor darauf, seinen Mantel und seinen Motorradhelm immer in der Mitte des Zimmers liegen zu lassen. »Ich warne Sie, Monsieur, wenn Sie die Sachen nicht wegräumen, werfe ich sie aus dem Fenster«, sagte ich ihm eines Tages. »Sie können sie dann vom Hof wieder heraufholen.«
Das hätte ich auch getan, wenn Henri Emmanuelli nicht inzwischen Staatssekretär für die Überseegebiete geworden wäre und dann zuständig für die Haushalts- und Verbraucherfragen im Finanzministerium...
In einem Haus ist es besonders wichtig, auf Einzelheiten zu achten. Der Tisch ist der Platz, an dem man sich in Ruhe unterhalten kann. Selbst wenn wir alleine sind oder auch nur ein Paar zu Gast haben, machen wir jede Mahlzeit zu einem Fest.
Dabei lassen wir es an nichts fehlen. Ein eleganter Rahmen, ein liebevoll zusammengestelltes Menü, eine bestickte Tischdecke, Silber, herrliches Porzellan, Kerzen, zu jeder Jahreszeit ein Feuer im Kamin, ein speziell ausgewähltes Parfum, festliche Kleidung (mit meinem Mann habe ich noch nie anders als im langen Kleid gespeist), und ich nehme auch die Gelegenheit wahr, meinen schönsten Schmuck anzulegen. Besonderen Wert legen wir natürlich auch auf die Qualität der Tafelfreuden.
Ich liebe das Sprichwort: »Kleine Geschenke erhalten die Freundschaft«; es drückt so schön die tausend Aufmerksamkeiten aus, die Gastgeber ihren Gästen gegenüber walten lassen sollen. Zur Jagdzeit liebt es Edmond, neue Cocktails zu kreieren (Fleischsaft, Wodka, Gewürze und

dazu vielleicht noch Gemüsesaft im Mixer verrührt – einfallsreicher als Tomatensaft aus der Dose). Seine besondere Spezialität ist der »Pilipili hoho!« Die Nachwirkungen sind beträchtlich... Selbst wenn keiner diese scharfen Mixturen kostet, sind sie doch ein Zeichen dafür, daß der Hausherr sich schon im voraus auf diesen Abend gefreut hat. Edmond stellt auch die Menüfolge zusammen. Sie entspricht seiner Freude an einer gut bürgerlichen, den Jahreszeiten angepaßten Küche, zu der wir einheimische Produkte verwenden, selbst wenn sie so aus der Mode gekommen sind wie Schwarzwurzeln, Mangold, Knollenziest, Rhabarber oder Topinambur. Da ich eine Feinschmeckerin bin, merke ich es sofort, wenn ein Gericht nicht vollkommen ist. Ich diskutiere dann mit unserem jungen Küchenchef darüber, der dazu aufgefordert wird, sich ständig zu verbessern.

Auf der Suche nach neuen Rezepten bringe ich von Reisen die Karten der besten Restaurants mit, um Ideen zu gewinnen. Wenn ein Gericht, das mir gefallen hat, zu schwer nachzukochen ist, schicke ich unseren Küchenchef zum Essen in die Stadt, damit er das Geheimnis seiner Zubereitung herausfindet. Außerdem darf er auch in den Küchen meiner Freunde herumstöbern, bei Michelle Givaudan zum Beispiel, deren Spezialität Kaninchen am Spieß ist oder bei Mercedes de Gunzburg, die sozusagen mit Nichts Traumgerichte zaubert. Und Marcel, unser Chauffeur in Megève hat ihm beigebracht, wie man einen echten, traditionellen Pot-au-feu zubereitet.

Um den Wein kümmert sich allein Edmond. Er achtet darauf, daß er richtig temperiert serviert wird, Weißwein,

Rosé und Champagner bei 12°C (in einen Sektkühler mit Eis stellt man ihn nur, damit er nicht so schnell wieder warm wird); Bordeaux-Wein wird bei 18°C und ein alter Burgunder-Wein bei 19°C bis 20°C ausgeschenkt. Er öffnet die Flaschen rechtzeitig, damit der Wein, seinem Alter entsprechend, atmen kann, Maximum zwölf Stunden, Minimum eine Stunde. Außer es handelt sich um einen Lafite Jahrgang 1934, den man sofort nach dem Entkorken trinkt, da der geringe Prozentsatz an Alkohol sonst eventuell verfliegen würde. Eine letzte Aufmerksamkeit den Gästen gegenüber: Man sollte den Wein in Karaffen servieren, um seine Blume besonders zur Geltung kommen zu lassen. Dabei vermeidet man zugleich ein Ausschenken des Bodensatzes.

Die Weintradition aufrechtzuerhalten ist eines von Edmonds großen Anliegen. Durch Elie und später Eric de Rothschild auf Château Lafite und durch den Cusin Philippe aus der englischen Linie in Mouton war die Familie bereits mehrfach im Gebiet um Bordeaux vertreten. 1972 beschloß mein Mann, sich seinerseits in das Abenteuer Wein zu stürzen. Er entschied sich aber nicht etwa für eine berühmte Weinanbaufläche, sondern für eine Domäne, die von Grund auf bearbeitet werden mußte, nämlich für Clarke im Médoc-Gebiet in Listrac.

In den Jahren zuvor war der Weinpreis unaufhörlich gestiegen. 1973 erlebte er einen Abstieg. Wir waren damals gerade mit dem Pflanzen unserer Weinstöcke beschäftigt. Edmond fuhr mit seinem Projekt fort, und investierte dafür sehr viel Mühe, Geld und Zeit. Er zog die berühmtesten Fachleute zu Rate, zum Beispiel Professor Peynaud, der ihn bei der Wahl der Rebsorten sowie bei der Möglichkeit des Weinanbaus auf dem tonigen Boden von Clarke beriet.

Diese unzähligen Bemühungen führten 1979 zum Entstehen einer neuen Weinsorte aus dem Listrace, dem »Château-Clarke«. Wir haben nicht vor, dort einen so erstklassigen Wein wie den Lafite zu produzieren, nicht einmal einen annähernd so guten; wir wollen einen Wein herstellen, der nach den Gegebenheiten der Lage höchste Qualität aufweist. Nach drei Jahren Arbeit sieht es so aus, als würden wir unserem Ziel näherkommen. Edmond freut sich an seinem kommerziellen Erfolg (sein Einlagekapital in wichtigen Devisen hat er verdoppelt; 80 Prozent des Weines wird exportiert) und auch darüber, einen Wein trinken zu können, der seinem persönlichen Geschmack entspricht (man ist weiß Gott anspruchsvoll in seinem Palast, in dem man gewohnt ist, die besten Weine dieser Welt serviert zu bekommen). Er hatte sich fest vorgenommen, einen Qualitätswein zu produzieren und ist nun dabei, diese Wette zu gewinnen.

Was waren es doch für glückliche Zeiten, die sechziger Jahre ... Man hatte den Krieg vergessen, jenes Unglück, das eine Zeitlang ganz Europa gelähmt hatte. Fünfzehn Jahre waren es schon her! Die Wirtschaft kam wieder in Schwung. Noch schrieb man nicht das Jahr 1968, und noch meinte man nicht, unter seinem Nerzmantel Jeans tragen zu müssen.
Wir amüsierten uns wie die Verrückten. Man hatte die Kunst, Feste zu feiern, wiederentdeckt. Feste, die die Frauen schöner machen, und selbst die bedeutendsten Männer in große Lausbuben verwandeln. Ein Fest läßt die täglichen Sorgen im Nebel des nächsten Tages verschwinden.

Ich hatte sehr schnell verstanden, daß Edmond, wenn er nach Hause kam, mich sehen und ganz für sich haben wollte.

Daher gewöhnte ich mir an, ganz gleich, ob ich tausend Sachen zu erledigen hatte oder nur einfach Lust zum Bummeln verspürte, am späten Nachmittag – vor ihm also – zu Hause zu sein. Das hat sich seit zwanzig Jahren nicht geändert. Wenn er mich aus Versehen einmal im Salon mit Freundinnen schwatzend anträfe, würde er sie von Kopf bis Fuß ansehen, so als ob er sagen wollte: »Was machen Sie denn hier?« Ein derart eisiger Empfang würde selbst die furchtloseste Besucherin veranlassen, schnellstens das Feld zu räumen.

Wenn dieser Mann beschlossen hat, mich alleine zu sehen, fegt er alles, was ihn stört, mit einer einzigen Handbewegung weg. Meine Freundinnen waren wie vom Blitz getroffen: »Wie erträgst du das nur?« Ich sah die Situation anders; vielleicht war ich froh und stolz darüber, daß er mich wirklich brauchte.

Und worüber sollte ich mich beschweren? Nichts auf der Welt liebe ich mehr, als mit ihm allein zu sein. Wenn wir zu zweit sind, spricht er mit mir stundenlang über seine Arbeit, über unseren Sohn und über seine Zukunftspläne. Ich höre zu; er läßt mir kaum Zeit, meine Fragen zu beenden, aber was macht das schon, es ist nie langweilig mit ihm.

Diese beglückenden Stunden finden leider viel zu selten statt! In den ersten Jahren unserer Ehe gingen wir jeden Abend aus, oder wir hatten selber Gäste.

Ich habe es immer gehaßt, spät zu Bett zu gehen. Für mich

gibt es nichts Schöneres, als um neun Uhr schlafen zu gehen und am nächsten Tag bei Sonnenaufgang aufzustehen. Damit hatte ich kein Glück. Mein Mann war ein unverbesserlicher Nachtschwärmer. Wir ließen unseren Abend im Restaurant »Lasserre«, im »Le Doyen« oder in einem der russischen Restaurants wie dem »Rasputin« und »Le Novy« (heute existiert es nicht mehr) mit zahllosen Blinis, Kaviar und Wodka beginnen. Häufig besuchten wir auch die kleinen Bistros im Stadtteil Saint-Germain oder den kleinen Jazz-Club in der Rue Saint-Benoît. Dort griff Edmond regelmäßig zum Mikrophon, um sein Lieblingsrepertoire zu singen: Texte von Charles Trénet, Yves Montand, Frank Sinatra (seit zwanzig Jahren hat sich sein Repertoire nicht geändert; es sind immer Trénet, Montand und Sinatra). Wir applaudierten lebhaft, er war im siebten Himmel. Ich jedoch, von Haus aus Künstlerin, saß im Saal. Hatte ich mir nicht geschworen, mein Leben auf keinen Fall an der Seite eines Künstlers zu verbringen?...
Der zweite Teil unserer nächtlichen Ausflüge bestand unvermeidlich aus dem Besuch von Nachtlokalen wie »Castel«, »Le Club de Paris«, »Le Privé« und vieler anderer. War es dann erst drei Uhr, sagte Edmond zu mir: »Es ist noch so früh. Komm, laß uns zu Régine gehen.« Dort trafen sich dieselben Nachteulen wieder und beendeten den Abend wie immer mit einem Teller Spaghetti, während die todmüden Kellner die Stühle auf die Tische stellten. »Die Baronin kommt um fünf nach Hause«, schrieb ein Journalist eines Tages – es war wohl Saluregurkenzeit für die Presse – in dick gedruckten Lettern auf der Titelseite.
In aller Herrgottsfrühe, wenn die ersten Lichtstrahlen

durch die Fensterläden schienen, konnte ich endlich zu Bett gehen. Doch um acht bereits servierte mir das freundlich lächelnde Zimmermädchen den Tee.

Während ich mühsam versuchte, auf die Beine zu kommen, ging Edmond, aussehend wie das blühende Leben, aus dem Haus, um zehn Stunden am Stück zu arbeiten. Heute bin ich im Vorteil: Gesegnet seien die Vorzüge des Alters, denn um zehn Uhr bereits verspürt mein Mann den Wunsch, sich zu mir ins Bett zu legen!

Wir hatten wahrlich viele Gäste! Klassische Diners für achtzehn Personen im großen Eßzimmer. Einmal im Monat Diner mit anschließender Filmvorführung: Vierzig Personen an Achtertischen. Der Abend endete mit der Vorstellung eines Films im Untergeschoß, der noch nicht in den Kinos lief.

Im Frühjahr fanden Essen mit sechzig Personen in der langen, weißen Orangerie statt, deren große Maueröffnungen in den blumenübersäten Garten führten.

Es machte mir Spaß, meine Gäste nicht nach Rangordnung zu setzen, sondern sie möglichst stark zu vermischen. Ich setzte Schauspieler neben Industrielle, Geschäftsfrauen neben Künstler, Politiker neben Mannequins. Jean-Claude Brialy war Tischherr der Stylistin Primrose Bordier; Sophia Loren bezauberte mit ihren mandelförmigen Augen den Präsidenten der Rhône-Poulenc, den österreichischen Bundeskanzler Kreisky, Gaston Thorn oder einen Universitätsprofessor. Auch Thierry Le Luron oder Alain Poher, Alain Delon, Edgar Faure, Mireille Darc und Raymond Barre, Line Renaud oder André Lwoff, um nur einige zu nennen, gehörten zu unseren Gästen...

Waren nur gute Freunde eingeladen, ließ ich mir ganz große Überraschungen einfallen. Eines Abends fragte mich Edmond, als er noch einmal nachsehen wollte, ob im Speisezimmer alles in Ordnung ist: »Wo ist der Tischplan?« Mach dir keine Sorgen, mein Liebling, ich habe an alles gedacht.« Vor Beginn des Essens verschwanden alle Damen. Kurz darauf verkündete Albert: »Herr Baron, das Essen ist serviert!« Großes Staunen: Zwanzig gleichgekleidete Frauen erschienen? Das gleiche Lamékleid, der gleiche Turban, die gleiche schwarze Tüllarve, gleicher Schmuck, die gleichen schimmernden Pumps. Ich hatte die Sache heimlich in die Wege geleitet, unzählige Meter Stoff besorgt und die Anproben organisiert.
Den Herren blieb vor Staunen die Luft weg. Sie versuchten, ihre bessere Hälfte ausfindig zu machen, hatten aber nur wenig Erfolg. Jedenfalls haben wir an diesem Abend viel zu lachen gehabt!

Feste zu feiern kann man eigentlich nicht lernen. Um eine gute Stimmung aufkommen zu lassen, braucht man mehr als Geld und einen guten Dekorateur. Man muß sich selbst einbringen. Edmond und mir fiel das nicht schwer, aus einem ganz einfachen Grund: Wir lieben Feste.
Unsere Abendgesellschaften waren nie steif. Selbst wenn mehrere hundert Gäste eingeladen waren, hatten wir für manche Überraschung gesorgt. Dabei kam eine eigenartige Mischung heraus: die Qualität der Rothschild-Feste, vereint mit dem festlichen Rahmen und einem ausgezeichneten

Essen, das durch Edmonds Sinnenfreude und meinem Hang zur Schauspielerei gewürzt wurde.

Unsere Silvesterfeiern in Armainvilliers waren in dieser Hinsicht einmalig. Tagsüber fand im kleinen Kreis eine Jagd statt. Zum Abendessen gegen zweiundzwanzig Uhr waren weitere hundert Gäste oder auch mehr geladen. Den Höhepunkt erlebten wir zweifellos am 31. Dezember 1974 (in den siebziger Jahren wußte man durchaus noch zu feiern), als ich Edmond und einem baß erstaunten Publikum eine echte Revuevorstellung lieferte.

Schon im Oktober hatte ich mit Proben begonnen, Sketches vorbereitet, die Musik und Chansons ausgesucht. Zweimal in der Woche probten wir. Es war geradezu ein Wunder, alle Teilnehmer unter einen Hut zu bekommen, denn oft flog ein Freund gerade nach New York, wenn ein anderer aus Brasilien zurückkam.

Mit Hilfe von Albert wollte ich im Untergeschoß des Schlosses von Armainvilliers den berühmten New Yorker Nachtclub »El Morocco« nachbauen.

Im langen, tunnelähnlichen, weiß gefliesten Gang unter dem Haus, einer Pariser Metrostation vergleichbar, richteten wir Umkleideräume und Schminkkabinen ein. Der Gang verband früher das Schloß und die Küche, die Baronin Edmond, da sie Küchengerüche verabscheute, hundert Meter vom Schloß entfernt hatte installieren lassen. Die Speisen wurden, wie in Ferrières, mit kleinen Loren transportiert.

Am Tag X herrschte gewaltige Aufregung hinter den Kulissen. Der berühmte Visagist Michel Deruelle, den ich für diesen denkwürdigen Abend gewinnen konnte, schminkte

am laufenden Band Rehaugen und klebte falsche Augenwimpern an. Haarknoten lösten sich andauernd, Säume gingen wieder auf. Man sah Matrosen mit Pomponmützen und französische Cancan-Tänzerinnen Luftsprünge machen. Schöne Spanierinnen verhedderten sich mit den Füßen in ihren raschelnden Rüschen; zwölf Mireille Mathieus befestigten braune Ponyperücken auf dem Kopf; eine Reihe von Grazien in hautfarbenen, enganliegenden Anzügen unter durchsichtigen bonbonfarbenen Regenmänteln ließ ihre Schirme tanzen und drohte dabei, den Nebenstehenden die Augen auszustechen. Nur Janine Vernes und Charles de Gramont behielten einen klaren Kopf bei der Generalprobe des unvergeßlichen Piaf-Erfolgs *Milord*.
Edmond, der anfangs glaubte, wir würden eine Katastrophe erleben, lachte Tränen, genau wie alle anderen. Dann kam der Höhepunkt des Abends. Der ganze Saal wurde dunkel. Auf einer Leinwand wurden Bilder aus einem Film gezeigt, den ich einmal mit Fernand Raynaud gedreht hatte. Man sah mich als Tänzerin à la Marilyn Monroe im enganliegenden Trikot und Netzstrümpfen, umgeben von schönen Cowboys! Und plötzlich sah man die gleiche Szene im Scheinwerferlicht, jedes Detail stimmte. Nadine wie sie leibt und lebt schmetterte mit der gleichen schmachtenden Stimme den Singsang aus dem Film. Alles im play-back, um das Schlimmste zu verhindern.
Als Schlußbild zog eine Brigade von Kellnern und Köchen in blauer und gelber Livrée nach der Melodie von *Hello Dolly* im Tanzschritt über die Bühne; sie trugen dabei ihre Platten vor sich her, eine Szene, die einem amerikanischen

Musical Ehre gemacht hätte. Sobald der Vorhang fiel, tobte der Saal vor Begeisterung. Ich war nicht wenig stolz darauf, meinen Freunden, die alles andere als Schauspieler waren, dank persönlichen Einsatzes und einer Riesendosis Lebensfreude Anlaß gegeben hatte, sich selbst zu überraschen.
Überraschungen gingen jedoch auch von anderen aus: Zu meinem Geburtstage fand ich die Rue de l'Elysée in ein irdisches Paradies verwandelt, aus tropischen Pflanzen, exotischen Früchten und Lianen bestehend. Die Kellner kamen von den Antillen. Sie tänzelten in Satinhosen und gestickten Westen durch die Orangerie, wo riesige Palmensträucher die Mitte der mit Orchideen übersäten Tische bildeten. Das Schwimmbecken war überdacht worden und bot nun eine Tanzfläche; unter Bananenbäumen spielte ein Orchester.
In dieser traumhaft schönen Umgebung, in einem zauberhaften Kleid von Courregès – weiße und rosafarbene Volants und Rüschen –, umgeben von Menschen, die ich liebte, wurde es mir leicht, die Grenze zu überschreiten, die viele Frauen als schicksalhaft empfinden: die Vierzig!

Die elegantesten Feste fanden immer im September zu Edmonds Geburtstag statt, wenn die Ballsaison in Pregny eröffnet wurde.
Jedes Fest stand unter einem besonderen Motto und lief in entsprechendem Rahmen ab. Im Vogelhaus veranstalteten wir den »Rosenball«, bei dem alle Damen in Blumengewändern erschienen. Die Gewölbe waren mit Stoffrosen umrankt, die so echt aussahen, daß ich mehr als einen Gast

dabei beobachtete, wie er an ihnen zu schnuppern versuchte. Als es dunkel war, erloschen die vielen Lampen; ein schwarzes Licht verwandelte die Herren in große Schatten mit weißen Kragen, die Damen in phosphoreszierende Glühwürmchen. Traum eines Abends, Zauberhöhle, in der selbst die goldbeschuppten Fische vor Wonne schimmernd ihre Aquarien durchschwammen.

In der Erinnerung meiner Freunde wird gewiß der »Boldini-Ball« vom 13. September 1975 als Höhepunkt in der Geschichte von Pregny fortwirken. Ich habe mich immer für die riesigen Gemälde von Boldini begeistert, einem Mann von Welt, für den um die Jahrhundertwende ganz Paris schwärmte. Baron Maurice hatte umgeben von den Porträts der schönsten Frauen gelebt, die ihn in langen, prächtigen, mit Smaragden, Perlen und Rubinen besetzten Kleidern anblickten. Ich hatte mir in den Kopf gesetzt, diese Göttinnen zu einer meiner Abendgesellschaften einzuladen.

Da wir das Schloß und Vogelhaus ja schon zu Festen benutzt hatten, beschloß ich, diesmal die Reitbahn als Rahmen zu nehmen, eine riesengroße Rotunde, die Onkel Adolphe anläßlich des Besuches der Königin von Neapel, einer begeisterten Reiterin, hatte bauen lassen, damit sie ihre Pferde dressieren konnte. Seit den Tagen meines Schwiegervaters war diese Reitbahn unbenutzt geblieben. Das von innen mit Holzlatten verkleidete Dach war in gutem Zustand. Der Rest bestand lediglich aus einer großen Sandfläche.

Diesen Platz wieder instandzusetzen, bedeutete eine Heidenarbeit, die ich nur mit Hilfe der gesamten Pregny-Mannschaft bewältigen konnte. Alles mußte hinter Ed-

monds Rücken geschehen, der allerdings gewiß vermutete, daß sich hinter den Büschen etwas zusammenbraute. Der Platz wurde mit Parkett ausgelegt, im Rundgang ein Podium hergerichtet und ganz im Hintergrund eine Tanzfläche gezimmert. Eine Heizung wurde installiert, die Sitze wurden mit Moiré in den Tönen lila bis fuchsienrot neu bezogen. Überall standen jetzt kleine runde Tische und goldene Stühle; Grünpflanzen und Apfelbäumchen, die sich unter der Last der Früchte bogen, waren in verschwenderischer Fülle verteilt. An den Mauerwänden waren siebzehn 2,50 Meter hohe Gemälde von Boldini aufgehängt worden, und Scheinwerfer waren auf die prächtigen Bilder des Barons Maurice gerichtet. Hinter dem Orchester hing das monumentale Porträt der Marquise Casati, die mit ihrem schwarzen Hut und dem Veilchenstrauß die Ballszene beherrschte und an diesem Abend den Ton angab. Überall tauchten die Veilchen wieder auf, auf den Tischen und auf dem Buffet, um das Orchester wanden sie sich bis hin zu den Knopflöchern der Gäste. Eine russische Kostümschneiderin, die für die Pariser Oper arbeitete, hatte mir ein Kleid aus grünem Satin mit schwarzer Spitze entworfen, in die kleine Diamanten eingelassen waren, ganz im Stil der Jahrhundertwende, genäht mit einem dreifachen Unterrock aus rosa, malvenfarbenem und veilchenblauem Tüll (ein wahres Ungetüm!).
Über fünfhundert Gäste waren aus Europa, den USA und Lateinamerika gekommen; die Männer trugen Fräcke oder prächtig hergerichtete Uniformen, die Damen entsprechende Nachbildungen ihrer Vorfahren. Anwesend waren die Herzogin von Orléans und Maria-Gabrielle von Sa-

voyen, Prinz Victor-Emanuel und die Prinzessin von Neapel, Hélène Rochas, Romy Schneider, Audrey Hepburn, Ted Kennedy, Gina Lollobrigida, Gloria Swanson, Estée Lauder, Edgar und Lucie Faure, Yul und Doris Brynner, Véronique und Gregory Peck, unsere Genfer Freunde Xavier und Michèle Givaudan, Jean-Jacques und Marie-Paule Michel, Clarina und Sophie Firmenich. Ich hatte bei diesem Fest besonders darauf geachtet, unterschiedliche Generationen einzuladen, sowie Jugend und Schönheit zu berücksichtigen.
Als Edmond seinen fünfzigsten Geburtstag feierte, stellten wir ein riesiges Zelt im Park auf, das überspannt war von der überdimensionalen Neonaufschrift »Happy Birthday«. Ich hatte vor, dazu zwölf Freunde Edmonds einzuladen, die im selben Jahr wie er geboren waren. Ich beauftragte einen Maler, ihre Porträts anzufertigen, die ich dann auf die Einladungs- sowie auf die Menükarte drucken ließ.
Der Großteil des Buffets sollte aus unserem Hotel »Mont d'Arbois« in Megève angeliefert werden. Um vier Uhr nachmittags teilte man mir mit, daß der Transportwagen unterwegs umgekippt sei und in einem Graben liege. Sämtliche petits fours und alle angerichteten Platten flogen in der Landschaft umher. Von dem herrlichen Buffet war nichts mehr übriggeblieben. Gar nichts. Und um acht erwartete ich vierhundert Personen...
Ich rief sofort alle Hotels, alle Party-Services, sämtliche guten Metzger in der Umgebung an. In panischer Hast organisierte ich ein rustikales Buffet mit Käseplatten. Und da eine Katastrophe selten allein kommt: Bei der Schätzung der benötigten Kerzen hatte man sich vertan, und so kam

es, daß meine Gäste im Halbdunkel herumtasteten und ihre Plätze nicht wiederfanden. Aber davon abgesehen war alles in Ordnung, Frau Baronin, alles in Ordnung, alles in Ordnung...
Sehr gern erinnere ich mich auch an einige Familienfeste. Der achtzigste Geburtstag von Onkel Eugène zum Beispiel, der in Armainvilliers gefeiert wurde. Die Familie war komplett aus allen vier Himmelsrichtungen angereist, um ihren Doyen zu ehren, der dem österreichischen Zweig der Familie entstammte – ein beherzter Mann, dem im Ersten Weltkrieg an der russischen Front ein Bein zerschmettert worden war. Er war Hobby-Mathematiker mit einem unstillbaren Wissensdrang, der ihn eher auf Reisen trieb als in die Bank. Er hatte eine wunderschöne Engländerin geheiratet, die Schauspielerin Jeanne Stewart. Ich hatte keine Schwierigkeiten, mich mit ihr zu unterhalten, denn in erster Ehe war sie nämlich mit ... Lord Docker verheiratet gewesen, dem Vater von Lance, meinem ehemaligen Verlobten! Ich freute mich sehr, von ihr zu erfahren, daß Lance eine Spanierin geheiratet und mit ihr zwei entzückende Kinder hatte.

Feste voller Überraschungen. Überraschungsgeschenke. Wie kann man jemandem eine Freude machen, der schon alles hat? Mit Geld und etwas Phantasie, werden Sie sagen... Mein erstes Geschenk für Edmond war ein Landrover, den er vor der Tür von Mandegris fand, während ein Feuerwerk veranstaltet wurde. Wir waren damals noch nicht verheiratet, und ich wollte ihm mit diesem prächtigen Geschenk, das einen Teil meiner Ersparnisse verschlungen hatte, imponieren. Damals liebte er es, kreuz und quer durch den Wald zu fahren. Da er heute das Alter eines Abenteurers überschritten hat, gehe ich mehr auf seine Kunstliebe ein und suche – oft Monate vorher – besondere Stücke für seine Tierbronzen- oder Modellschiffsammlung aus dem 18. Jahrhundert oder seine Krugsammlung aus dem 16. Jahrhundert aus. Zu unserem zwanzigsten Hochzeitstag habe ich ihm eine entzückende Bronzefigur von einem streunenden Hund geschenkt, weil er doch die Hundefiguren von de Gallé so sehr liebt.

Was kann man einer Frau schenken, die schon alles hat? Warum nicht bei den klassischen Geschenken bleiben: ein Schmuckstück oder ein Pelz bereiten immer Freude; darüber sind wir Frauen uns einig. Oder jenes tolle Präsent, das mir unser Freund Pierre Sciclounoff zu meinem fünfzigsten Geburtstag als »Kleinen Höhepunkt« offerierte. In seinem wunderschönen Genfer Stadthaus, von Abeille unter der Leitung von Mansart gebaut, bekam ich ein etwas ungewöhnliches »Happy Birthday«, das die obligatorische Geburtstagstorte begleitete, geboten: Kein geringerer als Placido Domingo sang es.

Einige Mißtöne waren dagegen mit dem Geschenk verbunden, das Maurice Rheims mir eines Tages zu machen beschlossen hatte: Mein Porträt, gemalt von Glasunow, einem jungen russischen Künstler, der eigens aus Moskau angereist war, um General de Gaulle, damals noch Staatsoberhaupt, zu porträtieren.

Er erschien mit großem Gefolge in Begleitung seines Übersetzers. Beim Tee erfuhr ich von ihm, daß ihn allein Musik inspirieren könne. Der Dolmetscher fügte hinzu:

»Frau Baronin besitzen sicherlich alle unsere berühmten Klassiker. Wir werden nur die Qual der Wahl haben.« Ja, wir hatten eine Auswahl: Trénet, Montand, Sinatra. Das war's auch schon. Sonst gab es überhaupt nichts. In Ermangelung von etwas Besserem mußte *Strangers in the night* den ganzen Nachmittags als Ersatz für Prokofjew und Mussorgski herhalten.

Die Sitzung am nächsten Tag lief noch dramatischer ab. Der Meister hatte mich gebeten, ein Kleid mit einem größeren Ausschnitt anzuziehen; ich wählte deshalb einen gerade angelieferten weißen Traum aus Organdy, mit grünen Blumen bestickt, von Nina Ricci. Ich sitze in einem Lehnsessel, und er kommt immer näher zu mir heran. Er besteht darauf, daß ich noch etwas mehr von meinen Reizen zeige, kommt näher, immer näher... Ich versuche angestrengt mich von ihm loszumachen; zwei Volants bleiben dabei auf der Strecke.

Der allzu draufgängerische Slawe vollendete sein Werk aus dem Gedächtnis. Als ich eines Abends die Leinwand mit nach Armainvilliers nehmen wollte, rutschte ich in einer Pfütze aus. Das Bild erhielt dadurch einen herrlichen Schnurrbart, der ihm bis heute geblieben ist.

Ich erinnere mich an ein anderes Porträt, das Salvador Dali begonnen hatte. Kaum war ich in ihre Suite im Hotel Meurice eingetreten, als der Künstler und seine Frau Gala (sie war bei jeder Sitzung dabei) mich mit seltsamen Fragen löcherten: Welche Aktien sollte man am besten kaufen, wo sollte man sein Geld anlegen? Sollte man in Gold oder in Edelsteinen, in Öl oder bei General Motors investieren? Sie wollten mir nicht glauben, daß dies meine geringsten

Sorgen waren. Wie konnte es angehen, daß die Frau eines Bankiers solch wichtige Fragen ignorierte? Gala, die sich musterhaft um die Geschäfte ihres lieben Salvador kümmerte, war entrüstet: »Nadine, vergessen Sie nie, daß Liebe für eine Frau heißt, sich in erster Linie mit ihrem Mann zu identifizieren!«
Ich weigerte mich, zu einem Börsenmakler zu werden, was zur Folge hatte, daß der große Meister mein Porträt nie zu Ende gebracht hat.
Mit einem weiteren erwähnenswerten Geschenk haben wir unseren Freund, den Prinzen Jean Caracciolo, an seinem vierzigsten Geburtstag überrascht. Als der Nachtisch serviert wurde, kam ein Chauffeur und flüsterte ihm zu: »Der Wagen Eurer Durchlaucht ist vorgefahren.« Ein herrlicher, alter schwarzer Rolls Royce mit einer großen roten Schleife – ein Traum für ihn als Liebhaber alter Autos – erwartete ihn vor unserer Tür. Wir hatten dem damaligen Staatspräsidenten Georges Pompidou, einem engen Freund Jeans, von dem bevorstehenden Ereignis erzählt, worauf er sich ans Fenster setzte, um das verdutzte Gesicht des frischgebackenen Vierzigers sehen zu können.
Im Mai 1968 erschien Roland d'Andlau seelenruhig bei mir in der Rue de l'Élysée; im Arm trug er meinen ersten Karabiner. Er hatte damit die Polizeisperre passiert, war an quergestellten Streifenwagen vorbeigegangen – alles unter den Augen der auf den Dächern und Balkons stehenden Wachpolizisten. Niemand hatte ihn bemerkt! Fazit: Ein würdig dreinschauender Herr kann selbst den wachsamsten Polizeibeamten hinters Licht führen.

Georges Pompidou hielt sich zuweilen am Fenster stehend auf. Da wir genau gegenüber wohnten, stellte ich mich oft an mein Fenster, und wir winkten einander freundschaftlich zu. Wie oft habe ich unsere Staatspräsidenten im Garten des Élysée spazierengehen sehen. Lange Jahre war es de Gaulle, Poher nur kurze Zeit; Pompidou, Giscard d'Estaing und Mitterand gingen stets in Begleitung ihrer Hunde. Alle nahmen sie den gleichen Weg; alle liefen sie die Allee in der gleichen Richtung hinunter, so als könne die Staatskarosse, gleichviel von wem sie gerade gelenkt wurde, immer nur einem Weg folgen.
Mit den Großen dieser Welt in Berührung zu kommen, hat mich noch nie eingeschüchtert. Fünf Nobelpreisträger auf einmal zu bewirten, erschien mir jedoch sehr viel verlangt. Ich fragte mich etwas ratlos, was ich denn um Himmelswillen diesen klugen Köpfen erzählen sollte. Nach dem Mokka – man hatte ihnen, ich erinnere mich noch, Champagner, Weißwein aus der Gironde und Gänseleberpastete serviert – schenkte mir der japanische Nobelpreisträger seinen Fächer aus Ebenholz und Lack, und der aus Lateinamerika brachte mir bei, wie man einen argentinischen Tango tanzt. Der unwiderstehliche Nobelpreisträger aus Frankreich machte, wie hätte es anders sein können, den hübschesten Vertreterinnen unserer Naturwissenschaftlichen Stiftung den Hof...
Welch ein Luxus, große Berühmtheiten aus nächster Nähe zu erleben, Künstler wie Arthur Rubinstein, Isaac Stern, Daniel Barenboïm oder auch Maria Callas kennenzulernen, der wir zum ersten Mal bei Pierre Sciclounoff begegneten. Die Küche dieses feinsinnigen Gastronomen, Mitglied des

»Club der Hundert« gehört zu den bekanntesten Küchen Genfs. Ein grandioses Menü wurde uns dort geboten: Frische Trüffeln, mit spanischen Artischocken und Rindermark umlegte Lammkeule und zum Abschluß Erdbeersoufflé mit Himbeersauce. Maria Callas brach bei jedem Gang in Bewunderungsrufe aus, saß aber dann während des ganzen Abendessens vor ihrem Teller, ohne einen Bissen zu probieren. Als wir vom Tisch aufstanden, faßte sie mich am Arm und sagte (indem sie den Kopf von rechts nach links bewegte, so als würde sie einen Gang des Menüs ablehnen): »Um nie zuzunehmen, ist das immer noch die beste Methode.« Onassis sah ich immer mit Schrecken in den Nachtclubs auftauchen, die ich mit Edmond besuchte. Zwischen diesen beiden Seebären nahmen die begeisterten Gespräche über die Vorzüge ihrer jeweiligen Boote gar kein Ende mehr; ihre Seeschlacht konnte sich bis sieben Uhr morgens hinziehen. Ich ließ sie dann heimlich allein und kehrte in meinen Hafen zurück, um endlich wieder einmal früher als gewöhnlich ins Bett zu kommen.

Aus der Reihe der nicht mehr unter uns Weilenden habe ich eine besonders schöne Erinnerung an den Schriftsteller Albert Cohen, meinen Genfer Nachbarn, bewahrt. Er trug mir Gedichte vor, drückte mich an sein Herz und stieß – unter dem verständnisvollen Lächeln seiner Frau – ungestüm hervor: »Nadine, ich liebe dich!« Er behauptete, ich sei für ihn die Verkörperung der Ariane aus *Die Schöne des Herrn*. Am Beckenrand des Schwimmbads im »Club Foch« plauderte ich gern mit Fürstin Gracia von Monaco. Wir sprachen über die Technik der Organisation und tauschten gute Adressen aus. Romy Schneider kannte ich nur wäh-

rend der letzten fünf Jahre ihres Lebens. Sie brachte mir eine Zuneigung und ein Vertrauen entgegen, das mich rührte. Manchmal rief sie mich zu allen möglichen Zeiten tagsüber oder auch nachts an. Sie erzählte mir ihr Privatleben. Trotz ihres außergewöhnlichen Erfolges war sie eine zarte, rastlose, verwundbare Frau geblieben.
Die Begegnung mit Stars hinterläßt nicht unbedingt nur melancholische Erinnerungen. In New York hatte uns der Paramount-Präsident Charlie Bluhdorn zum Abendessen eingeladen. Ich saß am Tisch von Barbara Streisand. Wir machten uns miteinander bekannt. Kurz darauf fragte sie mich so nebenbei, ohne mir nur einen Blick zu schenken: »What's your name?« Voll guten Willens nannte ich ihr noch einmal meinen Namen. Als Yves Montand zu uns stieß, hörte ich zu meinem Erstaunen die schicksalhafte Frage zum dritten Mal: »What's your name?« Da ich ihr meinen Tischnachbarn vorstellen mußte, drehte ich mich zu ihr um und sagte: »Madame, hätten Sie die Freundlichkeit, mir Ihren Namen ins Gedächtnis zu rufen?« Sie nannte ihn, doch wenn Blicke töten könnten...
Die Begegnungen mit Ira von Fürstenberg, Ex-Prinzessin von Hohenlohe, die sich in regelmäßigen Abständen beim Film – und nicht immer im besten Genre – versucht hat, sind trotz unserer guten Freundschaft stets von grimmigem Humor geprägt. ... Eines Tages sagte sie zu mir:
»Ich finde, du hast eine sagenhafte Karriere gemacht, wenn man bedenkt, wie tief unten du angefangen hast!«
»Klar, liebe Ira«, habe ich ihr mit herzhaftem Lachen geantwortet, »du mußt es ja wissen, denn schließlich wirst du dort unten enden, wo ich angefangen habe!«

Wenn es die Etikette verlangt, kann ich auch untadeliges Verhalten an den Tag legen. Vor gar nicht langer Zeit – es war anläßlich eines Essens bei Jack und Drew Heinz auf ihrem Landsitz in der Gegend von London – saß ich zur Linken des Hausherrn. Während ich ein besonders höfliches auf englisch geführtes Gespräch mit der Dame zu seiner Rechten verfolgte, mußte ich mich zwingen, nicht laut herauszulachen: Was machte ich, die einstige »Bohnenstange«, denn in Gesellschaft der Königin von England?

Seltsam. Mein Kopf beginnt sich zu drehen. Bis zu meiner Eheschließung war alles übersichtlich, geradlinig verlaufen: Jedes Jahr brachte einen Fortschritt, ich kam weiter. Nach Saint-Quentin kam Puteaux, nach der Porte Champerret die Fabrik, in der ich Überzüge nähte, dann der Wolladen, das Vervielfältigungsbüro, meine Sitzungen als Modell, meine ersten Auftritte in Musik-Revuen, meine Filme. Ebenso viele Orte wie Tätigkeiten, ebensoviele Lieben wie Freundschaften, alles Anhaltspunkte!
Und dann kam die Begegnung mit Edmond, unsere Hochzeit, Benjamins Geburt. Schlüsseldaten sozusagen. Dann plötzlich... ein Durcheinander! Zu vieles war zu erledigen, zu entdecken, neue Heime, neue Freunde, neue Aufgaben, neue Freuden. Die Erinnerungen überschlagen sich, sie überrollen mich; es ist unmöglich, eine Reihenfolge herzu-

stellen, vielleicht, weil sie weniger Teil der Vergangenheit als meines heutigen Lebens sind. Einzige Stütze: Das Heranwachsen Benjamins, wie es die Fotos zeigen; Benjamin als pausbäckiges Baby mit Violette auf einer Decke vor dem Schwimmbecken in Mandegris; Benjamin in Armainvilliers auf seinem Dreirad oder mit glänzenden Augen vor dem erleuchteten Weihnachtsbaum; Benjamin in Österreich, wo er das Geweih eines Hirsches hält, den sein Vater erlegt hat; Benjamin als Student in den USA. Nur an den Kindern läßt sich die Zeit messen.
An Kindern und wichtigen Ereignissen, in die wir verwikkelt sind. Ein Wendepunkt in meinem Leben war der Sechs-Tage-Krieg 1967, durch den der Staat Israel sein Existenzrecht wieder geltend machen mußte.
In der Hoffnung, sein Ansehen bei den arabischen Massen wieder zurückzugewinnen, hatte Nasser im Frühjahr eine umfangreiche Einschüchterungskampagne gegen Israel eingeleitet. Am 23. Mai verlangte er den Abzug der Truppen der Vereinten Nationen, die seit der Suez-Krise in Ägypten stationiert waren. Er ließ den Gaza-Streifen am Mittelmeer sowie Scharm el-Scheich am äußersten Ende des Sinai wieder besetzen. Damit schloß er die Meerenge von Tiran, durch die das Öl aus dem Persischen Golf floß. Israel drohte zu ersticken, da ihm die Wege nach Süden abgeschnitten waren.
Diese Ereignisse waren besorgniserregend; die französische jüdische Gemeinschaft war in Aufregung. Den ganzen Monat Mai über bemühten sich Edmond und seine Freunde, ihren internationalen Einfluß geltend zu machen, um den Konflikt zu entschärfen. Sie brachten gemeinsam

Gelder auf, um die Kriegsbemühungen der Israelis zu unterstützen. Unter der Leitung von Alain de Rothschild, Präsident des Konsistoriums, sollte sich eine französische Abordnung mit Vertretern zionistischer Organisationen sowie Edmond und fünf Parlamentariern nach Israel begeben; fünf andere Parlamentarier sollten nach Ägypten reisen.

Am Montag, dem 5. Juni – Edmond war kurz vor dem Aufbruch zum Flughafen Roissy – drehte ich das Radio an: Krieg war ausgebrochen. Israel hatte seine Truppen nach Ägypten, Jordanien und Syrien geschickt. Die ägyptischen Streitkräfte bewegten sich in Richtung Israel, ihre Luftwaffe war im Anflug.

Die Reise war nun in den Augen der meisten daran Beteiligten gegenstandslos geworden. Edmond und Alain aber beschlossen, dennoch zu fliegen, nicht etwa aus Prahlerei, sondern weil sie glaubten, die Anwesenheit einiger Persönlichkeiten aus der Diaspora könne symbolischen Nutzen haben und für das Land eine moralische Stärke bedeuten. Drei Stunden nach der Kriegserklärung flogen die beiden Vettern ab. Ich schmuggelte eine Flasche Whisky in den Koffer meines Mannes, vielleicht würde er sie nötig haben. Wegen der Kriegsgeschehnisse wurden sie vierundzwanzig Stunden in Athen festgehalten, (Edmond nannte es später: »Mein Krieg im Hilton Hotel«), bevor sie die Erlaubnis bekamen, am späten Dienstagabend nach Tel Aviv weiterzufliegen. Der Whisky gab ihnen etwas Mut; keiner von ihnen wußte damals, daß die israelischen Kampfflugzeuge am Vorabend innerhalb weniger Stunden die ägyptische Luftwaffe zerstört hatten.

Am nächsten Tag rief mich Edmond sehr bewegt an: »Nadine, bitte komm'; ich möchte, daß du jetzt bei mir bist.« Er hatte die Männer auf dem Weg zur Front gesehen. Die Frauen chauffierten die Autobusse, regelten den Verkehr und sorgten dafür, daß der örtliche Müll abgeholt wurde. Er hatte gesehen, wie Kinder die Post verteilten. Jeder, ob groß und klein, war damit beschäftigt, Sand in Säcke zu füllen, die im Fall eines Angriffs die Häuser schützen sollten. In Jerusalem war Edmond nach den Fallschirmspringern einer der ersten, der sich zur Klagemauer begab, zusammen mit David Ben Gurion und dem Oberrabbiner der Armee, der – zum Zeichen seiner Freude – an diesem Ort die »Schofar«* ertönen ließ, die seit zweitausend Jahren hier nicht mehr gehört wurde. Im Sitz der israelischen Regierung in Tel Aviv, wo mein Mann das gesammelte Geld überreichte, kamen alle Angestellten aus ihren Büros und klatschten ihm weinend Beifall.

»Ich möchte, daß du jetzt bei mir bist«, hatte Edmond zu mir gesagt. Ich beschloß den Oberrabbiner Kaplan mitzunehmen. Ich wußte, daß er noch nie in Israel gewesen war; mehr als jeder andere gehörte er in diesen Tagen dorthin. Er nahm mein Angebot sofort an. Später verriet er mir, daß diese Reise für sein weiteres Leben ausschlaggebend war. Ich flog über Amsterdam. Im selben Flugzeug saßen eine Reihe junger Israelis, Touristen und Studenten, die in Europa von der Nachricht des Krieges überrascht worden waren; so schnell wie möglich wollten sie in ihre Heimat

---

* Widderhorn, das an das Widderopfer von Isaak erinnert.

zurückkehren, um zu kämpfen. Man konnte sich nicht vorstellen, daß binnen einer Woche überall Freude herrschen würde.

Als wir zur Landung auf dem ins Dunkel getauchten Flughafen von Tel Aviv ansetzten, stimmten die jungen Leute »Friede sei mit Dir« an.

Es war der vierte Kriegstag: auf dem Flughafen herrschte eine unbeschreibliche Atmosphäre; man hätte die Luft mit dem Messer schneiden können, so schwül war es, und doch ließ ein Lächeln auf einem Gesicht, ein angeregtes Gespräch, erahnen, daß das Schlimmste bereits überstanden war.

Edmond hatte mich nicht abholen können. Es gelang mir, ein Taxi zu bekommen, das mich ins Hilton Hotel Tel Aviv brachte, der einzige Ort, wo ich ihn mit etwas Glück finden würde. Das Hotel war völlig verwaist; es gab keine Gepäckträger mehr, keine Pagen an der Eingangstür; alle Angestellten waren an der Front und die Kunden hatten die Flucht ergriffen. Ich erfuhr, daß der Sieg sich bereits überall abzeichnete. Die israelische Armee kontrollierte erneut die Sinaihalbinsel bis zum Suezkanal und garantierte damit wieder die Öffnung der Meerenge von Tiran, sie hatte den Gaza-Streifen, ganz West-Jordanien, die Golan-Höhen und den arabischen Teil Jerusalems besetzt.

Am sechsten Kriegstag begaben wir uns in die Stadt Davids. Jene Stadtteile, die gestern noch unter jordanischer Herrschaft gestanden hatten, waren nun von den Israelis eingenommen; im ganzen Gebiet lagerten aber noch Heckenschützen. Unsere kleine Gruppe, Edmond und ich, der Oberrabbiner Kaplan, der Bürgermeister von Jerusalem,

Teddy Kollek, und der Archäologe Elie Mazar ging zum Fuß des Tempelbergs, des Moria-Bergs, der laut Bibel die Stelle darstellt, wo sich das Opfer Isaaks abspielte.

Dort erwartete uns ein ungewöhnliches Schauspiel: orthodoxe Juden aus dem Stadtteil von Mea Sharim eilten zu Hunderten herbei. Sie trugen ihre traditionelle Kleidung, die unterhalb des Knies gebundenen Hosen, ihre langen Gehröcke, und ihre »Peies« schauten unter ihrer »Schtreimel«* hervor. Schwarze Schatten, die aus den Tiefen der Geschichte aufstiegen, um diesen heiligen jüdischen Ort, die Klagemauer, an der zu beten ihnen so lange Zeit verboten war, zu erreichen. Dazu brauchte man damals im Gegensatz zu heute nicht nur eine große Terrasse zu überqueren: man hatte kleine Häuser zu passieren, die sich dicht aneinanderschmiegten – hier konnten sich Widerstandskämpfer bis zuletzt versteckt halten.

Die israelischen Soldaten waren sich der Gefahr bewußt und versuchten, die Bewohner zu evakuieren. Teddy Kollek war bemüht, sie mit Hilfe eines Megaphons von ihrem Vorhaben abzubringen. Aber die Männer mit den »Peies« wollten davon nichts wissen; sie wirkten wie besessen, sie hatten vielleicht den »Amok«, wie man dort unten sagt.

Ich fühlte mich an die Stimmung zum Zeitpunkt der Befreiung von Paris erinnert. Die wunderbare Freude über den Sieg konnte auch damals plötzlich dadurch getrübt werden, daß jemand mit einer tödlichen Schußverletzung zu Boden sinkt, ein völlig nutzloses Opfer. Auf der Rück-

---

* Umhang und Mütze aus Fuchsschwanz, die die orthodoxen Juden tragen, die aus Mitteleuropa stammen.

fahrt begegneten uns verwundete Soldaten; wir fuhren an verlassenen Fahrzeugen vorbei: Wir hatten diesen Krieg nicht geträumt.
Freude, Freudentränen, Tollkühnheit. Aus der ganzen Welt reisten Juden mit Charterflugzeugen in das befreite Jerusalem. Zwei Tage später überflogen wir in einer kleinen Maschine die Sinai-Halbinsel. Von Scharm el-Scheich brachte uns ein Torpedoboot zur Meerenge von Tiran. Wieder an Land jagten wir im Jeep durch die Wüste zum Sankt Katherinen Kloster, das in mehr als 2000 m Höhe auf dem Berg Moses liegt.
Diese Tage des Jahres 1967 werden tief in meiner Erinnerung verwurzelt bleiben. Sie haben meine Zugehörigkeit zu einer religiösen Gemeinschaft besiegelt. Wie seltsam, denn vor meiner Heirat war mir nichts wichtiger als die Bewahrung meines Individualismus: Jeder war für sich verantwortlich, und dem, der nicht den gleichen Rhythmus hatte wie ich, konnte ich auch nicht helfen. In Israel war das anders, dort nahm ich mich der jüdischen Sache an, selbst in ihren übertriebenen Formen. Dafür wurden mir Augenblicke wahren Glücks beschert.

Nach meiner Rückkehr nach Frankreich versuchte ich, mich nützlich zu machen; ich sammelte Geld für Israel. Tief bewegt über den Mut dieses Volkes – besonders seiner Männer –, stolz über die heldenhafte Leistung, die dieser Blitzkrieg darstellte, fühlten sich die Juden in aller Welt mobilisiert. Junge Leute stellten ihre Arbeitskraft den Kibbuzim zur Verfügung, um der Wirtschaft des Landes

wieder auf die Beine zu helfen; die älteren spendeten manchmal zwei Monatsgehälter, ohne an ihre eigene unmittelbare Zukunft zu denken. In Frankreich brachten wir in den Wochen nach dem Sechs-Tage-Krieg ganze fünfzig Millionen Neue Französische Francs zusammen.
Um an großzügige Spender heranzukommen, griff ich zum Telefon und machte mich selbst an die Arbeit; warum nicht von meinem Namen profitieren, gab es doch keine zugkräftigere Visitenkarte! Wer hätte gedacht, daß ich erst eine Rothschild werden mußte, um Geld zu sammeln. Es war keineswegs peinlich; ich vertrat ja eine gute Sache.
Einige Jahre später, nach dem Jom-Kippur-Krieg, übernahm ich auf Bitten von Elie de Rothschild die gleiche Arbeit noch einmal. Er hatte mir die schwierigen Fälle anvertraut. »Du wirst sehen«, sagte er zu mir, »die Reichsten sind nicht immer die Gebefreudigsten.«
Nach unzähligen und hartnäckigen Telefonaten bekam ich einen Termin bei dem bekannten Kunsthändler Daniel Wildenstein. In der Rue de la Boétie in einem großen, mit goldenen Zierleisten versehenen Büro, das mit schönen Möbeln und herrlichen Bildern ausstaffiert war, traf ich auf einen winzigen Mann.
»Entschuldigen Sie bitte, daß ich so hartnäckig bin, aber das Geld, das wir einsammeln, ist für die Verwundeten und Waisen bestimmt.«
»Kommt gar nicht in Frage«, antwortete er schroff, »es gibt nur eine Sache, für die ich heute Geld spenden würde: Die Wahlniederlage Giscard d'Estaings.«
Ich stand auf.
»Ich werde Sie hinausbegleiten«, meinte er.

»Bleiben Sie ruhig sitzen, Herr Wildenstein, Ihr Diener wird diese Aufgabe besser erfüllen als Sie.«
Das war unsere letzte Begegnung. Angestauter Groll wäre noch zu entschuldigen gewesen, aber soviel Taktlosigkeit...

Die Geschichte meiner Liebe zu Israel reicht zurück bis in das Jahr 1963. Anläßlich unserer ersten Reise nach Tel Aviv gab Edmond einen großen Cocktail auf der Terrasse seiner dortigen Wohnung, um mich seinen Freunden vorzustellen. Unter den Gästen befanden sich David Ben Gurion (seit einigen Monaten war er nicht mehr an der Macht) und seine Frau Paula, eine kleine, rundliche, blitzgescheite Frau, die für ihre Charakterstärke und ihre freimütigen Reden bekannt war.
»So, Sie sind also die neue Frau von Edmond«, sagte sie ganz einfach.
Ich hatte keine Zeit darauf einzugehen, da sie sofort damit begann, die beiden Ehefrauen Edmonds miteinander zu vergleichen.
»Zu komisch, Sie ähneln sich überhaupt nicht, nicht ein bißchen!«
Ich schenkte ihr eine silberne Zigarettendose.
»Wie seltsam«, sagte sie statt eines Dankes, »Sie ähneln Lina überhaupt nicht, aber Sie haben den gleichen Geschmack. Als wir uns das erste Mal gesehen haben, hat sie mir das gleiche Geschenk gemacht wie Sie.«
Auf dieser Reise traf ich auch Golda Meir, den damaligen Ministerpräsidenten Levi Eschkol, Teddy Kollek, ein wahres

Monument an Wissen mit Wiener Charme, ohne den Jerusalem niemals seinen spektakulären Aufschwung erlebt hätte.

Ich lernte Mosche Dajan kennen und begriff, wie stark die Anziehungskraft sein mußte, die er auf die Menschen ausübte; sie hatte ihn mit vierzig Jahren zum Oberbefehlshaber der israelischen Steitkräfte gemacht. Mosche, der größte Verführer, dem ich je begegnet bin, ein Mann, der Frauen, wenn er sie – selbst mit seinem einen Auge nur – ansah, von Kopf bis Fuß auszuziehen schien.

Wir gewannen weitere Freunde hinzu wie Miles und Gitta Sherover. Sie, zart, elegant, in Riga geboren, entstammt einer Familie von Antiquitätenhändlern. Miles, ein geschickter Finanzmann (er finanzierte gemeinsam mit Edmond die Pipeline von Eilat), ist ein Kunstbesessener. Da es in Jerusalem keinen Ort gab, der als Theater bezeichnet werden konnte, beschloß er, eines zu stiften. Man machte ihm klar, daß es viel wichtiger sei, Krankenhäuser und Schulen zu bauen. »Dafür werden Sie andere Gönner finden«, sagte er beharrlich. Miles ist tot, aber sein Theater, eines der schönsten auf der ganzen Welt, steht in Jerusalem.

Weitere ungewöhnliche Persönlichkeiten lernte ich kennen: Moka und Rachel Limon, die wir schon von Paris her kannten, wo Admiral Limon seit 1962 die Interessen des Verteidigungsministeriums seines Landes vertrat. Rachel mit ihrer rauchigen Stimme und ihrer ansteckenden Begeisterungsfähigkeit ist geradezu unwiderstehlich. Moka, dieser liebenswerte Koloß, ist einer der Helden des Jahres 1947, als viele illegal nach Israel einwanderten. Er befehligte damals die *Theodor Herzl*, ein großes, flaches Schiff,

das bis zum Rand mit dreitausend Emigranten, darunter etwa hundert Säuglingen besetzt war. Um auf ihrem Weg voranzukommen, mußten sie das Feuer eröffnen, und als sie im Hafen von Haïfa an Land gehen wollten, in Hungerstreik treten. Der Schriftsteller Leon Uris nahm Teile dieses Epos als Grundlage für die Geschichte des »Exodus«.
1951, im Alter von siebenundzwanzig Jahren, wurde Moka Limon zum Admiral und zum Oberbefehlshaber der israelischen Marine ernannt!

Sie übertreiben gern, sind erregbar, anspruchsvoll und stecken voller Überraschungen; sie schütten Kannen kochenden Wassers über einen aus oder erteilen einem eine kalte Dusche, aber jeder Augenblick, den man mit ihnen verlebt, ist intensiv. Die Israelis haben mir mehr bedeutet und werden mir auch stets mehr bedeuten, als sie sich vorstellen können. Männern und Frauen gegenüber, die bis an die eigenen Grenzen gehen, kann man gar nicht anders, als das Äußerste vom eigenen Selbst zu geben. Sie treten in unser Leben und verlangen von einem, daß man seine tiefsten Gedanken offenbart. Es ist unmöglich, in ihrer Gesellschaft Banalitäten von sich zu geben. Was sie mit einem veranstalten, ist eine regelrechte Psychoanalyse. Israel hat mich endgültig aus mir herausgehen lassen; es hat mich gezwungen, mich so zu akzeptieren, wie ich bin.
Sie haben mich niemals spüren lassen, daß ich nur eine Konvertitin bin. Gitta Sherover drückte das einmal in ihrer unnachahmlichen Offenheit so aus: »Da lob ich mir doch

eher eine gute »Schickse« als eine »Jewish princess«.« Sie liebten Edmond; und sie liebten mich mit all meinen Fehlern und Vorzügen. Wenigstens hier brauchte ich mich nicht wegen meiner spontanen und direkten Art zu entschuldigen. Wäre ich ungläubig gewesen, so hätten sie mich, obgleich ich eine Rothschild bin, sicher nie akzeptiert. Aber kann man überhaupt in Israel den Glauben nicht ernst nehmen? Denn in Jad-va-Schem, der Holocaust-Gedächtnisstätte erinnert man sich teilnahmsvoll der Leiden des jüdischen Volkes. Die Aufnahmen gedemütigter Wesen sind für mich noch schmerzlicher als die Fotos, die Leichenberge zeigen.

Man findet so selten Menschen, die ihr Schicksal in die Hand nehmen. Gut, Gott war von Anfang an da. Trotzdem, ein bißchen behilflich sollte man ihm schon sein. Eine Geisteshaltung, die sich in der folgenden jüdischen Geschichte manifestiert:

Es geschah im Weizmann-Institut, dem sogenannten Heiligtum der Wissenschaft, besonders im Bereich der Atomphysik, wo jeder jüdische Wissenschaftler stolz ist, einige Zeit seines Lebens zugebracht zu haben. Sein damaliger Präsident, der berühmte Professor Sabin, Erfinder des Impfstoffes gegen Kinderlähmung, führte einige Oberrabbiner, die zu Besuch waren, durch die Institutsräume. Er zeigte ihnen alles, auch die Versuchslaboratorien für Biologie, Biophysik, Physik, Chemie und Mathematik.

»So vieles, Herr Oberrabbiner, was Zeugnis ablegt von den außergewöhnlichen Möglichkeiten des menschlichen Geistes.« Sichtlich beeindruckt schüttelte der Oberrabbiner den Kopf. Sabin zeigte ihm das Institut für Landwirtschaft

und ging mit ihm im liebevoll gepflegten Gemüsegarten auf und ab. Er wies ihn auf die bewundernswerte Arbeit hin, die Menschen auf einem nahezu wüstenhaften Boden vollbracht hatten.
Der Oberrabbiner blieb nachdenklich. Dann sagte er: »Lieber Herr Professor, es ist wunderbar, was Sie alles machen, aber glauben Sie nicht auch, daß Gott bei alledem auch seinen Platz hat?«
»Zweifellos, Herr Oberrabbiner, aber wenn Sie diese Erde gesehen hätten, als sie nur Gott allein gehörte...«

Das Motorengeräusch zeigte mir an, daß das Flugzeug zur Landung ansetzte; ich brauchte gar nicht aus dem Fenster zu schauen. Kaum hatte die Maschine auf der Landebahn aufgesetzt, brach der traditionelle Beifallsturm los, Zeichen der Freude über die Rückkehr nach Israel.
Auf der Straße vom Flughafen rast der Wagen zwischen Oleanderhecken dahin, die wie besonders schöne Willkommenssträuße auf die Neuankömmlinge wirken. Auf den Feldern sieht man die Wassersprenger. Die Obstbäume stehen dicht nebeneinander. Es kommt einem Wunder gleich, daß in einem ehemals so kargen Land so viel Grün wächst. Wir fahren westlich an Tel Aviv vorbei. Ah! Das Mittelmeer. Wieder schimpfe ich über die Autowracks und die Abfallhaufen, die die Straße »verzieren«. Wann wird endlich der Tag kommen, an dem jeder seinen Papierabfall

und seine Konservenbüchsen aufhebt? Es ist doch immer das gleiche: Jedesmal, wenn ich nach Israel zurückkehre, freue ich mich über den Fortschritt, den das Kind gemacht hat, trotzdem kann ich nicht umhin, darüber zu schimpfen, daß es schmutzige Nägel hat und sich immer noch nicht zu kämmen weiß...
Wir kommen ans Meer und werden bald die mit Mimosen bepflanzten Dünen sehen. Der Abend bricht herein; ich öffne das Fenster, atme tief durch. Der Duft von Orangenbäumen liegt in der Luft. Alles hat Teil an dieser Feststimmung, sogar das Elektrizitätswerk, das man am Ufer des Wassers errichtet hat. Sein Anblick betrübt mich tagsüber zwar, doch nachts sieht es aus wie ein Weihnachtsbaum. Wir haben Caesarea erreicht.
Seit 1924 hatte Edmonds Großvater ausgedehnte Küstenlandstriche in dieser Gegend von den Türken zurückgekauft. Die »Stiftung Caesarea«, die mein Mann leitet, umfaßt heute etwa 3000 Hektar. Hier ließen wir unser Haus bauen; ein niedriges Gebäude aus groben Steinen, weiß verputzt, ganz einfach, ohne Wohnzimmerflucht, nur mit einigen Zimmern für uns und unsere Freunde, die auf der Durchreise sind. Ein Haus, ins Grüne gebaut, umgeben von Palmen und Zitronenbäumen, Feigen und Jasmin, Bougainvillea und Oliven, ein Überfluß an Düften, der um so kostbarer ist, als sich gleich daneben, hinter einer kleinen Steinmauer natürliche Vegetation breitmacht: ein Hain von Krüppelfichten, der sich bis zum Meer hinzieht.
Frühmorgendliche Freuden: es ist gerade sieben Uhr, und schon leistet mir die Sonne Gesellschaft; ich stecke kurz die

Nase ins Schwimmbecken. Nichts ist besser, um vor dem Frühstück wach zu werden. Auf der Terrasse nehme ich dann schwarzen Kaffee, Frischkäse, Sahnehering, Gurken, Oliven, Marmeladen und Honig aus dem benachbarten Kibbuz zu mir. Wenn sich die Natur nach einem langen Sonnentag zur Ruhe begibt und die Sprenganlage im Garten dem Rasen neues Grün schenkt, nehme ich mein geliebtes abendliches Bad. Das ist der Moment, in dem ich zum Strand hinuntergehe; die anderen kehren dann gerade nach Hause zurück. Es ist schon recht frisch. Ich schwimme ausgiebig im lauwarmen Wasser des Mittelmeeres. Dabei trage ich meine perfekte kleine Taucherausrüstung, Schwimmflossen, Taucherbrille und Schnorchel. Oder ich schwimme auf dem Rücken und beobachte den Sonnenuntergang, der die Mauern des alten Hafens in rosa-goldenes Licht taucht, sowie die alte Zitadelle, die von den Kreuzfahrern im 13. Jahrhundert errichtet wurde und die wir einen Moment in unser Heim zu verwandeln gedachten.

Auf dem Meer schaukeln die Fischerboote an der gleichen Stelle wie vor achthundert Jahren die großen Schiffe der »Soldatenmönche«. Um die Araber aus Caesarea zu vertreiben, gingen sie äußerst rücksichtslos vor. Es gab ein Blutbad und Plünderungen. Bei der Beute, die man den Ungläubigen entrissen hatte, befand sich auch ein mit Diamanten verziertes Gefäß, das Jesus beim Abendmahl benutzt haben soll und das in der keltischen Sage der heilige Gral genannt wird. In der Kathedrale von Genua kann man heute dieses herrliche Stück bewundern. Der italienische Admiral, der die für das Unternehmen notwendigen Schiffe zur Verfügung stellte, hatte ihn als Entlohnung für die erlittenen Entbehrungen erhalten.

Nach diesem Besitzerwechsel entstand auf den Ruinen der alten Ansiedlung eine neue Stadt. Sie sollte sich sehr von der großen Hafenstadt unterscheiden, die Herodes, der König von Judäa, vor unserer Zeitrechnung erbauen ließ, als er im Sold der Römer stand. Zwölf Jahre dauerten die Arbeiten. Prachtbauten entstanden, darunter ein riesiges Amphitheater und ein niemals fertiggestelltes Hippodrom, das für 20 000 Zuschauer vorgesehen war. Diese großartige Stadt wurde zu Ehren des Kaisers Caesar Augustus Caesarea genannt.

Als Sitz der Prokuratoren, die die römische Verwaltung repräsentierten (in den dreißiger Jahren n. Chr. war ein gewisser Pontius Pilatus darunter) entwickelte sich die kleine Hafenstadt rasch zur Hauptstadt, aber auch zum Unruheherd. Zwei Jahre lang wurde Paulus dort im Kerker gefangengehalten, bevor er in Rom vor ein Gericht gestellt wurde. Ein Jahrhundert später wurde Rabbi Akiba, dem geistigen Führer der gegen die römischen Besatzer gerichteten hebräischen Revolte, bei lebendigem Leib die Haut abgezogen.

Nachdem der Frieden wieder eingekehrt war, wurde Caesarea zu einem der großen geistigen Zentren des Orients und beherbergte während der byzantinischen Herrschaft eine der schönsten Bibliotheken der Welt.

Größe und Niedergang. Nach dem Abzug der Kreuzfahrer im 13. Jahrhundert zerstörte der Wüstensand die Stadt, die Sehenswürdigkeiten verfielen; Wellen und Wind taten ihr übriges. Die Menschen hatten dieses Zerstörungswerk

vorweggenommen, indem sie die Marmorböden und die Porphyr-Säulen für den Bau neuer Paläste zu Ehren der ottomanischen Fürsten entfernt hatten.
Als er das Land zurückkaufte, hatte der »General Wohltäter« einen ungewöhnlichen Plan im Sinn: Er wollte Caesarea dem Nichts entreißen, in das es die vorangegangenen Jahrhunderte gestürzt hatten. Aber der Tod, dieser ungezogene Bursche, holte den Baron Edmond viel zu früh zu sich. Was hatte er sich mit seinen neunundachtzig Jahren noch alles vorgenommen! Jahre später würde sein Enkel Edmond beschließen, den Traum seines Großvaters zu Ende zu bringen.
Er unterstützt zum Beispiel die Ausgrabungsarbeiten. Unter anderem legte man die Überreste der römischen Stadt frei und das große Amphitheater. Man fand einen Stein mit der Inschrift »Pontius Pilatus« sowie seiner Berufsbezeichnung »Statthalter von Judäa«. Ein historisches Zeugnis ersten Ranges, da es die Existenz dieser Figur belegt, die man bislang nur aufgrund der jüdischen Überlieferung von Flavius Josephus und durch die Evangelisten kannte. Heute befindet sich dieser Stein im Rockefeller-Museum von Jerusalem.
Edmond hat den Auftrag seines Großvaters, Caesarea zu fördern, nicht vergesssen. Ein Golfplatz mit 18 Löchern ist schon entstanden – welcher Luxus! – außerdem ein Wohnviertel und ein Industriegebiet. Dank einer 1962 ins Leben gerufenen Stiftung konnte die tote Stadt Caesarea zu neuem Leben erweckt werden. Ein seltsames Gefühl, den Fußspuren von Herodes und Ludwig dem Heiligen zu folgen.

Petach Tikwa, Rischon Lezion, Rechobot, Ness Ziona, Rosch Pina – zu Beginn dieses Jahrhunderts gab es dies und andere Orte auf der Landkarte noch nicht. Ohne Mithilfe von Edmond dem Älteren hätten Plätze wie Zichron Ja'akob, der »zum Gedenken an Jakob« und »zur Ehre seines Vaters James« so hieß, sich nicht entwickeln können. Dort wurde zum ersten Mal der Versuch unternommen, Rebsorten aus Frankreich, vor allem aus dem berühmten Familienweingut Château-Lafite, anzubauen. Die Ernten sind ordentlich, und die Keller unterstehen den traditionsgemäß im Bordelais ausgebildeten Kellermeistern.

Für den prunkliebenden Baron Edmond war es nicht damit getan, seine eigene Verwaltung nach Palästina zu verlegen, sondern er wollte sie auch selber beaufsichtigen. Zwischen 1887 und 1899 unternahm er drei Reisen in Begleitung seiner Frau Adélaïde. Auf ihre riesige Jacht Athma, ein schwimmender Palast, der durch einen Dampfdruckkessel vorangetrieben wurde, luden sie Administratoren und Pioniere ein.

In Frankreich stieß er auf skeptische Meinungen: Man sagte ihm voraus, er würde auf Sand bauen, auf den Felsen von Palästina würde niemals etwas wachsen. Er aber hielt an seinem Traum fest und fuhr fort, die Einbürgerung der Juden, die Rückkehr in das Land ihrer Väter, zu fördern. Er ließ nicht davon ab, die bereits installierten Pioniere finanziell zu unterstützen mit der festen Absicht, schnell dafür zu sorgen, daß sie selbständig wurden. Er bestand darauf, Kolonien an strategisch wichtigen Punkten in Judäa, Galiläa und in Samarien zu gründen.

...dlich allein in Ischgl

Schloß Pregny am Ufer des Genfer Sees (Foto: C. Bergholz)

Wer von beiden beschützt wen?

Mein vierzigster Geburtstag

...enn Edmond sich für Sinatra hält...

Schloß Armainvilliers

linke Seite: Mein erlegter Hirsch ...und mein berühmter Elefant

Edmonds Leopard

Jagdszene auf Armainvilliers

...ei einer Rede in Genf

...lgende Seite: Im Museum von Jerusalem: Der Salon Louis XV, eine Schenkung Edmonds

...ike Seite oben: Die Sieger der Mittelmeer-Meisterschaft

...ike Seite unten: Mit Gilbert Trigano

Mit Bruno Kreisky, Shermine de Gramont und Karl Kahane

Großes Familienbild

Er war ein vorausschauender Mann. Dachte er vielleicht bereits an die Gründung eines jüdischen Staates? Wahrscheinlich nicht.

Die ersten Kontakte mit Theodor Herzl, einem jungen, gutaussehenden österreichischen Journalisten, der Korrespondent in Paris war und in Basel den ersten »Zionistischen Weltkongreß« zusammenrief, waren ziemlich erfolglos verlaufen. Edmond de Rothschild war über den Enthusiasmus Herzls äußerst besorgt und befürchtete, daß die Idee eines israelischen Staates die bis dahin positiv eingestellten Türken verärgern könnte. Außerdem würde es schwierig sein, bei einer Massenimmigration die Kontrolle zu behalten.

Nach seinem frühen Tod 1904 wurde Chaim Weizmann, ein Chemiker russischen Ursprungs, der 1948 erster Präsident des Israelischen Staates werden sollte, an die Spitze der Zionistischen Bewegung berufen. Mit ihm verbesserten sich die Beziehungen zu Baron Edmond. 1914 beschloß dieser, erneut eine Reise nach Israel zu unternehmen: fünfzehn Jahre schon hatte er »seine« Kolonien nicht wiedergesehen.

Bei seiner Rückkehr war er endgültig von der Richtigkeit der zionistischen Idee überzeugt. Der Patriarch mit dem weißen Bart ging auch dieses Mal in Jaffa an Land. Er wurde wie ein Fürst empfangen, der in sein Land heimkehrt, überall rief er Begeisterungsstürme hervor, die den fast siebzigjährigen alten Herrn zu Tränen rührten. Die phantastischen Fortschritte, die er feststellen konnte, bewegten ihn zusätzlich: »Tel Aviv ist eine richtige Stadt geworden und die vom Wind geplagten miserablen Siedlungen haben sich in traumhafte Gärten verwandelt.«* Das Wunder, auf das er so gewartet hatte, war geschehen. Baron Edmond konnte sein Lebenswerk in Augenschein nehmen.

Nach Palästina kehrte er danach nicht wieder zurück. Er sagte, er fühle sich zu alt dazu und zu müde. Vielleicht wollte er dieses kleine Stückchen Paradies, das ihm zu sehen vergönnt war, in seinem Herzen so in Erinnerung behalten, bevor in Europa die ersten Schüsse des Zweiten Weltkriegs fielen. 1934 starb er in Frankreich in seinem Schloß in Boulogne. An diesem Tag tobte ein Sturm, der zugleich mit dem letzten Atemzug seines Herrn fast das Haus mit sich genommen hätte.

Ihrem Wunsch entsprechend wurden die sterblichen Überreste von Baron Edmond und seiner Frau am 5. April 1954 nach Israel gebracht und in Haïfa mit militärischen Ehren empfangen. In Anwesenheit des Staatsoberhauptes M. Ben Zvi und von David Ben Gurion wurden die beiden, von sechs Soldaten getragenen Särge, zur Gedenkstätte »Ramat Hanadiv«, »Hügel des Wohltäters«, in der Nähe von Caesarea gebracht. Bevor sich die Gruft für immer schloß, streute man über Baron Edmond etwas Erde aus seinen ehemaligen Siedlungen.

Ramat Hanadiv, welch ein beeindruckender Ort siebzig Kilometer nördlich von Tel Aviv. Um ihn zu erreichen muß man ödes Land durchqueren. Nach einer Wegbiegung hat man den mit Oliven bewachsenen Hügel vor sich. Hinter

---

* Cowles, *The Rothschilds: a Family of Fortune*, op. cit.

einem Gitter mit dem Wappen der Rothschilds (eine Hand mit fünf Pfeilen, die die Einigkeit der fünf Brüder aus Frankfurt symbolisieren) entdeckt man eine Fülle von Rosen, Ringelröschen, Geranien und unzählige anderer bunter Blumen, deren Namen ich nicht kenne, die ich aber am Duft wiedererkennen würde. Sie wachsen unter den rundlichen Kiefern. Die Kühle dieses Ortes tut gut während der heißen Sommermonate. Ich gehe auf der gepflasterten Allee; um meine Schultern habe ich zum Zeichen des Respekts einen leichten Schal gelegt. Durch einen mit großen Kakteen gesäumten Weg – ihre Stämme erinnern mich immer an Elefantenpfade – sehe ich das ganze umliegende Land, rechts das mit Wald überzogene Karmelgebirge, links das Meer und den Scharon, (die Küstenebene). Früher war sie ein Sumpf- und Malariagebiet, heute einer der Hauptlieferanten für Obst und Wein in Israel. Ich bin am Ziel meines Spazierganges angekommen. Ich steige einige Stufen hinab und durchschreite einen blühenden Patio. Dann gehe ich einen Steinweg entlang, der langsam unter den Hügel führt. In dem gewölbten Raum befindet sich ein mächtiger Marmorsarg. Gleichzeitig mit mir hat eine Familie die Krypta betreten. Sicher sind es Israelis, einfache Leute; vielleicht kommen sie aus einem Kibbuz. Ich betrachte den Vater, auf dem Kopf trägt er ein kleines schwarzes Käppi aus Karton. Er beugt sich zu seinen Kindern hinunter und spricht zu ihnen auf Hebräisch. Der Name Rothschild dringt an mein Ohr. Unsere Freundin Sarah, die mich begleitet (sie führt die Geschäfte der »Stiftung Caesarea«) dient mir als Übersetzerin: »Er hat gerade gesagt: Wenn wir heute in Israel sind, dann verdanken wir es nicht zuletzt auch ihm.«

Sie übersetzt mir die Inschrift auf dem Sarg: »Hier ruhen Baron Edmond de Rothschild und seine gottesfürchtige Frau, die Baronin Adélaïde.«

Adélaïde, Baronin Edmond de Rothschild ... Oft denke ich mit besonderer Zuneigung an diese Frau, deren Namen ich trage und von der mir mein Mann das Bild einer etwas zugeknöpften Vorfahrin vermittelt hat. Ihre Hände versteckte sie stets in Handschuhen, damit sie keine Sommersprossen bekamen. Auf den Fotos ihrer ersten Palästinareise aus dem Jahr 1887 sieht man sie in ihren langen, weiten Kleidern an der Seite ihres Mannes. Diese junge Frau von vierunddreißig Jahren, die ihm drei Kinder geschenkt hatte, übte auf ihn eindeutigen Einfluß aus. Man braucht sich nur seine Jacht, die »Athma« anzuschauen, die koschere Küche, den Gebetssaal und die Mezuzah an den Kabinentüren sowie die feinen Pergamentrollen mit den Geboten der Thora zu betrachten. Adélaïde, durch Heirat eine Rothschild, war die Tochter von Wilhelm Carl de Rothschild und seiner Frau Mathilde, einer geborenen Rothschild ...

Halbschatten und Stille liegt über dem Ort. Ich bin weder eine geborene Rothschild noch eine Jüdin, und dennoch bin ich heute beides.

Nach altem Brauch lege ich als Zeichen meines Besuchs einen kleinen Olivenzweig – nicht größer als den der Friedenstaube, die zur Arche Noah flog und den Frieden brachte – auf dem Sarg nieder.

Von der Krypta bis ganz ans Ende des Grundstückes erstreckt sich ein herrlicher Rosengarten. Dort würde ich gern begraben werden, in ein großes Laken gewickelt,

jüdischer Sitte entsprechend und direkt in die Erde versenkt.
Edmond hat da eine andere Vorstellung. Er möchte wie sein Vater, Baron Maurice, an einer bestimmten Stelle im Park von Pegny zur letzten Ruhe gebracht werden, dort, wo man einen besonders schönen Blick auf den Genfer See hat (der Blick ist dann besonders wichtig!). Ich hoffe, als erste abtreten zu dürfen.
Als Kavalier wird sich mein Mann vielleicht meinen Argumenten anschließen ...

Man wird bemerkt haben, daß es nicht einfach ist, in Israel Edmond de Rothschild zu heißen. Einige der von seinem Großvater hinterlassenen Einrichtungen sind gewissermaßen eines natürlichen Todes gestorben. Die PICA, die »Palestine Jewish Colonization Association« hat alle Anteile der Rothschilds seit der Geburt des Staates Israel neu geordnet. Ab 1948 war klar, daß in Zukunft der Staat für die Besiedelung zuständig sein sollte. Die PICA besaß jedoch mehr Grund und Boden als das ganze Land zusammen! Die Rothschilds schenkten ihr anläßlich der Gründung des israelischen Staates ihren ganzen Besitz mit Ausnahme von Caesarea.
Zur Erinnerung an die »Wohltäter« wurde der Rothschildtrust in »Hanadiv« umgetauft und erhielt als neuen Aufgabenbereich die Förderung von Wissenschaft, Erziehung und Kultur. Ebenso wie die »Stiftung Caesarea« wurde dabei der gesamte Gewinn für wohltätige Zwecke angelegt. Auf die gleiche Weise arbeitet die »Stiftung Edmond de

Rothschild«, die mein Mann kürzlich ins Leben gerufen hat. Jedes Jahr werden große Summen zum Bau einer Grundschule, eines Gymnasiums, eines Universitätszentrums, zur Vergabe von Stipendien oder für Forschungszwecke ausgegeben. In einem Vorort von Jerusalem wurde 1977 eine Kinderkrippe, die den Namen Marie-Hélène de Rothschild (der Frau von Guy) und den meinen trägt, eingeweiht. Sie wird von jüdischen und arabischen Kindern gemeinsam besucht.
Auch auf dem Gebiet des Gesundheitswesens wird viel getan.
Hier entsteht eine medizinische Bibliothek, dort eine Augenklinik, während des Sechs-Tage-Krieges wurde eine komplette chirurgische Klinik in der Nähe von Caesarea in aller Eile geschaffen. Dazu eine Altenpflege- und eine Erste-Hilfe-Station sowie eine Ambulanz im neu entstandenen Tel-Aschomer Krankenhaus.
Zwischen der »Stiftung Caesarea« und dem Weizmann-Institut bestand schon immer eine sehr enge Zusammenarbeit.
Mein Mann hat im Kibbuz Nir David in Bat-Schean eines der schönsten Museen für einheimische Archäologie aus dem Mittelmeerraum geschaffen. Während seiner Zeit als Präsident der »Freunde des Museums von Jerusalem« ließ er einen Pavillon bauen, in dem er einen Teil erlesenster Kunstobjekte aus der Zeit Louis XV. rekonstruieren ließ: Holzvertäfelungen aus dem ehemaligen Stadtpalais von Samuel Bernard in der Rue du Bac, Wandmalereien von Van Loo, Parkett aus Versailles, Teppiche aus der Knüpferei von Chaillot, zwei Gobelins sowie eine Zusammenstellung von

Möbeln, bei der nichts fehlte, nicht einmal der mit kostbaren Hölzern eingelegte Schreibtisch.*

Bei meinem letzten Besuch in diesem vorbildlich geführten Museum in Jerusalem traf ich in jenem Salon eine Schulklasse von ungefähr zwanzig Schülern zwischen achtzehn und zwanzig Jahren an. Sie hockten oder knieten mit hochgerecktem Hinterteil auf dem Boden und bemühten sich, bestimmte Details der Ausstellungsstücke abzumalen, wobei sie auf ihren Bleistiften herumkauten. Während sie mit ungeschickten Händen ihre Stifte führten, beantwortete der junge Zeichenlehrer engagiert die das 18. Jahrhundert betreffenden Fragen der Kinder, die von der Umgebung ganz gefangen waren. Edmond hätte sich darüber gefreut, liegt es ihm doch so sehr am Herzen, die Israelis mit einer Epoche vertraut zu machen, die im Hinblick auf die Kunst zur vollkommensten innerhalb der europäischen Geschichte gehört.

Doch ich verließ die Gruppe der artigen Kinder, um mich ganz vom Strom der Erinnerungen an die Zeit vor zwanzig Jahren davontragen zu lassen. Ich entdeckte in diesem Raum, der Versailles alle Ehre gemacht hätte, keine kleinen Markgrafen mit weiß gepuderten Haaren, sondern ein bezauberndes »Blauauge« und einen Schnurrbart, die mir zulachten. Dieser Salon entsprach bis ins kleinste Detail

---

* Aus Freundschaft zu seinem Chef-Konservator Gérald von der Kemp hat Edmond dem Schloß von Versailles zur gleichen Zeit eine Kommode von Riesener geschenkt, die aus dem »Salon des Nobles« der Königin stammte. Einige Jahre später schenkte er ihm ebenfalls vier riesige Gobelins, die die Eroberungen Ludwigs XIV. darstellen und auf Zeichnungen von Jean-Baptiste Martin basieren.

demjenigen in der Avenue Foch, wo Edmond kurz nach unserer Hochzeit unsere erste Gesellschaft gegeben hatte. Geben ist zwar für Edmond wie auch früher für seinen Großvater selbstverständlich, die Hauptsache aber liegt für sie darin, kreativ zu sein und nur solche Mittel einzusetzen, die es den Menschen möglich machen, für sich selbst zu sorgen. Ja, er ist ein Menschenfreund, aber auch ein Geschäftsmann mit dem festen Wunsch, seine in Israel erzielten Gewinne dort wieder anzulegen. Hierbei wird er durch einen alten Bekannten vertreten, Admiral Limon! Wie es dazu kam, daß er sich um Edmonds Geschäfte in Israel kümmert, stellt ein neues Kapitel in seinem Leben dar, das fast so aufregend ist wie die anderen.

Man erinnere sich an das Weihnachtsfest 1969 und die Boote von Cherbourg ... Bei diesem Husarenstück zwischen Frankreich und Israel war Moka Limon, damals Leiter der Importabteilung des Verteidigungsministeriums in Paris, der Hauptakteur. Als er zu Beginn der sechziger Jahre seinen Posten antrat, herrschte zwischen den beiden Ländern eitel Freud und Sonnenschein. Tel Aviv kaufte alles in Frankreich: Flugzeuge, Wagen, bis hin zum Maschendraht, und bald wurden zwölf superschnelle Vorpostenboote zur Verstärkung der Marine bestellt.
Plötzlich brach der Sechs-Tage-Krieg aus. Verärgert darüber, daß man seine Ratschläge zur Beilegung der Unstimmigkeiten nicht befolgt hatte, verabschiedete General de Gaulle einen Beschluß über ein Embargo. In Zukunft sollte es verboten sein, an Israel Kriegsmaterial zu liefern. Von den zwölf bestellten Booten waren fünf jedoch schon an

ihrem Bestimmungsort und zwei zur Abfahrt bereit (sie lichteten die Anker vor Sonnenaufgang, bevor die Maßnahme in Kraft trat). Fünf waren noch im Bau; bei ihrer Fertigstellung sollten sie in Cherbourg verankert werden. Moka Limon war wütend. Als Sachverständiger wußte er, welch bedeutende Rolle diese Schiffe in der Marine seines Landes bei einer neuen kriegerischen Auseinandersetzung spielen könnten (und wirklich, der Jom-Kippur-Krieg wurde 1973 auf dem Meer und nicht wie 1967 in der Luft entschieden). Außerdem waren die Boote bereits an Frankreich bezahlt.
Auf seinen Befehl hin liefen die fünf übriggebliebenen Boote sehr zum Ärger der französischen Regierung am 24. Dezember 1969 nach Israel aus. Selbst seine Frau Rachel wußte von nichts. Sie erfuhr von der ganzen Sache erst am 26. Sie war erschüttert und ließ den Kopf hängen. Für diese Frau, für die nichts so wichtig war, wie der Schutz ihres Familienlebens, war es nur schwer erträglich, sich in den Schlagzeilen wiederzufinden. Es war hart für sie zu erleben, wie ihr Mann eine solche Verantwortung auf sich nehmen mußte. Man bedenke, fünf Boote, die bei entsetzlichem Sturm dem offenen Meer entgegensteuern und große Versorgungsprobleme haben; an Bord eines jeden Schiffes befanden sich etwa dreißig junge, verhältnismäßig unerfahrene Israelis, die nur teilweise über ihre Aufgabe informiert worden waren. Kein einziges Schiff ging unter. Der Admiral war danach für die einen ein Held und für die anderen ein Verräter; in aller Augen aber wäre er ein Mörder gewesen, wenn nur einem der Boote etwas zugestoßen wäre. Wie dem auch sei, seine Handlung konnte

nicht ohne schwere politische Folgen bleiben, da sie hätte zum Abbruch der diplomatischen Beziehungen zwischen Frankreich und Israel führen können.
Zu diesem Zeitpunkt waren Edmond und ich in Kenia. Ich trat gerade vor mein Zelt, als ich am Horizont ein kleines Flugzeug auftauchen sah. Bald dröhnte es über unseren Köpfen und kreiste über unserem Lager. Vom Himmel fiel ein Paket. In Wirklichkeit war es nur ein einfacher Brief, der mit einem Stein beschwert war und den Moka Limon, den man seines Postens enthoben hatte, an Edmond sandte. Was sage ich da, einen Brief; es war fast ein Telegramm, denn im ganzen bestand er nur aus fünf Worten: »OK mit Dir zu arbeiten!«

Edmond beschloß 1973, einmal nicht der Tradition zu folgen und zum Kippur-Fest in Österreich zu bleiben. Wir waren an diesem 6. Oktober in unserem Landhaus, als uns ein Freund anrief: Die syrischen Truppen seien in Richtung Galiläa unterwegs, während die ägyptische Armee dabei sei, den Suez-Kanal zu überschreiten. In Israel herrschte wieder einmal Krieg.
Am nächsten Morgen brachen wir in den Tessin auf. Die Graubündener Chalets strahlten Ruhe und Gelassenheit aus; das Wetter war mild; die Täler waren mit einem Mantel rötlicher Blätter überzogen, wodurch die weißen Bergspitzen noch stärker hervorkamen. Und doch konnten wir uns an dieser Schönheit nicht erfreuen. Wir hatten das ungute Gefühl, einen lieben Menschen in einem Augenblick, in dem er uns nötig hatte, alleingelassen zu haben. Auch

unsere Ankunft am Ufer des Luganer Sees, wo Edmond an einer Verwaltungsratssitzung teilgenommen hatte, konnte nicht zu unserer Aufmunterung beitragen. Die Nachrichten aus Israel erschienen uns sehr schlecht.

Das Essen, das der deutsche Stahlbaron Heini Thyssen dort gab, bleibt eine der unerfreulichsten Erinnerungen in unserem Leben. Wir waren von reizenden Menschen umgeben, für die die Ereignisse im Vorderen Orient aber unwichtig waren; wir lächelten, doch unser Herz war wie zugeschnürt. Jeder wollte uns unbedingt etwas zeigen. Die Hausfrau holte ihren neuesten Diamanten hervor; ihr Mann führte uns durch seine wunderbare Kunstsammlung. Sobald das Treffen am nächsten Tag zu Ende war, flohen wir nach Genf. Die Tage bis zur Einstellung der Gefechte erschienen uns als die längsten des Jahres.

Wir konnten damals noch nicht wissen, daß die Folgen des Jom-Kippur-Krieges erst begonnen hatten.

Meine Begegnung mit Präsident Sadat am 20. Oktober 1979 war eines der bedeutendsten Ereignisse in meinem Leben. Seit dem historischen Besuch Anwar el-Sadats in Jerusalem 1977 und den Abmachungen von Camp David hoffte Edmond, eine Versöhnung auch im Bereich der Wirtschaft herbeiführen zu können. Es erschien ihm notwendig, daß die Ägypter den Frieden mit Israel mit Vorteilen verbanden. Er vermied nicht nur den Krieg, sondern nützte auch den Fortschritt des Landes.

Eine kleine symbolische Geste der in der Diaspora lebenden Juden bestand darin, daß Edmond und sein Freund Ali el-Samman, Vertreter des ägyptischen Radios und Fernsehens in Europa, Gilbert Trigano, mühelos für ihren Plan gewinnen konnten: Sie errichteten nach israelischem Vorbild in Ägypten verschiedene Zentren des »Club Méditerannée«. Sie organisierten, als die Grenzen offen waren, Besichtigungsfahrten in die Gebiete, in denen sich am Tag zuvor noch der Feind befunden hatte. Schwieriger gestalteten sich die Verhandlungen wirtschaftlicher Natur zwischen den beiden Ländern: Elf-Erap hatte Gasfelder auf offener See vor Alexandrien entdeckt; Edmond entwickelte mit Albin Chalandon die Idee, Israel durch eine Pipeline mit diesem Gas zu versorgen.

Um dieses Projekt zu besprechen, stattete Edmond Präsident Sadat in seinem kleinen Haus am Nil zu Beginn des Jahres 1979 seinen ersten Besuch ab. Der Präsident schien sehr begeistert zu sein. Ein sympathischer Offizier nahm an dem Gespräch teil. An ihn gewandt sagte der Präsident zu Edmond: »Falls mir irgend etwas zustoßen sollte, so können Sie mit Mubarak rechnen.«

Im Hilton-Hotel in Kairo befand sich das militärische und politische Hauptquartier der Israelis. Am Abend seiner ersten Begegnung mit Sadat traf mein Mann in der Hotelhalle des Hilton eine Menschenmenge an, die gekommen war, um zu applaudieren und Fragen an ihn zu stellen. Als er hinter sich den israelischen Verteidigungsminister Ezer Weizman die Treppe heraufkommen sah, wunderte er sich nicht mehr über seine plötzliche Popularität. Die Ähnlichkeit zwischen den beiden Männern ist wirklich frappierend.

Der General sollte bei dem ägyptischen Verteidigungsmini-

ster dinieren. Zu dem Essen war Edmond auch eingeladen. Man hatte ganz junge Ägypter und Israelis zusammen an einen Tisch gesetzt, alles Schwerverwundete aus den Kämpfen von 1973; unter ihnen befand sich Weizmans Sohn, der eine sehr schwere Kopfverletzung davongetragen hatte. An diesem Abend gab es weder Sieger noch Besiegte; eine einzige Woge der Freundschaft verwischte die tragischen Erinnerungen der letzten Jahre.
Anläßlich seines zweiten Besuchs bei Präsident Sadat in seiner Residenz in Port Saïd begleitete ich Edmond. Sadats Ausstrahlung beeindruckte mich, dieser visionäre Mystizismus, der mir schon bei David Ben Gurion aufgefallen war. Seine Frau Johane war reserviert, aber man fühlte, daß sie trotz ihrer Zurückhaltung einen gewissen Einfluß auf ihn ausübte. Der Präsident betrachtete die Schiffe auf dem Suez-Kanal und sprach von dem großen Tunnel, der bald unter ihm hindurch bis zu der Autobahn führen würde, die über die Sinaihalbinsel bis nach Israel reichen sollte ...
Bevor wir uns trennten, riet mir Madame Sadat, Ex-Kaiserin Farah einen Besuch abzustatten, die seit dem Tod des Schahs sehr einsam war. Nicht im Traum wäre mir der Gedanke gekommen, daß schon kurze Zeit später das Attentat auf ihren Mann sie selbst noch unglücklicher machen sollte.
Im vergangenen Jahr habe ich noch einmal, ohne Edmond, Oberägypten besucht. Immer wieder werde ich dorthin zurückkehren. Selbst wenn sich aufgrund der wirtschaftlichen Schwierigkeiten zwischen Ägypten und Israel, der Spannungen im Libanon, und eines gewissen Pragmatismus von seiten Präsident Mubaraks und der israelischen

Regierung die Träume jenes Oktoberabends in Port Saïd weitgehend verflüchtigt haben, bin ich weiterhin der festen Überzeugung, daß der Weg zu einem Frieden im Mittleren Osten über Kairo und Jerusalem führt.

Obgleich der Besitz Armainvilliers gelegentlich den Rahmen für glanzvolle Feste abgab, so war es doch in erster Linie dafür gedacht, daß Edmond am Wochenende seinen geliebten Aktivitäten nachgehen konnte.
Den ehemaligen Gutshof, der noch von seinem Großvater im Stil des Kleinen Trianon errichtet worden war, verwandelte er in ein fabelhaftes Gestüt. Die alten Stallungen wurden für seine Rennpferdezucht hergerichtet. Die Fohlen wurden auf der Rennbahn von Chantilly trainiert.
Edmond liebte es über alles, zwischen einem »foal« und einem »yearling« spazierenzugehen, sie bei ihren ersten Sprüngen zu beobachten oder sich nach den Neugeborenen zu erkundigen. Für die Pferderennen selbst interessierte er sich kaum. Unser Gestüt war auf den Rennplätzen nicht sehr erfolgreich.

Seit Mai hatte sich Edmond ein neues Hobby zugelegt: Die Betreuung seiner Fasanenzucht. Denn Armainvilliers war in erster Linie ein Paradies für Jäger.

Die Jagd im Seine-et-Marne-Gebiet ist Teil einer englischen Tradition: Die Wildhüter und die Forstaufseher, die im 19. Jahrhundert die Besitzungen der Rothschilds, der Pereires und der Gramonts östlich von Paris betreuten, kamen von der anderen Seite des Ärmelkanals. In dieser verhältnismäßig flachen Gegend pflanzten sie große Gruppen Rhododendronbüsche an, die als künstliche Deckung dienten. Sie legten die Jagdgebiete so fest, daß die Anstände nur etwa zwei- oder dreihundert Meter von der Abschußstelle entfernt lagen.

Von Juli an lebten die Fasanen in freier Wildbahn. Die Jagd begann traditionsgemäß erst Ende Oktober oder Anfang November, wenn die Fasanen ausgewachsen waren und die Blätter auf den Bäumen sie auf ihrem Flug nicht hemmen konnten.

Wir veranstalteten etwa sechs große Jagden; die letzte fand jeweils am 1. Januar statt. Während Edmond mit den Herren einen Willkommenstrunk in der Bibliothek einnahm, führte ich meine Freundinnen auf ihre Zimmer, etwa in das »Chambre La Fontaine«, in das »Chambre chinoise«, das »Chambre romantique«, das »Chambre anglaise« oder das »Chambre Adélaïde«.

Einst waren Könige Stammgäste auf Armainvilliers, besonders Alfons XIII. von Spanien. Und in der Zwischenkriegszeit fand sich hier die Spitze der französischen Politik ein. Edmond ließ diese Tradition wieder aufleben: Zehn Jahre lang gehörte Georges Pompidou zu unseren treuesten

Jagdgästen, ebenso wie Valéry Giscard d'Estaing vor seiner Zeit als französischer Staatspräsident. Roger Frey, Bourgès-Maunoury, der ehemalige Ministerpräsident, Hubert d'Ornano und viele andere prominente Persönlichkeiten waren unsere Gäste.

Als Edmond 1964 Holland besuchte, lernte er Prinz Bernhard der Niederlande kennen. Seitdem kam auch er jedes Jahr in Begleitung seines Adjudanten, des gutaussehenden Obersten Geertsema. Der Prinz bewohnte immer das »Chambre Louis XVI.« im Erdgeschoß. Ihm zu Ehren wurde eine Flasche Champagner rosé kaltgestellt, und die Nelken, die er sich zu jeder Tageszeit ins Knopfloch steckte, erwarteten ihn. Anläßlich seines ersten Besuchs beeindruckte mich der Gedanke, eine Königliche Hoheit zu empfangen, derart, daß ich einen Arm voll roter Nelken bestellte. Doch was hatte ich angerichtet? Der Prinz mochte nur weiße Nelken! Zum Glück hatte Edmond es bemerkt. Mit knapper Not konnte ein diplomatischer Zwischenfall vermieden werden ...

Edmond wurde oft zur Jagd nach Holland eingeladen. Ich begleitete ihn, überglücklich darüber, im Königlichen Palast eingeladen zu sein. Die Königin war stets liebenswürdig und von bemerkenswerter Einfachheit. Prinz Bernhard führte meinen Mann in den exklusiven »Bilderberg-Kreis« ein, der in regelmäßigen Abständen in Europa und den USA auf internationaler Ebene Konferenzen zu politischen, wirtschaftlichen und militärischen Fragen veranstaltet. Die Teilnahme war Staatsoberhäuptern, hochrangigen Politikern und einigen Geschäftsleuten vorbehalten, die alles Finanzielle regeln sollten.

Es war für Edmond somit eine Gelegenheit, sein Wissen zu erweitern und die Hauptakteure der Weltbühne wie Henry Kissinger, Helmut Schmidt, Wilfrid Baumgartner, Edward Heath und Margaret Thatcher kennenzulernen. Nach dem Austritt Prinz Bernhards hat auch Edmond den Bilderberg-Kreis verlassen, er nimmt aber immer an der trilateralen Konferenz und an der Kissinger-Runde teil.

Die Jagden in Armainvilliers waren für alle ein Fest. Sie galten als eines der größten gesellschaftlichen Ereignisse der Saison. Etwa dreißig Treiber kamen aus Tournan, Gretz und Favières, den benachbarten Ortschaften; in den Küchen herrschte aufgeregte Geschäftigkeit.
Im Hinblick auf den nächsten Tag gingen wir am Freitagabend früh zu Bett. Ab acht Uhr servierten die Zimmermädchen das Frühstück: Gestickte Servietten, zartes Porzellan, eine aufgeblühte frische Rose und die französische, englische, spanische oder deutsche Morgenzeitung, die ein Fahrer bei Sonnenaufgang in Paris geholt hatte. Eines Tages brachte ich selbst ganz unschuldig in meinem weißen Leinenkleid einer als Nervensäge bekannten Dame das Frühstück. Dreimal hatte sie es mit dem Argument, ihr Kaffee sei kalt, der Toast nicht genügend gebräunt und die Auswahl der Marmeladen nicht umfangreich genug, zurückgehen lassen. Ihr entsetzter Blick bei meinem Eintritt in ihr Zimmer ist mir unvergeßlich geblieben. Ich stellte ihr das Tablett auf den Schoß und sagte: »Ich hoffe, daß dieses Mal alles zu Ihrer Zufriedenheit ausgefallen ist, gnädige Frau.«
Meinen Gästen stand die fabelhafte Masseurin Gabrielle

Yafrate zur Verfügung, die ich in Cannes bei Elisabeth Arden kennengelernt hatte. Sie wohnte in der Nähe von Armainvilliers und kannte die berühmtesten Anatomien der Welt aus dem Effeff.

Die Herren brachen sehr früh zur Fasanenjagd auf. Es waren nie mehr als acht, und jeder Gast wurde von einem Büchsenspanner begleitet; die Jäger schossen mit zwei Gewehren.

Um ein Uhr kamen sie zum Mittagessen zurück. Das Speisezimmer war dann von fröhlichem Lachen erfüllt. Ich achtete immer darauf, unter meinen Gästen einige Junggesellen und -gesellinnen zu haben. Ich registrierte, wie die Herren die Damen ansahen und nicht unbedingt ihre eigene Frau. Die Mittagessen verliefen immer in guter Laune, gereicht wurde dazu ein Château-Lafite. Am Nachmittag fanden zwei weitere Treibjagden statt, und abends wurde die Strecke verblasen; die Zahl der Fasanen lag meist bei vier- bis fünfhundert, manchmal auch darüber.

Im großen Jagdzimmer wurde dann vor einem schönen Kaminfeuer die Teestunde zelebriert. Es gab Brioches, Obstkuchen und tausend verschiedene Gebäcksorten. »Monsieur« Vacquant, ein Diener, den uns mein Schwiegervater »vererbt« hatte, bereitete uns heiße Schokolade, die auf dieser Welt ihresgleichen sucht. Leider ist er gestorben und hat sein köstliches Rezept mit ins Grab genommen! Wir plauderten am Kamin, Prinz Bernhard spielte mit Georges Pompidou Karten, Janine Vernes setzte sich an den Steinway, und manchmal sang Gay d'Andlau für uns.

Bisweilen kamen Freunde wie Pierre und Sylvie Hottinguer

aus ihrem nahegelegenen Schloß in Guermantes herüber und nahmen, wie auch Christian und Éliane de Fels am großen Jagd-Diner am Sonnabend teil. Die Damen überboten sich gegenseitig an Eleganz; sie weihten ihre prächtigsten Kleider und Colliers ein. Nach dem Essen unternahmen wir Spiele; das schuf eine entspannte, fast kindlich-fröhliche Atmosphäre, die auch die zurückhaltendsten unserer Freunde aus der Reserve lockte.

Der Sonntag war der Hochwildjagd vorbehalten. Edmond hatte zwei Wildschweingehege angelegt. Wir fuhren alle im Auto bis zum Jagdplatz, wo jeder einen Beutel mit heißer Brühe, etwas Wodka und einigen Sandwiches ausgehändigt bekam. Manchmal verharrten wir fünf oder sechs Stunden bewegungslos bei eisiger Kälte auf den drei Meter hohen Hochsitzen. Es wurde ausschließlich mit der Kugel geschossen.

Jeder Jäger hatte seinen Proviantbeutel, seinen Hochsitz ... und eine Dame zur Begleitung dabei! So kam es, daß ich mich mehr als einmal einen halben Tag lang auf einer zwei Meter mal zwei Meter großen Plattform neben Georges Pompidou, der in seinen Schal gewickelt war, aufhielt, oder neben Valéry Giscard d'Estaing, der eine russische Pelzmütze auf dem Kopf trug. Ich lächelte viel, aber ich sprach fast nichts. Die von Edmond ausgegebenen Richtlinien zur Erschwerung der Jagd waren sehr streng und verlangten ständige Aufmerksamkeit: Tragende weibliche Tiere durften nicht geschossen werden und natürlich auch keine Frischlinge.

Wenn der Abend anbrach, gingen wir hinaus, wo sich uns ein eindrucksvolles Bild bot: Vor dem Schloß standen

unsere Wildhüter in den Rothschildschen Farben – gelb eingefaßte blaue Festuniformen – im Halbkreis. Sie hielten Fackeln in der Hand, die dreißig bis vierzig zu ihren Füßen liegende Wildschweine beschienen.
Die meisten Tiere waren bereits verkauft; wir behielten nur einige für private Zwecke. Die Geweihe schickten wir zu Deyrolle, dem Präparator in der Rue du Bac. Sie wurden paarweise auf Holzbretter montiert und mit dem Abschußdatum versehen; unsere Gäste erhielten sie dann zum Geschenk.
Achtzehn Jahre lang haben wir in jedem Herbst diese alte Familientradition wieder aufleben lassen: Gastfreundschaft, herzliches Lachen, Handküsse und Frotzeleien. Erinnerungen an Licht, an die Freude an der Natur, an schneidende Kälte und an behagliches Kaminfeuer sind uns geblieben.
Manchmal war der Park weiß verschneit; dann vergaß ich alles um mich herum, sogar meine Aufgaben als Hausfrau. Ich schmiegte mich an Edmond und hielt Benjamins kleine Hand fest: Mit meiner unter dem Kinn gebundenen Pelzkappe fühlte ich mich wie eine Schneeprinzessin aus Alaska oder vom Ural. Und der Schein der Fackeln hatte meine Augen zum Funkeln gebracht ...

Edmond hatte auch seine eigenen Hobbies; er hielt sich gerne auf seinem Boot auf. Kurz nach unserer ersten Begegnung nahm er mich an meinem spielfreien Tag zu einem heimlichen Stelldichein auf seine *Gitana III* mit, einen damals schon »betagten« Kutter von zwanzig Metern

Länge, dessen eiserne Schiffswände und ziegelrote Segel so aussahen, als würden sie den Stürmen aller sieben Meere trotzen. Wir waren von Deauville nach Cherbourg gefahren, wo ich am selben Abend noch den Zug nach Paris nahm (mußte ich verliebt sein!).

Dies war nur die erste in einer langen Reihe von Eskapaden. Wir kreuzten im Mittelmeer, zwischen den griechischen Inseln, an der spanischen und italienischen Südküste. Armand Léon, der ehemalige Skipper von Gaston Gallimard, war unser Kapitän. Ich liebte dieses brave Schiff – noch heute sehe ich mich das Steuerhaus in herrlichem Himmelblau anstreichen –, aber seine nautischen Leistungen waren mehr als mittelmäßig. Edmond verkaufte es an Jean-Claude Brouillet, dem Mann von Marina Vlady, die damit eine Reise um die Welt machen wollten. Er sollte jedoch weder sein Boot (heute transportiert es Touristen in Casamance im Senegal) noch seine Frau behalten ...

Der neue Favorit, die *Gitana IV*, war in Italien nahe Portofinos auf der Werft von San Germani gebaut worden. Sie war achtundzwanzig Meter lang und sechs Meter breit. Das Boot bestand ganz aus Mahagoni- und Teakholz, was ihm eine Mischung aus Stärke und Eleganz verlieh. Am 15. August 1962 wurde es uns übergeben. Wir hatten noch keine fünf Seemeilen zurückgelegt, als ich Edmond zurief: »Wir haben die Schiffsschraube verloren!« Aber mein geliebter Matrose hatte gleich zu Anfang entschieden, daß ich vom Segeln keine Ahnung zu haben hatte: Er brach in Gelächter aus und behandelte mich wie einen Dummkopf. Als der Wind abfiel und er den Motor anstellen wollte, wurde es ihm klar: Die Schiffsschraube war wirklich verschwunden. Wir mußten unter Segel in den kleinen Hafen von Portofino einlaufen. An diesem Tag vollbrachte Armand Léon eine seiner Bestleistungen: er kreuzte mit nur zwei Matrosen, an der Ruderpinne war Edmond.

Viele Jahre lang verlebten wir herrliche Ferien auf der *Gitana IV*. Benjamin machte auf ihr seine ersten Schritte. Er weigerte sich beharrlich, einen Laufriemen um seinen Oberkörper zu tragen, und natürlich fiel er eines Tages von der Brücke durch ein geöffnetes Oberlicht in die Kabine. Er prallte auf der Kommode auf, trug aber zum Glück außer einigen Beulen keine weiteren Verletzungen davon. Ich brauchte jedoch mehrere Stunden, um mich von dem Schrecken zu erholen.

Die *Gitana IV* fährt heute Touristen auf den Bahamas hin und her. Die *Gitana V* wurde eine Rennyacht. Edmond hatte sie bei dem Schiffsbauer Carter bestellt. Mit seiner Mannschaft – außer ihm waren noch Marc Berthier und François Carn dabei – nahm er an seinen ersten Regatten in England teil und gewann mehrfach Preise. (Zweimal wurde er auch Sieger bei Meisterschaften auf dem Mittelmeer). Aber dieses Boot wurde bald zu Gunsten der *Gitana VI* entthront, die in Holland nach den Plänen des berühmten amerikanischen Schiffsbauers Rod Stephens konstruiert worden war. Es war ein herrliches Segelboot, das bald der Glorienschein des Siegers umgab. Darauf gründete Edmond mit seinen Freunden und Konkurrenten die »maxiboats« der Klasse A, deren Präsident er heute ist.

Diese superempfindlichen Rennyachten verbannten mich in die Häfen; dort verbrachte ich meine Zeit damit, immer ungeduldiger die Rückkehr meines Kriegers zu erwarten.

Edmond, der gerne wie ein Fürst auftrat, ließ eine Yacht bauen, die der Inbegriff englischen Raffinements werden sollte. Zur Erinnerung an seinen Großvater nannte er sie *Athma*. Die Salons waren wie das Armaturenbrett eines Rolls Royce getäfelt und die Zigarrenkästen aus indonesischem Holz gefertigt. Sie hatte nur einen einzigen kleinen Fehler: Edmond hatte nicht daran gedacht, daß ein Motorboot ... einen Motor hat. Und ein Motor verursacht Lärm. Bald mußte mein Mann erkennen, daß eine Reise auf der *Athma* schlimmer war als eine mit der Eisenbahn. Die Yacht überlebte wie alle Launen nur diese eine Saison.
Edmond war weit davon entfernt, sich entmutigen zu lassen; er segelte weiter, ließ sich neue, immer unbequemere Boote bauen; zum Schluß waren sie nur noch für Rennen zu gebrauchen. Plötzlich verstand ich, daß jeder im Herzen ein bißchen Junggeselle bleiben möchte. Edmond hatte mich nur aus Höflichkeit auf sein Boot gebeten. Ich hätte wissen müssen, daß dies sein Reich war. Die Wachablösung hat mittlerweile stattgefunden: Heute ist Benjamin sein erstes Crewmitglied.

Zum Glück für meine Eitelkeit hatte ich schon bewiesen, daß ich in Sachen Sport eine recht gelehrige Schülerin war. 1964 luden Élie und Liliane de Rothschild uns nach Österreich ein. Östlich von Innsbruck hatten sie eine berühmte Gams- und Hochwildjagd.
Edmond war von den Tälern begeistert, die von 2000 Meter hohen das ganze Jahr über mit Schnee bedeckten Bergen überragt wurden. Er bat Georges Nemès, einen Mitarbeiter

Élies, ihm in der Nähe einen Besitz zu besorgen. Und bald wurden wir etwas weiter westlich, fast an der Schweizer Grenze, Pächter eines 16 000 Hektar großen Jagdgebietes. Mit seinen blumengeschmückten Balkons, seinen Chalets mit den Fensterläden, die in der Mitte ein Herz haben und seinen langgezogenen Dächern ist Ischgl ein richtiges Operettendörfchen. In den ersten Jahren wohnten wir in der Pension Meyer. Dann ließen wir am Hang in einem Fichtenwald ein Jagdhaus bauen. Von außen wirkte es ganz wie ein Haus im österreichischen Stil: es war aus dunklem Holz; die Zimmer waren geschickt um eine geschnitzte und mit bunten Motiven bemalte Eichentreppe angeordnet. Ich richtete es mit wunderschönen Renaissancemöbeln aus der Zeit Ludwigs XIII. ein. Die Sofas ließ ich mit alten, schweren, bestickten Wollstoffen beziehen, die ich den Schätzen der Dachböden von Pregny und Armainvilliers entnommen hatte.

Durch die Einrichtung unseres Chalets in Megève hatte ich bereits Erfahrung in Sachen Innendekoration gewonnen, so daß ich jetzt alles gut im Griff hatte. Es war 1968. Für Ischgl hatte ich für jedes Zimmer eine Liste mit Möbelstücken und anderen benötigten Gegenständen angelegt. Monatelang hatte ich mir die Einrichtung überlegt, und in vier Tagen war alles zusammengestellt. Unter meinem kritischen Blick wurde das Haus eingerichtet. Es fehlte nichts, weder das gedruckte Briefpapier noch die Duftkissen für die Kommodenfächer noch die mit Baumwollstoff im Tiroler Muster bezogenen Kleiderbügel.

In Ischgl waren wir sehr glücklich. Benjamin lud seine Freunde ein. Für die acht- bis zehnjährigen Kleinen war das

ein Paradies, ein herrliches Abenteuerland. Wir unternahmen lange Waldspaziergänge, wir zündeten Feuer an, um ein Picknick machen zu können – einfach herrlich – und in der Nähe einer Berghütte in 3000 Meter Höhe fingen wir in einem klaren Bach Forellen.
Edmond kümmerte sich hauptsächlich um die Verbesserung der Jagd; er schoß nur sehr wenige Tiere und versuchte, einen guten Hirschbestand heranzuziehen.
Wie alle Jagdbesitzer in Österreich stand für ihn der Naturschutz an erster Stelle. Seine Deutschkenntnisse erlaubten es ihm, stundenlang mit dem Oberaufseher Xendl darüber zu diskutieren, wo die Tiere im Winter am besten gefüttert würden, was man ihnen als Futter geben, welche Tiere abgeschossen werden durften und welche neuen Arten man hinzunehmen könne. Elie kaufte er mehrere englische Hirsche und einen oder zwei Karpatenhirsche ab. In der Schweiz besorgte er sich Steinböcke und zog ganze Gamsherden auf. Sein ganzer Stolz waren die kapitalen Hirsche aus dem Fimbatal, die erst im Alter von neun oder zehn Jahren geschossen werden dürfen und die den Wildaufsehern so gut bekannt sind, daß sie jedem einzelnen einen Namen geben.
In Österreich werden die Abschußquoten zwischen den Pächtern, den Wildaufsehern und den örtlichen Behörden festgelegt. Die Anzahl der Gemsen, der Hirsche und der Rehböcke, die ihrem Alter und dem Geschlecht entsprechend geschossen werden dürfen, wird genau bestimmt. Diese Regeln sind notwendig, um das Gleichgewicht der Arten herzustellen. Sie werden in der Schweiz und in Frankreich sträflich mißachtet, was zur Folge hat, daß

schreckliche Epidemien, besonders im Nationalpark von Vanois, die Gemsen zu Hunderten dahinraffen; sie könnten verhindert werden, wenn die überalterten Tiere rechtzeitig abgeschossen würden.

Die Rehböcke werden im August geschossen. Am schönsten ist die Jagd allerdings Ende September beziehungsweise Anfang Oktober zur Brunftzeit. Dann zeigt sich die Natur in ihrem farbenprächtigsten Kleid: Im Gelb der Lärchen, im dunklen Grün der Tannen, im Rot der Heidekrautbüschel unter einem hellblauen Himmel, dessen Farbe bei Föhn besonders intensiv ist. Manchmal konnten wir mit dem Fernglas einen Kampf zwischen Hirschen beobachten.

In der Nacht hallte ihr Röhren wider. Wir jagten bei Sonnenaufgang und bei Anbruch der Nacht. Gegen vier Uhr morgens brachen wir bei völliger Dunkelheit auf. Beim Marschieren beobachteten wir, wie ein Licht nach dem anderen in den Häusern des Dorfes anging. Aus den Schornsteinen stieg Rauch auf, dessen köstlicher Holzgeruch uns in der Nase kitzelte. Wir atmeten die herrliche Morgenluft ein; und meine größte Freude war, den Sonnenaufgang mitzuerleben, der die Bergspitzen in ein rosafarbenes Licht tauchte.

Am Nachmittag hatten wir Muße, uns auf die Hochsitze zu begeben oder die Tiere mit dem Blick aufgrund ihrer Rufe auszumachen. Oft brach die Nacht herein, wenn wir gerade das Gewehr im Anschlag hatten, und alles mußte wieder von vorn beginnen. Nur wer diesen fairen, nach den Regeln der Natur geführten Kampf nie miterlebt hat, kann nichts anderes als Gemetzel damit verbinden.

Ich begleitete Edmond bei jedem Wetter, morgens und am Nachmittag. Nach Ischgl luden wir nur die besten Jäger ein, wie Prinz Antoine de Ligne, Patrick Guerrand-Hermès oder Graf Roland d'Andlau. Eines Tages ließ letzterer lange auf sich warten. Ärgerlich trat Pepi, unser Aufseher, von einem Bein aufs andere. Edmond sagte zu mir:»›Wenn es dir Spaß macht, nimm ein Gewehr und zieh mit ihm los.« Ob mir das Spaß machen würde? Seit Monaten, seit Jahren, träumte ich davon!

Wir zogen los. Plötzlich blieben wir stehen. Auf dem gegenüberliegenden Abhang stand ein Rehbock. Pepi setzte seinen Rucksack auf dem Felsen ab und spannte mein Gewehr; ich legte mich auf den Boden und legte es an. Angst befiel mich. »Lieber Gott, bitte verhindere, daß ich ihn verwunde!« Danebenzuschießen, das ginge noch, lediglich der Stolz wäre verletzt. Aber ein Tier anzuschießen und es leiden zu lassen, das darf nicht passieren! Und wenn es doch einmal geschehen sollte, muß man es in den unwegsamen Bergen, wie kalt es auch immer sein mag, suchen, koste es, was es wolle.

»Schießen Sie, Frau Baronin! Schießen!« Es blieb mir keine Zeit zum Überlegen. Ich schoß, der Rehbock fiel zu Boden. Der Jagdaufseher rief mir die traditionellen Worte zu: »Waidmann's Heil«, ich hatte das Tier also getötet. Es war mein erster Schuß! So oft hatte ich auf das Auftauchen der Tiere gewartet, so oft hatte ich in Gedanken mitgeschossen, selbst wenn mein Auge nicht durch das Visier sah, und nun war ich, ohne es zu wissen, Jäger geworden.

Pepi und ich gingen los, um das Tier auf der anderen Seite des Berges zu suchen, unser Hund folgte uns. Als wir bei

dem Rehbock, der mitten ins Herz getroffen war, angekommen waren, brach der Wildhüter einen kleinen Tannenzweig ab, tauchte ihn in das aus der Wunde fließende Blut und machte ihn an seinem Hut fest, woraufhin er ihn mir hinhielt. Ich nahm meinen Hut ab. Erneut sagte er: »Waidmann's Heil« zu mir. Ich nahm den Tannenzweig, steckte ihn auf meinen eigenen Hut und antwortete: »Waidmann's Dank.«
Stolz und glücklich stiegen wir ins Tal hinab. Auf halbem Weg erwartete uns Edmond. Ich hatte angenommen, er würde mich beglückwünschen, hatte Freudenschreie erwartet. Aber eine solche Begrüßung schien mir nicht zuzustehen. Ich merkte sofort, daß irgend etwas nicht stimmte. Xendl ging hinter meinem Mann her und sah sich den Rehbock an:»Schade, Herr Baron, das ist das Tier, das wir seit drei Tagen suchen.« Edmond sah düster vor sich hin und brachte keinen Ton heraus. Am liebsten hätte er mir eine Ohrfeige gegeben. Ärgerlich ließ ich ihn stehen und stieg allein zum Chalet hinunter.
Am nächsten Morgen lag auf dem Frühstückstablett ein herrliches Gewehr mit einer kleinen Karte: »Für meine zauberhafte Jägerin«. Edmond war es unangenehm, daß es ihm nicht gelungen war, seine Enttäuschung zu verbergen, und er überschlug sich geradezu, um mir die folgenden Tage so angenehm wie möglich zu machen. Ich hatte meine Lektion gelernt: Mit Männern soll man eben nicht in Wettbewerb treten.

Trotz dieser Erkenntnis fuhr ich in meiner Karriere fort, die so glücklich begonnen hatte. Es kam vor, daß ich am selben Tag einen Hirsch, einen Rehbock und eine Gams schoß, alle von bester Qualität. Wir gewannen mehrere Silbermedaillen und sogar eine Goldmedaille für eine Gamstrophäe. In Tirol wird das Wild von einer Jury begutachtet, die darüber befindet, ob es den Regeln entsprechend erlegt wurde. Es ist Brauch, jedes Jahr den schönsten Hirsch, den »Hubertus-Hirsch«, zu küren. Vor sechs oder sieben Jahren waren Élie de Rothschild und ich beide gleichzeitig im Rennen. Nach zähen Beratungen gab die Jury ihre Wahl bekannt: Ich war die Siegerin. Mein Hirsch – der im Ganzen konserviert worden war in der Hoffnung, er würde prämiert werden – wurde wie eine Sphinx auf einen riesigen mit Tannenzweigen bedeckten Wagen gelegt.

Die Prämierungszeremonie fand in dem kleinen Ort Landeck im Beisein der Jäger der Gegend statt, alle in ihren Jagdröcken. Die Bevölkerung trug Tracht: die Männer Lederhosen und weiße Oberteile, die Frauen geschnürte Dirndl und Damastschürzen. Reiter in schönen österreichischen Uniformen mit Fackeln in den Händen eröffneten den Festzug. Es folgte der Hirsch auf seinem Wagen. Meine drei bärtigen Wildhüter begleiteten mich. An diesem Tag war ich die Königin; ich war die einzige Frau im Jagdkostüm, eingehüllt in ein Lodencape; an meinem Hut steckte der Federbusch zum Zeichen meines Sieges.

Es war schon eine Sensation, als beste Jägerin der Gegend geehrt zu werden! Zehn Jahre zuvor hatte ich Liliane de Rothschild und Prinzessin Réthy beneidet, beide in Tirol bekannte gute Jägerinnen. Nun waren wir zu dritt.

Auf dem Marktplatz wurde eine Messe zelebriert. Im Anschluß daran fand ein gemeinsames Essen statt, und ich eröffnete den Ball mit einem Herrn, der mich an jemanden erinnerte, aber an wen? Nachdem der Walzer zu Ende war, zog ich fragend eine Augenbraue hoch und deutete auf meinen Tänzer in Richtung meiner österreichischen Mitarbeiterin Frau Traxl. »Das ist der Pfarrer«, flüsterte sie mir zu. Dieser gute Geistliche vergaß nie, daß er auch Jäger war, und trug unter seiner Soutane im Hinblick auf den Ball Knickerbocker, Gamaschen und eine Lodenweste.
Zum guten Verlauf einer Jagd gehört nicht nur ein riesiges Gelände, auf dem die Tiere frei herumlaufen können, sondern das Jagdgebiet muß auch vierzehn Jahre gehegt sein – das ist die Mindestzeit, um einen guten Tierbestand zu bekommen. Leider übten die Bewohner von Ischgl nach dreizehn Jahren Druck aus, um das Terrain wiederzubekommen. Obgleich wir eine Jagd von 4000 Hektar in den Bergen behielten, brach es Edmond das Herz.
Ich hoffe, daß, wenn eines Tages die Narben verheilt sind, Edmond bereit sein wird, diese Gegend, die er so sehr geliebt hat, wiederzusehen.

Da Edmond begeisterter Jäger war und durch die Erzählungen von Henri Roussel Geschmack an der Großwildjagd gefunden hatte, beschloß er, die afrikanische Trophäensammlung seines Vaters zu erweitern. Ende 1967 fuhren wir nach Kenia, um am Fuße des Mount Kenya Silvester zu verbringen. Edmond wurde von einem Jäger

namens Anton Allen begleitet, der ihm empfohlen worden war, und er schoß zwei oder drei Gazellen.
Von nun an pflegten wir zu Jahresbeginn, vierzehn Tage in Kenia oder Tansania zu verleben. Diese Jagderlebnisse in Afrika gehören zu unseren schönsten Erinnerungen. Die riesigen Büffelherden, die am Fuße des Kilimandscharo entlangziehen, bleiben ein unvergeßlicher Eindruck. Eines Abends kehrten wir gegen acht Uhr erschöpft ins Lager zurück, als ein Jeep ankam. Ihm entstiegen ein distinguierter älterer Herr und eine Forscherin mit einem schlichten Rock und einer Lehrerinnenbrille auf der Nase. Wir luden sie ein, das Essen mit uns zu teilen. Sie gehörten beide einer Gruppe von englischen Wissenschaftlern an, die den Auftrag hatten, nach der »Rothschild-Giraffe«* zu suchen! Zu unserer Verwunderung berichteten sie uns, daß diese, man höre und staune, nicht zwei, sondern drei Hörner hat!
Während Edmond sich den großen Tieren widmete, begab ich mich auf Zebra-, Gazellen- und Impalajagd. Wir gingen jeder unsere eigenen Wege in Begleitung eines Jägers und eines afrikanischen Fährtensuchers. Und so geschah es eines Tages ...
Die Steppe war hoffnungslos flach und mit Steinen übersät. Das einzige, woran sich der Blick festmachen konnte, war ein kleiner Berg, eine Art größerer Hügel, den eine geheimnisvolle Laune der Natur hier hatte entstehen lassen. Wir beschlossen, ihn zu besteigen, um das Land überblik-

---

* Zweifellos der Fund eines englischen Rothschild. (Einige unter ihnen sind bedeutende Wissenschaftler.)

ken zu können. Wir sahen auf eine karge, von der Sonne versengte Vegetation und einige wenige Dornensträucher. In der Ferne entdeckten wir plötzlich einen riesigen Elefanten, dem ein kleiner folgte. Der Jäger drehte an seinem Fernglas. Der alte Elefant hatte nur noch einen Stoßzahn. »Den anderen hat er wohl in einem Kampf verloren«, sagte er mir, »zweifellos ist er bösartig. Wollen Sie ihn schießen?« Ohne zu überlegen, sagte ich ja! Wir verließen den Jeep und bewegten uns langsam vorwärts; der Fährtensucher schwenkte einen kleinen Sack mit Puder hin und her, um zu sehen, aus welcher Richtung der Wind kam.

Der Geruchssinn der Elefanten ist wenig ausgeprägt, und ihre Sehfähigkeit ist nur gering. Wenn man sich in die richtige Windrichtung stellt, kann man bis auf wenige Meter an sie herankommen. An diesem Tag regte sich nicht das leiseste Lüftchen; obwohl es noch sehr früh war, schien mir die Hitze unerträglich. Zu allem Überfluß trug ich eine Leinenhose, die so eng anlag, daß jeder Schritt eine Qual war.

Wir gingen fünf oder sechs Kilometer. Plötzlich tauchten – man weiß nicht wie – die Elefanten zwanzig Meter vor uns auf! »Das ist der Moment zum Schießen«, flüsterte der Jäger. Ich zitterte wie Espenlaub. »Wohin muß ich zielen? Auch wenn es falsch ist, auf die Schulter?« Ich hoffte, das Herz zu treffen. »Nein, zielen Sie in die Ohrmuschel, das ist sicherer.« Es gibt nichts Gefährlicheres als einen verwundeten Elefanten. »Aber der andere?« fragte ich im gleichen Atemzug (und was die Sache natürlich nicht leichter machte, auf englisch) – »So wie Sie geschossen haben, bekommt er Angst und läuft davon.« Er reichte mir das Gewehr, einen Karabiner, der viel zu schwer zum Tragen war. Natürlich war nichts da, wo man sich hätte abstützen können. »Legen Sie das Gewehr auf die Schulter des Fährtensuchers«, sagte mir der Jäger. Ich gehorchte, von Panik geschüttelt. Und der Elefant hörte nicht auf, sich zu bewegen. »Macht nichts, zielen Sie auf das Herz.« Ich zielte, und bevor ich noch wußte, ob ich getroffen hatte, vernahm ich ein Stampfen. Der kleine Elefant – der bei genauer Betrachtung gar nicht so klein war – rannte auf mich zu. Ich warf mein Gewehr zu Boden. »Go away!« rief der Jäger. Ich hatte nicht auf seine Zustimmung gewartet. Ich rannte, so schnell ich konnte. Der Elefant war hinter mir her, und ich wäre fast über die Steine gestolpert. Ich hatte nur einen Gedanken: »Wenn ich daran denke, daß ich in wenigen Sekunden sterben werde, zertrampelt wegen einer zu engen Hose.«

In diesem Augenblick vernahm ich einen Schuß und der Elefant verließ seine Bahn, auf der er noch immer im Sturmschritt dahingefegt war; die Verfolgungsjagd war zu Ende; ich war gerettet. Der Jäger hatte mir mehrfach zugerufen, ich solle aufhören zu rennen, aber meine Panik ließ mich auf Zurufe nicht mehr reagieren. Er entschloß sich also, auf meinen Verfolger zu schießen, wobei er ihn nur mit einem Streifschuß erwischte.

All das hatte nur etwa zwanzig Sekunden gedauert. Ich sah mich um. Der große Elefant, der mit einem Herzschuß getroffen war, drehte sich um sich selbst, dann brach er zusammen. Was meine Hose betraf, die mir noch vor einer Minute zu eng gewesen war, so fiel sie mir buchstäblich zu Füßen; ich war klitschnaß, wie nach einer Dusche. Ein total verrücktes Abenteuer. Ich hätte mich eben niemals an Großwild heranwagen dürfen.

Ich setzte mich auf die Erde, den Kopf zwischen den Händen und brauchte gute zehn Minuten, um mich von meinem Schrecken zu erholen. Als ich aufblickte, war ich immer noch der Meinung, der Albtraum sei noch nicht zu Ende. Wie aus dem Nichts tauchten plötzlich Dutzende von Afrikanern auf und umringten den Elefanten; sie schnitten ihm die Beine ab, den Schwanz; sie schlitzten ihm den Bauch auf, ja sie gingen sogar in den Unterleib, um sich die besten Stücke ihrer Wahl herauszuschneiden. Welch schreckliches, blutiges Spektakel die Savanne bieten konnte!

Der Rückweg zum Camp erschöpfte mich endgültig. Unter lautem Gehupe und von nervtötendem Trommeln begleitet, die meine Heldentat ankündigten, traf ich ein. Man trug mich im Triumphzug wie einst Chlodwig auf dem Schild. Edmond hatte kaum die Einzelheiten erfahren, als er schon eine beleidigte Miene aufsetzte. Dieses zweite Erlebnis bestätigte meine Ansicht: Wir Frauen haben eigentlich mehr zu verlieren als zu gewinnen, wenn wir uns auf Gebiete begeben, die Domäne der Männer sind. Um ganz ehrlich zu sein, Edmond hatte allen Grund zur Eifersucht, da er noch nie seinem Traum-Elefanten begegnet war. Er hatte nur einen alten, zahnlosen Löwen erlegt, der ohnehin bald an Altersschwäche eingegangen wäre. Aber auch er konnte einen Triumph verbuchen, als er einen Leoparden schoß. Anton Allen, Edmond und ich hatten viele Stunden in einer kleinen Baumhütte eingepfercht gewartet, wenige

Meter von dem Baum entfernt, an dem die Fährtensucher am Vorabend ein großes Stück Fleisch angebracht hatten. Plötzlich herrschte absolute Stille, nicht ein einziges Tiergeräusch war mehr zu hören, kein Vogel sang mehr, sogar die Heuschrecken waren verstummt. Anton Allen gab uns ein Zeichen; der Leopard war da, mit stechendem Blick, angespannten Muskeln, bereit, seine Beute anzuspringen, die ihn in den Zweigen erwartete, aber er ahnte eine Gefahr, die er nicht sehen konnte. In dieser Stellung hält er heute in der Eingangshalle von Armainvilliers Wache als Zeuge einer herrschaftlichen Vergangenheit, die nun zu Ende ist: Die Regierung von Tansania hat dafür gesorgt, daß die Jagd dort bald verboten und auch in Kenia immer schwieriger wurde. 1972 gaben wir unsere Jagdreisen nach Afrika auf.

In Israel hatte ich eine für mein Leben ausschlaggebende Begegnung: Raya Jaglom war die Tochter eines Bankiers aus Bessarabien und 1940 nach Palästina immigriert – eine außergewöhnliche Frau. Sie leitete die »Women's Internationalist Zionist Organization«. Die völlig unpolitische WIZO umfaßt fünfzig wohltätige Vereine auf der Welt mit 250 000 Mitgliedern, davon 15 000 in Frankreich. Diese bedeutendste Organisation in der Diaspora ist in wenigen Stunden auf dem Plan, um gegen jede Form antisemitischer Akte anzugehen. In Israel unterhält die WIZO 660 Einrichtungen, wie Kinderkrippen, landwirtschaftliche und technische Schulen, Berufsschulen und Jugendclubs; außerdem unterstützt sie Einwanderer.

Raya Jaglom verdanke ich die Erkenntnis, daß in Israel der

Name Rothschild nicht nur mit Männern in Verbindung gebracht werden sollte. Bald nach unserer Hochzeit wurde ich Mitglied der WIZO in Paris. Ich fand mich in demselben alten Haus in der Rue du Mont-Thabor wieder, das ich einst für meine Englischstunden bei Mademoiselle Guyot aufgesucht hatte. Ich öffnete dieselbe Tür und stieg dasselbe Treppenhaus hinauf, doch diesmal nur bis zur zweiten Etage.

Jetzt ging es für mich nicht darum, eine Fremdsprache zu erlernen, sondern ich wollte eine Welt kennenlernen, der ich bei meiner ersten Reise nach Israel nur bruchstückweise begegnet war. Freudiger Empfang, menschliche Wärme und Freundschaft waren mir damals entgegengebracht worden; trotzdem aber war sie mir so gut wie unbekannt geblieben. Ich hatte an Familienfesten und Kindergeburtstagen teilgenommen. Manchmal nahm ich Benjamin mit, worauf ich mit den Worten der Haggadah, dem schönen Satz aus dem Exodus begrüßt wurde: »Sei gegrüßt, Hüterin des Hauses, glückliche Mutter eines Sohnes, halleluja!« Mir wurde die Bedeutung des Platzes klar, den die Frau in der jüdischen Familie einnimmt: Hier ist der Mann das Familienoberhaupt, die Frau das Herz. Alles dreht sich um ihre Person. Über sie werden Sitten und Gebräuche weitergegeben, die das tägliche Leben bestimmen. Jeden Freitagabend und am Samstag versammelt sie die Familie zu einem Essen; sie ist es auch, die am Sabbath die Kerzen anzündet. Dieser beschützende Kokon, den eine jüdische Familie bietet, diese bedingungslose Liebe, die ihre Mitglieder miteinander verbindet, sind mir anderswo nur sehr selten begegnet. Man wärmt sich gegenseitig, man rückt näher zusammen, um so mehr vielleicht, da die Welt draußen nicht immer gerade wohlwollend ist. Wenn die jüdische Mutter ihren Kindern mehr gibt als eine andere Mutter, dann liegt der Grund nicht zuletzt auch darin, daß in ihr die alte Angst ihrer Vorfahren weiterlebt, die Angst vor Progromen und Todeslagern.

Im September 1968 wurde ich zur Präsidentin der WIZO von Paris gewählt. Juliette Stern, eine bekannte Widerstandskämpferin und fünfzehn Jahre lang Präsidentin der französischen WIZO, hatte vorausgesagt, daß die Gesellschaft mit einer Rothschild an der Spitze großen Auftrieb erhalten würde. »Weil«, so erklärte sie, »Tradition, Großzügigkeit und Pflichtbewußtsein Markenzeichen dieser Familie sind.« Ich war die Frau von Edmond, ich war jung verheiratet und daher noch nicht in tausenderlei Aktivitäten eingespannt; so fiel die Wahl auf mich.

Einige dachten sicherlich, ich würde darin nur einen Ehrentitel sehen. Die kannten mich aber schlecht. Ich war ergriffen über das Vertrauen, das man mir entgegengebracht hatte und stürzte mich mit voller Kraft in die Arbeit. Für die französische jüdische Gemeinde gab es viel zu tun. Sie zählte 650 000 Mitglieder, darunter war ein hoher Prozentsatz Jugendlicher, die eventuell ihre religiösen und kulturellen Wurzeln verlören, wenn man sie nicht mit der Torah vertraut machte, wenn man sie nicht Hebräisch lehrte, wenn man ihnen nicht von der Heimat ihrer Vorfahren erzählte. Ich wurde auch an die Spitze des »Instituts France-WIZO«, eines der Berufsausbildung dienenden Lyzeums gewählt, das wir vor den Toren von Tel Aviv gegründet hatten und das sich die Annäherung zwischen

Frankreich und Israel zur Aufgabe gemacht hatte. Hier wird Unterricht in französischer Sprache und französischer Kultur erteilt.

Die Pariser WIZO kam mir wie eine alte, ehrwürdige Dame bürgerlicher Herkunft vor. Ich hatte nichts gegen die Aktivitäten, die zu einem kleinen Kirchensprengel gepaßt hätten, die Nadelarbeiten, die Strickereien oder das Kuchenbacken. Um so besser, wenn der Verkauf von Büchern und Kunstgegenständen gut lief. Manchmal geschah das Spenden so spontan, daß ich ganz gerührt war. Eines Tages entdeckte ich in der Auslage des Antiquitätenhändlers Kügel in der Faubourg Saint Honoré einen Silberhirsch aus dem 17. Jahrhundert. Ich betrat das Geschäft und stellte einen Scheck aus, um dieses herrliche Stück mit nach Hause nehmen zu können. Herr Kügel reagierte ganz unvermittelt, als er den Betrag in der Kasse registrierte – er hielt mir den Scheck aufs neue hin: »Erlauben Sie mir bitte, Madame, daß ich ihn für die WIZO spende.« Er erzählte mir, daß seine Mutter, die wie er Antiquitätenhändlerin war, jedes Jahr treu ihren Posten beim alljährlichen Verkauf von Kunstgegenständen einnahm. Sie traute nur sich selbst zu, dem Publikum die seltenen Stücke zu verkaufen, die sie stiftete.

Im Hinblick auf den Wohltätigkeitsbazar, der traditionsgemäß Ende November im Palais Rothschild in der Rue Berryer (das Baron Salomon 1922 dem Staat vermacht hatte) stattfand, rasten Rachel Limon und ich von Geschäft zu Geschäft, und ich erinnere mich noch an völlig unüberlegte Käufe in Sentier und in Barbès-Rochechouart, wo Herr Tati uns mit Geschenken überhäufte. Es geschah

selten, daß ich an einer Tür klingelte und nicht mit Geschenken bepackt wieder herauskam.
Bald hatte ich eine andere Idee. Ich hatte festgestellt, daß bei den Debütantinnenbällen keine jüdischen Mädchen mehr vertreten waren. Ich schlug vor, selbst alle zwei Jahre einen weiteren »Debütantinnenball« mit Jacques Chazot zu organisieren, der natürlich in einem dem Anlaß entsprechenden Rahmen stattfinden sollte; wir entschieden uns für die Salons des »Cercle Interallié«. Die Idee fand Anklang. Obgleich der Eintrittspreis recht hoch war, wollte jeder daran teilnehmen. Dieses Mal verschickte ich herrliche Einladungskarten aus Pergamentpapier, auf die ich die Namen der Gäste in Schönschrift hatte schreiben lassen.
Die Eltern waren anwesend, die meisten ganz gerührt; sie ließen ihre Nachkommen nicht eine Minute aus den Augen. Die weißen Ballkleider der schüchternen jungen Mädchen knisterten, als sie ihren Kavalieren im Frack gegenüberstanden. Sie lächelten, tanzten und unterhielten sich angeregt. Einige verliebten sich, andere heirateten später sogar.
Bei einem der zwei Bälle, die ich auszurichten hatte, fiel mir ein großes, dunkelhaariges Mädchen mit einer guten Figur, dunklen Augen und einem zauberhaften Lächeln auf. Sie hieß Dominique Loew; ihre Freunde nannten sie Doudou. Man sagte mir, sie sei die Tochter eines Industriellen aus Straßburg. Sie traf auf dem Ball nicht den Mann ihres Lebens! Aber später gelang es ihr, den ältesten Sohn und voraussichtlich Erben König Faruks von Ägypten zu bezaubern. Und so kam es, daß aus meiner reizenden Ballprinzessin die Königin Farida wurde, die sich heute im Exil befindet.

Durch die WIZO lernte ich Frauen der ganzen Welt kennen. Meine erste Rede in hebräischer Sprache vor achthundert Frauen, die sich im Savoy Hotel in London versammelt hatten, war überaus aufregend für mich. Ich konnte diese Sprache kaum sprechen, und so lernte ich meinen Text mit Hilfe der Lautschrift.

Ich begann meinen Vortrag ziemlich ruhig und mein Akzent war gar nicht so schlimm, wie man mir sagte. Ich drehte die Manuskriptseiten eine nach der anderen um, eins, zwei, drei. Plötzlich, welche Katastrophe, die Seite vier fehlte! Ich war mitten im Satz. Es blieb mir nichts anderes übrig, als in Englisch fortzufahren. Als ich das Podium, begleitet vom Beifall der Zuhörer, denen mein Mißgeschick nicht verborgen geblieben war, verließ, sagte ich mir, daß ich in der Zwischenzeit doch einige Fortschritte gemacht hatte – seit meinem »Gedächtnisschwund« im »Olympia« oder seit dem Auftritt mit Jacques Brel.

Durch meine Heirat hatte ich meinen Beruf aufgegeben und plötzlich eine andere Bühne betreten. Meine neuen Aufgaben hatten fast offiziellen Charakter; dabei kamen mir meine Berufserfahrungen als Schauspielerin zugute. Eine Frau mit Bühnenerfahrung versteht es, Kopfschmerzen oder Unlustgefühle zu ignorieren und Menschen gegenüber, die nicht unbedingt ihre Freunde sind, gute Laune zu zeigen. Sie hat keine Scheu, in der Öffentlichkeit zu sprechen. Wie vielen Frauen – und Männern – bin ich begegnet, die nur bei der Idee, sich erheben zu müssen, um einen Trinkspruch auszusprechen, in Panik gerieten! Ich habe den leichten Schauer, der einem den Rücken herunterläuft, wenn es ins Wasser zu springen heißt, diese

Stille, die einen von dem Gemurmel der Zuhörer und dem ersten Satz trennt, stets als angenehm empfunden. Ein Publikum bleibt immer ein Publikum. Gleichviel, was man ihm verkauft, selbst wenn es nur Gefühle sind.

Jegliche Routine jedoch war mir zuwider. Ich wollte die WIZO ›entstauben‹, und einige stießen sich an meinem zu energischen Vorgehen. Im Ganzen gesehen aber war meine Zusammenarbeit mit diesen intelligenten, hingebungsvollen Frauen sehr fruchtbar. An einige wirklich erfolgreiche Momente erinnere ich mich besonders gern: Bei unserer Jahreskonferenz 1971 arbeiteten wir an runden Tischen. Mir gegenüber saß die Vertreterin für Toulouse, die von einem Ball zu sprechen begann, den sie organisierte und zu dem nur junge Juden zugelassen werden sollten. Meiner nicht zu ersetzenden Stellvertreterin Rose Herniaux, die an unserem Tisch die Leitung übernommen hatte, war dieses ausgesprochene Sektierertum peinlich, und sie sprach sich dafür aus, den Kreis der Teilnehmer weiter zu fassen.

Aber die kleine Dame aus Toulouse wollte an ihrem Vorhaben festhalten. »Das öffnet den Mischehen Tür und Tor. Und was machen wir mit den Nicht-Jüdinnen, die unsere Kinder heiraten?« Bis zu diesem Moment war ich still gewesen; jetzt mischte ich mich ein. »Wissen Sie, Madame, sie können sehr gute Präsidentinnen der WIZO abgeben.« Dieser kleine freundschaftliche Triumph, ausgelöst durch diesen einfachen Satz, war für mich der beste Beweis für die starken Bande, die eine mehrjährige Arbeit zwischen uns geknüpft hatte.

Sieben Jahre lang habe ich mich für WIZO eingesetzt. Aber

es gab auch noch Edmond und Benjamin in meinem Leben sowie meine Aufgaben als Hausfrau, die Reisen, die Empfänge und sonstige Verpflichtungen. Ich war nur noch in Hetze. Als ich vierzig Jahre alt wurde, entschloß ich mich, das Banner weiterzureichen. Ich sollte sehr schnell von anderen Aufgaben in Anspruch genommen werden.

Die Menschenfreundlichkeit der Rothschilds rührt weniger aus Pflichtgefühl denn aus Tradition. Schon Ende des Zweiten Kaiserreichs schrieb Anka Muhlstein in dem schönen Buch, das sie ihrem Vorfahren Baron James* widmete: »Die Rothschilds gaben mehr als 80 000 Franken für öffentliche Stiftungen aus, das entsprach der Hälfte des ganzen staatlichen Zuschusses.« Außerdem bewilligte James unter anderem 1852 aus seiner Privatschatulle die Mittel für die Errichtung des ersten jüdischen Krankenhauses. Damals gründete man ein Hospital nicht deshalb, um sich seinen Reichtum verteilen zu lassen, sondern weil man sich den Armen in der Gemeinschaft nahe fühlte und die Zeiten im Ghetto noch nicht vergessen hatte.

---
* James de Rothschild, Gallimard 1981

Die Rothschilds bauten außerdem ein Altenheim und ein Waisenhaus. Auf den Grund und Boden, der der Familie in Paris gehörte, errichteten sie die Vorläufer der heutigen Sozialwohnungen, die sogenannten HLM, die den Arbeitern zu niedrigen Mietpreisen angeboten wurden. Anfang des Jahrhunderts beschloß Adolphe de Rothschild, der Besitzer von Schloß Pregny, eine Augenklinik in der Rue Manin im 16. Arrondissement zu bauen. Ihm war Flugasche ins Auge gekommen, und er hatte keinen geeigneten Behandlungsort finden können. Baron Edmond, sein Vetter und Erbe, ließ ihr kurz vor dem Ersten Weltkrieg noch eine Hals-Nasen-Ohren-Abteilung hinzufügen. Außerdem weihte er in der Rue Santerre im 12. Arrondissement ein Krankenhaus mit 340 Betten ein. 1921 rief er eine Stiftung ins Leben, die Wissenschaftler im Bereich der Physik und der Chemie ausbilden sollte. Im Alter von 87 Jahren gründete er mit seinem Freund, dem Wissenschaftler Jean Perrin, in der Rue Curie das erste Institut der Welt für Molekularbiologie. Damit konnten die Arbeiten, die der Physiologe Claude Bernard hinterlassen hatte, wieder aufgenommen werden.

Einige dieser Institutionen wie das Krankenhaus in der Rue Santerre wurden dem Staat übergeben, für den Unterhalt anderer blieb die Familie verantwortlich. Das Altenheim in der Rue de Picpus wurde in Frankreich zu einem Versuchsprojekt. Das Biologische Institut, das Professor Curien leitet, der Vater der Raumfähre Ariane, und in dem mein Mann stellvertretender Schatzmeister ist, verdankt seine Entwicklung dem international anerkannten Wissenschaftler Bernard Pullman. Das Zentrum für Augenheilkunde, das von Edmond präsidiert und von Direktor Yves Chaouat geleitet wird, zählt zu den besten Privatkliniken in Frankreich; es hat 230 Betten, tausend Untersuchungen werden wöchentlich durchgeführt, und es verfügt über modernste Einrichtungen. Besonders hervorzuheben sind die Radiologische Abteilung unter der Leitung von Jacqueline Vignault, eine der ersten Sektionen, die mit einem »scanner« ausgestattet wurde, vier Abteilungen für Augenheilkunde, eine davon wird von Danièle Aron-Rosa (wer wollte da noch behaupten, Edmond sei ein Antifeminist?...) geleitet, die Rheumatologische Abteilung sowie die Dermatologie, die Kardiologie und die Neurologie.

Die Zeiten haben sich natürlich geändert. Das *Recht* auf Gesundheit hat freiwillige Helfer überflüssig werden lassen. Was bedeutet es heute, Philanthrop, Menschenfreund, zu sein? Ein Mensch, der Spenden einsammelt (vor allem von sich selbst), der mit öffentlichen Stellen verhandelt, um ein Höchstmaß an Unterstützung zu erreichen, und der sich darum bemüht, eine Truppe von Fachleuten zusammenzubringen. Das alles muß Edmond als Präsident bewältigen. Mir bleibt die angenehme Aufgabe, die Krankenhausatmosphäre mit Bildern oder Grünpflanzen zu verbessern; ich wohne den Einweihungsfeiern bei und diene als Vermittler zwischen den Ärzten und meinem Mann.

Eine der Einrichtungen, um die Edmond sich kümmert, liegt mir besonders am Herzen: Die OPEJ* (Oeuvre de Protection des Enfants Juifs), die in drei Heimen, einem in Marseille und zweien in Paris mehr als 200 Kindern, die ihr

---

* Organisation zum Schutz jüdischer Kinder

von den Jugendgerichten und der Sozialhilfe anvertraut wurden, betreut. Die OPEJ wurde 1943 von einer Gruppe jüdischer Widerstandskämpfer im Südwesten Frankreichs ins Leben gerufen. Damals mußten die Kinder in Klöstern oder bei Familien versteckt werden. Zum Zeitpunkt der Befreiung wurden siebzehn »Heime für verschleppte Kinder« mit Hilfe der französischen Regierung und des »American Joint Distribution Committee« gegründet.

Nachdem die Kinder herangewachsen waren, wurden die Heime geschlossen. 1962 bestanden nur noch drei. Bedeutete das das Ende der OPEJ? Nein, denn neue Kinder kamen aus Ungarn, aus Polen und, ganz besonders im Anschluß an die Suez-Krise, aus Ägypten; wieder andere kamen aus dem Irak. Seit dem letzten Weltkrieg kann man die OPEJ als ein Barometer jüdischen Lebens bezeichnen.

Ihre wichtigste Aufgabe aber wurde ihr bei der Auflösung der französischen Kolonien zuteil: Die Juden aus Marokko, aus Tunesien und aus Algerien strömten nach Frankreich und ließen sich in der Umgebung der großen Städte, besonders um Paris und Marseille, nieder. Es ging jetzt nicht mehr darum, den Waisenkindern ein Dach über dem Kopf zu bieten, sondern für eine längere Zeit Kinder aufzunehmen, deren Eltern mit der Umsiedlung nur schlecht fertig wurden.

Um die Verwirrung dieser Rückwanderer aus Nordafrika zu verstehen, muß man sich vorstellen, wie ihr Leben im »mellah«, dem Judenviertel, ablief, dort wo jeder jeden kannte, wo es auf ein Gefühl der Zusammengehörigkeit ankam. Von heute auf morgen seinen sozialen Rahmen ändern zu müssen, das Klima und die Arbeit zu wechseln, die Lebensgewohnheiten aufzugeben, ist eine Herausforderung, denen viele nicht gewachsen sind. Die Folge sind eine Reihe psychischer Krankheiten, Alkoholismus und unzählige zerrüttete Ehen. Die Beziehungen zwischen Eltern und Kindern verschlechterten sich; die ersteren hielten mehr denn je an den Überlieferungen ihres Glaubens fest; letztere wünschten sich nichts mehr, als sich zu integrieren und zu emanzipieren. Die Kinder leiden besonders unter dieser Situation; bereits in der Schule geraten sie ins Hintertreffen. Diese Minderjährigen, die sich in »physischer und seelischer Gefahr befinden« werden von den Sozialarbeitern zur OPEJ gebracht.

Maubuisson ist ein hervorragendes, von meiner Schwiegermutter gegründetes Sozialwerk, das einige Kilometer außerhalb von Paris in einem weißen Wohnhaus untergebracht ist und das sie mindestens einmal pro Woche in Begleitung der treuen Annecy besuchte. Bis zu ihrem Tod ignorierte sie die Existenz von Sozialversicherungen; sie allein sorgte für die Bedürfnisse »ihrer« Kinder; ihr kam es nicht einmal in den Sinn, daß sie das Recht hatte, bei der DASS* um Mithilfe zu bitten.

Ich habe dieses Haus, das von einem herrlichen Park umgeben ist, kürzlich renovieren lassen. Wie immer habe ich besonderen Wert auf die Details gelegt und mich selbst darum gekümmert, was die Kinder brauchen, ihnen Schallplatten, hübsches Geschirr, geblümte Bettdecken besorgt und mich von einem Gärtner beraten lassen, damit jedes Kind sein eigenes kleines Stück Garten anlegen kann.

---

* Verwaltung des Gesundheits- und Sozialwesens

Trotz dieser angenehmen Umgebung und der großzügig angelegten Räumlichkeiten war der Eingewöhnungsprozeß oft schwierig. Die Umstellung von der Betonwüste, in der sie wohnten, zu diesem von Blumen und Bäumen umgebenen Haus war nicht einfach. Ebenso schwierig wie der Übergang von einem gestörten Familienleben, in dem es nicht selten gewalttätig zuging, in das ruhige Leben dieser Gemeinschaft. Es kommt vor, daß die Kinder nach ihrer Ankunft erst einmal alles zerstören: Stühle, Tische, ja sogar Bäume. Nach und nach beruhigen sie sich. Der OPEJ gelingt es, sie mit sich selbst zu versöhnen. Die Mißerfolgsquote liegt knapp unter fünf Prozent.

Leider bleiben uns auch traurige Erlebnisse nicht erspart. Ich erfuhr, daß die sechzehnjährige Sarah von ihrem Vater so heftig geschlagen worden war, daß sie nur noch auf einem Auge sehen konnte. Ich traf mich mehrmals mit ihr und erklärte ihr, daß sie sich operieren lassen könne und danach wieder so wie früher aussähe. Es dauerte Monate, sie zu überzeugen. Schließlich beschloß sie, die notwendigen Schritte zu unternehmen.

Jedesmal, wenn ich sie besuchte, sagte ich ihr: »Sarah, wie hübsch du bist! Du wirst allen Jungen den Kopf verdrehen.« Ich wußte, daß sie die Prothese schlecht vertrug und machte mir Vorwürfe, daß sie ihr Wohlbefinden der Schönheit geopfert hatte. Sechs Monate vergingen. Eines schönen Morgens rief Sarah mich an. »Sie hatten recht, mir zur Operation zu raten. Ich habe mich jetzt völlig an mein Auge gewöhnt.« Durch einen Zufall erfuhr ich, daß sie zum ersten Mal verliebt war ...

Ende Januar rief mich Monsieur Zysman sehr erregt an:

Sarah war tot; sie war beim Aussteigen aus dem Bus von einem Auto überfahren worden. Sicher hatte sie nicht genug aufgepaßt oder nicht schnell genug reagiert. Lange Zeit sah ich Sarahs Bild immer wieder vor mir. Wer weiß, wenn ich nicht den lieben Gott gespielt hätte, wäre sie vielleicht noch am Leben.
Ursprünglich gehörten der OPEJ nur Kinderheime. 1977 erhielt das Haus in Maubuisson einen Hilferuf von seiten des Sozialamtes von Val-d'-Oise, da die zahlreichen jüdischen Familien der umliegenden Orte Sarcelles und Garges-Les-Gounesse die Sozialarbeiter als ungebetene Eindringlinge betrachteten und sie nicht zu sich hineinließen. So kam es, daß die OPEJ eine neue Aufgabe bekam, einen »Heim-Service für Erziehungsfragen«. Er kümmert sich um alle Familienprobleme wie Wohnung, Arbeit, Behördengänge; er hilft den Jugendlichen bei der Arbeitssuche und versucht zu verhindern, daß die jüngere Generation die gleichen Fehler macht wie ihre Eltern.
Zum dritten Aufgabenbereich der OPEJ gehören die Jugendclubs: dort können sich in Sarcelles und in Garges die jungen Leute unter Wahrung ihrer Anonymität treffen. Sie sind zehn bis zwanzig Jahre alt und bewegen sich manchmal an der Grenze zur Kriminalität; sie haben Bekanntschaft mit Drogen gemacht und mit der Prostitution.
Sie brauchen einfach nur die Tür mit der Aufschrift F4 im Erdgeschoß eines Mietshauses aufzustoßen. Die meisten sind Juden; sie bringen ihre schwarzen, arabischen oder vietnamesischen Freunde mit. Die stellvertretende Direktorin der OPEJ, die warmherzige Jacqueline Glückstein, ist da, um zusammen mit ihren Erziehern sie willkommen zu

heißen. Die ganz jungen spielen, die größeren hören Musik, treiben Sport oder fahren – immer noch anonym – in ein Ferienlager.
Manchmal verschwindet ein Jugendlicher – eine schwere Prüfung für den Erzieher. Waren die vorbeugenden Maßnahmen nicht wirkungsvoll genug? Aber es gehört zu den Spielregeln, die Türen hinter den Jugendlichen, die sich verirrt haben, nicht zu schließen. Wenn sie dies nicht wüßten, hätten die jungen Leute das Zentrum sicher nie betreten.

Leider kann ich die OPEJ nicht so oft besuchen, wie ich es gerne täte, doch Pessach, das jüdische Osterfest, würden Edmond und ich um nichts in der Welt in Maubuisson versäumen.
»Jeder der Hunger hat, kann kommen und essen«, haben die Kinder in goldenen Buchstaben auf ein Spruchband geschrieben. Sie sind sehr vergnügt und sehen so niedlich aus in ihren Hemden, so weiß wie die großen Tücher, mit denen die Tische bedeckt sind. Edmond streicht über seinen Schnurrbart, ein Zeichen der Rührung. Direktor Zysman spielt ehrwürdig die Rolle des »pater familias«. Auf dem Tisch stehen die traditionellen Gerichte, ungesäuertes Brot, die »Matzen«, zur Erinnerung an die Sklavenzeit und das Unglück sowie an die Flucht aus Ägypten, die so hastig vor sich ging, daß keine Zeit mehr war, den Teig aufgehen zu lassen, in Salzwasser eingelegte bittere Kräuter als Gedenken an das Exil, Mandelkuchen, Kartoffeln und Zimt, beides in Rotwein getaucht, sowie Lehm, den die Juden

formten, um Ziegelsteine für die Pharaonen herzustellen; dazu harte, in Asche gekochte Eier zum Zeichen der Trauer und Betrübnis und natürlich Hammelbraten zur Erinnerung an Abrahams Opfer.

Es wird gelacht und gesungen. Es ist mindestens elf Uhr abends, die Kleinen sind zum Teil an den Schultern der Größeren eingeschlafen. Nun ist der wichtigste Augenblick des Tages gekommen: Alle machen sich auf nach dem »Afikomen«, einem kleinen Stück ungesäuerten Brotes, das in einer Ecke im Haus versteckt ist. Der Finder wird mit Ehren überhäuft; ihm gebührt traditionsgemäß ein Geschenk. Er wird zum Sprecher der Kinder ernannt, die sich vorher über ihr Geschenk beraten haben, etwa einen Farbfernsehapparat, einen Fußballplatz oder eine Stereoanlage. Herr Zysman tut so, als ginge ihn das alles gar nichts an, aber er beobachtet seine Küken und paßt auf, daß ihre Wünsche nicht ins Unermeßliche wachsen. Aber alles verläuft gut, und lachend sind Edmond und ich bei diesen fröhlichen Verhandlungen jedesmal zum Nachgeben bereit. Mit den jüdischen Riten identifizierte ich mich zwar nicht, aber ich respektiere sie. Am Kippur-Fest, dem Tag der großen Vergebung, an dem man Gott gegenüber Rechenschaft über seine guten und schlechten Taten abgibt, gehe ich in die Synagoge, aber nicht – wie ich es eigentlich den ganzen Tag lang sein sollte – in nüchternem Zustand. Ich respektiere die jüdischen Riten, da ich mich um Verständnis für sie bemühe. Aus diesem Grund wollte ich, daß Benjamin im Alter von dreizehn Jahren eine Woche vor uns nach Israel reiste, um mit Rabbiner Katçman aus der Rue Copernic seine Bar Mizwa vorzubereiten. Der Sabbath sollte

für ihn nicht nur ein Netz von Verboten sein, sondern den richtigen Stellenwert erhalten: Die Freude, sich an den Tisch zu setzen, miteinander zu sprechen, darüber, daß der eine für den anderen da ist. Ich bewundere im Judentum die ständige Sorge um den Menschen, um seine psychischen und seine physiologischen Belange sowie seine Gefühle.
Ich wurde Jüdin, aber ich weiß, daß es mich nicht grundlegend geändert hat. Ich bin weder besser noch schlechter als früher. Wenn aber Jude zu sein, bedeutet, sich mit einem Volk zu identifizieren, einer Gemeinschaft anzugehören, sich in sie zu integrieren, dann bin ich voll und ganz Jüdin.

»Seiner Berufung gerecht zu werden, bedeutet, die Freude zu erleben, seinen Beruf zu lieben.« Dieser Satz meines Freundes Marcel Bleustein-Blanchet hat mir immer gefallen. Mich interessierte seine »Stiftung zur Förderung von Talenten« außerordentlich, die er 1960 in Frankreich mit der Aufgabe gegründet hatte, jungen Menschen bei ihrer Selbstverwirklichung zu helfen. Begeisterungsfähige Menschen entsprechen meinem eigenen Charakter mehr als in ihrem täglichen Einerlei gefangene Bürokraten.
Meine eigene Lebensgeschichte war ein Grund mehr, meine ganze Kraft verborgenen Talenten zu widmen.
Als Marcel mich bat, eine Stiftung in der Schweiz zu gründen, brauchte ich nicht lange zu überlegen. Dieses Land, das von Bergen geschützt den Stürmen der Geschichte entgangen war, ließ sich gerne in den Kreis der Förderer aufnehmen. Marcels Ratschläge halfen mir dabei,

das Unternehmen ins Leben zu rufen; eine ganze Reihe von Helfern tat das ihrige dazu. Heute verzeichnet die »Schweizer Stiftung zur Förderung von Talenten« einen großen Erfolg.

Sie kann zwar bereits auf eine gewisse Tradition zurückblicken, hat aber auch ihre Probleme. Einmal gab es unter den Preisträgern einen jungen, sehr begabten Filmemacher. Aber was war er nur für ein Querkopf! Wiederholt hatte ich ihn darum gebeten, mir eine Kopie seines Films zu schicken, damit wir bei der Preisverleihung Teile daraus zeigen könnten. Er tat, als sei er schwerhörig. Für ihn kam es gar nicht in Frage, seinen Film anders als in vollständiger Fassung zu zeigen; ein Kunstwerk lasse sich nicht zerstükkeln.

Am Tag X versuchte ich zum zehnten Mal, den guten Mann zu überzeugen. Er verhielt sich noch immer gleich dickschädelig. Ich wurde ärgerlich. Was gab ihm das Recht, sich wie eine Primadonna aufzuführen? Auch der Begabteste kann sich nicht alles erlauben. »Entweder Sie akzeptieren die Spielregeln, oder Sie scheiden aus«, sagte ich zu ihm. Und ich nahm seinen Preis wieder zurück.

Die Presse – wie konnte es anders sein – machte daraus einen Skandal. Der arme Junge, dem man das Existenzminimum vorenthielt, rührte sie. Eine Zeitung schlug sogar vor, für ihn eine Sammlung zu veranstalten. Eine andere bemerkte: »Daran sieht man, daß die Baronin niemals Geldsorgen hatte ...«

Ein Journalist hatte die Unverfrorenheit, mich anzurufen und mir in einem scheinheiligen Ton zu sagen: »Was wissen Sie denn schon von diesem Beruf? Seltsam, ich habe Ihren

Namen im Filmlexikon gar nicht finden können.« Ich kochte innerlich, doch ich antwortete ihm ganz ruhig: »Das stimmt. Ich hatte nicht das Glück, eine Baronin Rothschild kennenzulernen, die mir ein Stipendium gab. Wenn das der Fall gewesen wäre, würden Sie meinen Namen heute in Ihrem Lexikon finden, so viel ist sicher.«

Keine Angst, ich habe dem zornigen jungen Filmemacher einen Scheck geschickt, der der Summe des Stipendiums entsprach, das ich ihm vorenthalten hatte. Aber durch eigene Schuld blieb ihm der »Club der Begabten-Preisträger« verschlossen, der für alle ihr Leben lang eine Empfehlung ist.

Ich hätte nicht so viel über meine »guten Werke« gesprochen, wenn ich nicht der Auffassung wäre, daß die WIZO, die OPEJ und die »Stiftung zur Förderung von Talenten« gute und nützliche Unternehmungen sind. Ich kann nichts dafür, wenn manche Leute sich die Frage stellen, die ein Journalist von Europe 1 anläßlich einer Kollekte für Leukämiekranke aussprach: »Wieso organisieren immer die Damen der feinen Gesellschaft Wohltätigkeitsgalas?« »Die Frage ist berechtigt«, habe ich ihm geantwortet, »warum gebe ich diese Aufgabe eigentlich nicht an die Frau des guten Herrn Marchais* weiter?«

---

* Georges Marchais ist Vorsitzender der Kommunistischen Partei Frankreichs.

Ich sehe alles noch so vor mir, als sei es gestern gewesen. Ich war zu Gast bei Geneviève Page in ihrem Salon in der Avenue Foch, die sie beharrlich Avenue du Bois nannte. Es war Winter. Ich saß in einem großen Lehnsessel und schaute durch die in den Garten führende Balkontür auf den fallenden Schnee.
Seit zwei Jahren war ich verheiratet. Geneviève saß wie immer im Schneidersitz auf dem Teppichboden und fragte mich: »Sag mal, Nadine, fehlt dir das Theater nicht?«
Ich beobachtete die Schneeflocken. Das »Capucine«, das »Olympia«, der Film, die Theaterwelt, das alles lag so weit hinter mir! Geneviève war eine Verbündete, eine Frau mit Erfahrung, mit der ich gut über den Beruf hätte sprechen können, den ich so sehr geliebt hatte; dazu kam es jedoch nie. Wenn sie uns in Mandegris, wo wir das Wochenende

verbrachten, nach der Vorstellung aufsuchte, kam es mir vor, als käme Geneviève von einem anderen Stern.
Nein, mein Beruf fehlte mir nicht. Vielleicht ist das eine Frage des Temperaments: Ich habe die Zukunft mit ihren gutverpackten Versprechungen immer der in Lumpen gehüllten Vergangenheit vorgezogen. Lachend sah ich Geneviève an, dann versank ich wieder in die Betrachtung der Schneeflocken und machte ihr ein Geständnis: »Weißt du, ich glaube, daß meine wahre Bestimmung darin liegt, einen Mann glücklich zu machen ...«

Mit einem Rothschild zusammenzuleben, bedeutet nicht, daß man sich ausruhen kann. Es ist vielmehr ein richtiger Beruf, eine Ganztagsarbeit. Aber was für ein Spektakel von Beruf ... besonders, wenn es sich um einen Mann wie Edmond handelt!
Um es gleich zu sagen: Die Rothschilds sind eine außergewöhnliche Sippe, eher durch ihre Erziehung, ihre Art zu denken und zu handeln, als aufgrund ihres Reichtums. Nehmen wir zum Beispiel die Baronin Myriam, Edmonds Tante: Auf ihrem Besitz in Zürich ließ sie jeden Morgen den Piloten ihres Privatflugzeuges zu sich kommen und bat ihn, sich sofort bereitzuhalten. Im Verlauf des Vormittags rief er sie an: »Frau Baronin, das Wetter ist gut, wir können fliegen.« Aber die Baronin war noch nicht fertig. »In einer Stunde sehen wir weiter«, sagte sie. Dieses kleine Spiel hielt zwanzig Jahre an. Das Flugzeug ist nie gestartet.
Ihr Bruder, Baron Maurice, war ebenfalls ein Tyrann, aber auch ein Verführer. Er war unkompliziert und außerge-

wöhnlich herzlich, und doch konnte er schwierig und geradezu herrisch sein. Er war außergewöhnlich intelligent und bediente sich einer gepflegten Sprache. Meinen Schwiegervater habe ich nicht kennengelernt, aber man hat mir sehr viel von ihm erzählt, so daß ich manchmal glaube, ihn in den Alleen von Pregny vor mir gehen zu sehen. Er war von großer Statur; in einen Überrock gehüllt, ging er, stets mit einem Stock in der Hand, spazieren. Im Winter trug er einen großen Filzhut und im Sommer einen aus Panamastroh. Er war immer in Begleitung von Harry Shepard, seinem endlos langen und sehr britisch wirkenden Kammerdiener, und von Victor, seinem Faktotum, einem ehemaligen Kutscher aus Armainvilliers. Hinter ihm folgten André, der Haushofmeister, und nicht zu vergessen der Chauffeur; er machte diese Schar erst komplett.
Baron Maurice war ein begeisterter Spaziergänger, aber er haßte es, alleine zu gehen. Also gingen alle mit. Minister Georges Mandel wurde an einem Regentag zu einem Spaziergang in den Park von Pregny eingeladen, von dem er, bis auf die Haut durchnäßt, zurückkehrte. Es war genauso abenteuerlich, den Baron in seinem Wagen, einem alten Cadillac, dessen Rücksitz einem Schlafzimmer glich, zu begleiten. Man konnte nur kniend einsteigen.
Shepard wich seinem Herrn nicht einen Schritt von der Seite. »Shepard«, rief der Baron, und Shepard, der hinter der Tür stand, kam angerannt. Wenn der Baron beschlossen hatte, seinen Mittagsschlaf auf der Terrasse in einer Art Liege auf Rädern, von einem großen Wandschirm gegen den Wind geschützt, zu halten, saß Shepard stundenlang

wie festgeklebt in einem Sessel, wobei er sich leicht einen Sonnenbrand hätte holen können.

Wenn ein Rothschild etwas will ... In seinem Zimmer in Armainvilliers wollte Baron Rothschild mehr Luft haben, aber er vertrug kein Licht, deshalb waren die Rolläden heruntergelassen; über seinem Bett ließ er die Zimmerdecke und das Dach um einen Meter aufstocken. Seine Eigenarten und Ansprüche waren derart ausgeprägt, daß er nur den selbsterzeugten Lebensmitteln traute und sich das Fleisch aus Armainvilliers nach Pregny kommen ließ, wenn er sich dort aufhielt.

Bei diesem Vorbild waren meine Chancen gering, daß mir Edmond auch nur die kleinste Nachlässigkeit in der Haushaltsführung durchgehen lassen würde. Wenn er auch Fleisch ißt, das nicht aus seinem eigenen Viehbestand stammt, so mußten wir, bevor wir ein französisches Stangenbrot gefunden hatten, das ihm endlich zusagte, alle Bäckereien in Genf ausprobieren. Beim Obst macht er keine Zugeständnisse; auf unseren Tisch dürfen nur Früchte kommen, die in den Gewächshäusern von Pregny gereift sind.

Früchte? Kunstwerke müßte es heißen! In diesem Garten Eden werden die Bäume eher verhätschelt und mit so viel Liebe überschüttet, daß sie ein biblisches Alter erreichen – vierzig Jahre für einen Pfirsichbaum; Weinstöcke werden in manchen Fällen hundert Jahre alt. Die hellen oder blauen Trauben wiegen nicht selten zwei Kilo, die Feigen werden so groß wie Birnen, und ein Pfirsich erreicht die Größe einer Pampelmuse. Die länglichen, gelben Pflaumen sind wie das Spiegelbild der Sonne. Unter den Tafeläpfeln

befinden sich so seltene Arten wie Cox Orange und die herrliche Kalville, die es schon bald nicht mehr geben wird. Rote und schwarze Johannisbeeren und Himbeeren wachsen unter freiem Himmel. All diese herrlichen Früchte läßt sich Edmond in Fruchtkörben verpackt immer dahin schikken, wo er sich gerade aufhält.
Warum auch nicht, Obst liebt er über alles (das tat sein Vater auch schon): Er nascht Tag und Nacht davon. Solange es nur diese Früchte sind! Ähnlich wie Baron Maurice, der, wenn er nach Monte Carlo ins Hotel de Paris fuhr, seine Matratze, seine Kopfkissen, sein Trinkwasser und seinen Küchenchef mitbrachte, so erträgt Edmond es nur schlecht, wenn er seine Gewohnheiten ändern muß, obgleich er gern seine Umgebung wechselt. In unserem Landhaus in Österreich mußten wir zehn Mal die Matratzen auswechseln; einmal waren sie zu hart, dann zu weich; auf jeden Fall behagten sie ihm nie. Diesem Teufelskerl entgeht nichts. Zu Hause kennt man den Hausherrn, und jeder bemüht sich, ihn zufriedenzustellen. Aber im Hotel! Kein Hotel kann es meiner besseren Hälfte recht machen. Da er nicht überall ein Haus haben kann, muß er wohl oder übel manchmal in einem Hotel übernachten, aber es braucht nur die kleinste Kleinigkeit vorzufallen, und er wird dort nie wieder Quartier nehmen. In Pregny sind wir es gewohnt, an zwei oder drei verschiedenen Stellen den Eßtisch zu decken, da niemand voraussagen kann, wo Edmond speisen will. Im Winter ist ihm häufig das Eßzimmer in der ersten Etage lieber, von dem aus man auf den See sehen kann, oder das größere Eßzimmer im Erdgeschoß. Im Sommer bevorzugt er das schattige Innere des Hauses. Aber wird er auf der Terrasse

oder am Schwimmbecken sein Mittagessen einnehmen wollen?

Eine bestimmte Vorstellung von Freiheit ist in diesem Prunk und Luxus verankert. Meiner Meinung nach trifft dies als besonderes Markenzeichen auf die Rothschilds zu. Keiner unter ihnen, bei dem ich es nicht entdeckt hätte. Andere charakteristische Merkmale sind ihr stark ausgeprägter Egoismus (vergleichbar mit ihrer sprichwörtlichen Großzügigkeit), der sie, eigenartigerweise, nicht etwa isoliert, sondern ihnen große Autorität verleiht, eine Art Macht über die Menschen, die von ihrem »Anderssein« fasziniert sind.

Bei uns werden pausenlos Möbel und Gegenstände umgestellt, einfach nur weil »Er« in der Nacht die Erleuchtung hatte. Vom Morgengrauen an ist das Haus dann in Aufregung. Bis er sagt: »Nein, so geht es doch nicht.« Und alles wird aufs neue verändert. Pausenlos werden die Sachen von einem Zimmer ins andere und von einem Haus zum anderen transportiert.

Das Ganze geschieht meist ohne System. »Er« begeistert sich plötzlich für etwas, verwirft es wieder, und alles wird in seinen ursprünglichen Zustand zurückversetzt. Meinen Herrn und Meister zu ändern, käme gar nicht in Frage.

Als ich in Österreich unser Landhaus einrichtete, hatte ich selbst an die Kleinigkeiten gedacht. Edmond kam übers Wochenende. Prüfend sah er sich jedes Zimmer an und begutachtete jedes Bild bis hin zu den Nägeln. Im Badezimmer erklärte er plötzlich ärgerlich: »Das sind nicht meine Zahnbürsten.«

Diese Bemerkungen treffen schon lange nicht mehr ins

Schwarze. Obgleich er sich äußerlich schroff gibt, ist Edmond ein gefühlsbetonter Mensch geblieben. Dennoch hat er das Bedürfnis, die Aufmerksamkeit und die Liebe, mit denen er mich unermüdlich umgibt, mit zahllosen Dornen zu durchsetzen. Ich spüre sie nicht einmal mehr.
Es passiert mir manchmal, daß ich ihn wie ein ungezogenes, kleines Kind behandele und – während ich fast am Explodieren bin – zu ihm sage: »Edmond, jetzt überschreitest du die Grenzen des Erträglichen«, worauf er in Lachen ausbricht. Oft kommt das aber nicht vor, denn ich habe schnell verstanden, daß es zwecklos ist, diesem Menschenschlag etwas aufzuzwingen.
Seine Ansprüche sind nicht nur Launen, sondern das Spiegelbild seines innersten Wesens. Er ist ein Alleinherrscher; er ist sehr eigen und außerdem ein Perfektionist, besonders sich selbst gegenüber, was ihn alles in allem für die, die ihn kennen, sympathisch macht.
Eine ungeduldige, phantasielose Frau wäre mit ihm zum Scheitern verurteilt. Das Leben an der Seite Edmonds ist wie ein Dauer-Engagement im Theater!

Die Hauptaufgabe einer Frau, so meine ich, besteht darin, ihrem Mann zu gefallen und ihm zuzuhören. Er gibt mir ein Dach über den Kopf, er ernährt mich, und er kleidet mich; dafür bin ich ihm dankbar. Wieder das Vorbild der Geisha? Warum eigentlich nicht... Sie ist nicht, wie viele meinen, das hübsche Dummchen, sondern eine bezaubernde, kultivierte, strahlende Frau, deren Aufgabe darin besteht, dem Mann beim Vergessen der Alltagssorgen behilflich zu sein.

Glauben Sie wirklich, daß es so erstrebenswert ist, sich dazu zu zwingen, einen Beruf auszuüben und jeden Morgen das Haus zu verlassen? Glauben Sie wirklich, daß der Gedankenaustausch eines Ehepaares am Abend, wenn jeder durch die Probleme, die er zu bewältigen hatte, erschöpft ist, noch fruchtbar sein kann? Leider übernehmen einige Frauen irgendeine Tätigkeit, damit sie nicht zugeben müssen, daß sie sich nur ihrem Haushalt und ihren Kindern widmen. Ich scheue mich nicht zu sagen, daß ich ihnen mein Leben hingebe, und ich habe nicht das Gefühl, dabei an Persönlichkeit verloren zu haben.
Die Frau eines Mannes zu sein, der die Aufmerksamkeit der Öffentlichkeit auf sich zieht, bedeutet nicht, daß man sich ausruhen kann. Man braucht dazu einen festen Charakter und eine eiserne Gesundheit. Das ist nichts für eine leidende, migräne- oder bronchitisanfällige Frau. Sie sollte lieber einen kälteempfindlichen Beamten heiraten, der selbst an Sommertagen die Heizung aufdreht.
Die Männer, die den Gipfel erreicht haben, gleichen einander alle; alle hat das gleiche Virus befallen: Es ist ihnen unmöglich, an einem Platz zu bleiben. Das ist verständlich; sie haben alles im Leben und wollen die Früchte ihrer Leistungen genießen. Ohne Ausnahme. Wie sagt Cocteau doch gleich: »Vergnügen findet sich nicht nur in einigen wenigen Dingen, sondern in der Art, wie man sie alle angeht.«
Zu jeder Tageszeit muß man zur Abreise bereit sein: Mittagessen in Rom, Abendessen in Genf, Übernachtung in London und am nächsten Morgen Abflug nach New York, wo man zu einem Galaabend erwartet wird. Man muß ebenso fähig sein, Polarkälte zu ertragen wie größte Hitze,

oder in einem Cabriolet zu reisen, auch wenn man gerade vom Friseur kommt, mit 250 Kilometer pro Stunde über die Straßen zu flitzen, selbst wenn man vor Angst sterben möchte. Es kommt gar nicht in Frage, daß man faul im Bett liegen bleibt, wenn der Ehemann sich entschlossen hat, vor Tagesanbruch auf die Jagd zu gehen. Man muß beim Trinken mithalten können, ohne gleich zum Alkoholiker zu werden (wenn ein Mann Lust verspürt, etwas zu trinken, dann tut er es gerne in Gesellschaft). Man muß auch zu essen wissen. Für einen Feinschmecker wie Edmond wäre eine Frau, die Diät hält, eine Brüskierung.

Die Gleichung ist einfach: Er liebt etwas und deshalb lieben Sie es auch. Dazu gehört, bei weitgeöffnetem Fenster zu schlafen, wenn der Schnee sich in großen Flocken wie Eiderdaunen auf unser Bett legt. Dazu gehört aber auch, stundenlang spazierenzugehen oder sich auf eine Seereise einzulassen, auf das Risiko hin, die ganze Nacht kein Auge zuzumachen, da die Mannschaft mit Höllenlärm die Segel setzt oder sie einholt. Mir kam zugute, nie ein Stubenhokker gewesen zu sein, und stramme Waden zu besitzen, die es mir erlauben, endlose Kilometer zurückzulegen. Außerdem beschloß ich, das Meer zu lieben und nicht seekrank zu werden. Skilaufen dagegen, das Edmond von Kindsbeinen an praktiziert hatte, wurde für mich ein völliger Reinfall. Nach einhundertdreißig Privatstunden gelang es mir wie durch ein Wunder, einen Hang »graziös« im Schneepflug hinunterzufahren, wobei mein Rücken steif und mein Po nach oben gestreckt waren. Ich genoß meinen Erfolg, als ein letzter Hügel mich mit den Skiern in der Luft Walzer tanzen ließ. Ein gebrochenes Fußgelenk veranlaßte

mich, endgültig drei Kreuze hinter diese viel zu gefährliche Sportart zu setzen.
Ich versuche, Edmonds Ansprüchen gerecht zu werden, und ich beschwere mich nicht. Das ist meine Philosophie.
Im Theater – das früher mein Leben bedeutete – war ich in zwanzig Jahren nur zehnmal. Die wenigen Stücke, die Edmond gesehen hat – übrigens alles Boulevardstücke – hatte ich vorher mühsam ausgesiebt. Vielen Dank, Jacqueline Maillan, Françoise Dorin, Sophie Desmarets, Jean Poiret und Michel Serrault: euch ist es gelungen, meinen Wolf aus seinem Bau hervorzulocken.
Ich entsinne mich, ihn nur einmal ins Konzert geschleppt zu haben, damals, als ich einen Gala-Abend zugunsten von Kindern aus der Dritten Welt organisierte. Dieses eine Mal gab es für ihn kein Entrinnen.

Wie konnten wir als Paar in einer Umgebung wie der unsrigen, in der viele Ehen in die Brüche gehen, bestehen? Edmond betont, es sei mir zu verdanken. Er hat mir das Leben nicht immer leicht gemacht. Wenn er es wünschte, mußte ich im Vordergrund der Bühne stehen und wieder verschwinden, wenn es ihm beliebte.
Er weiß, daß ich da bin. Wenn er nicht Zuhause ist, versäumt er es nicht, mich anzurufen, eher dreimal als nur einmal. Aus Zurückhaltung rufe ich niemals an. Ich erlaube es mir nie, ihm Fragen zu stellen. Und ich glaube, er ist mir dankbar dafür, daß ich nicht darauf dringe, seine geheimsten Wege erforschen zu wollen.
Vogel-Strauß-Politik betreibe ich nicht. Im Gegenteil. Ich

denke oft an den Satz von Beaumarchais: »Das Joch der Ehe ist so schwer, daß man es nur zu zweit, wenn nicht sogar zu dritt tragen kann«. Ein Mann, der behauptet: »Ich habe meine Frau nie betrogen«, der lügt oder ist nicht normal. Nur eines zählt: Es muß ihm immer ein Bedürfnis bleiben, nach Hause zurückzukehren. Sonst... Wenn es keine Verbote gibt, verliert vieles schnell an Reiz.
Ich habe mir diese Philosophie nicht im Laufe der Jahre zurechtgelegt, sondern immer schon so gedacht; einfacher Selbstschutz, um die Wirklichkeit so zu nehmen, wie sie ist. Von der Geliebten zur Ehefrau, dann zur Mutter und schließlich zur Vertrauten zu werden, erscheint mir als eine angenehme und schöne Aufgabe.

Eine gehorsame Ehefrau, eine perfekte Hausfrau, zeitweise auch eine Mitarbeiterin des überbeanspruchten Ehemanns, das alles bin ich. Es ist weder etwas, wofür man sich loben, noch worüber man sich beschweren kann. Ich bin eben so; man wird mich nicht ändern können.
Ich gehe meinen Weg geradeaus, wie ein kleiner Soldat. Und plötzlich, ohne Voranmeldung, schlage ich einen Seitenweg ein; ich nehme eine tiefe Brise und fliege zu einer kleinen Wolke, auf der ich mich dann niederlasse. Vergessen sind alle Verpflichtungen. Ich fliehe, nichts hält mich zurück. Ein Traumleben zu führen ist eine Sache, sein Leben zu erträumen ist eine andere. Ich ziehe aus, um den anderen zu begegnen und vielleicht auch mir selbst. Bis in die kleinsten Ecken erforsche ich den Besitz, der mir für immer gehört.

Was mir gehört: Da ist an erster Stelle meine Familie zu nennen, meine Mutter, die so zurückhaltend ist, daß sie sich nie in mein Leben einmischen würde, die aber immer da ist, wenn ich sie brauche. Wir verreisen zusammen auf Kur. Das sind besondere Augenblicke, in denen die Vertrautheit wieder erwacht und in denen ich alle Einzelheiten über meine Familie aus Saint-Quentin erfahre, die sie nie aus den Augen verloren hat.

Noch lieber habe ich es, wenn meine Mutter mit ihren beiden Töchtern zusammen ist, was leider viel zu selten vorkommt. Die gegenseitige Anteilnahme ist spürbar, selbst wenn Jahre ins Land gegangen sind. Meine Schwester Nadeige ist noch immer völlig anders als ich. Sie ist groß, schlank, blond, hat sehr eigene Vorstellungen und führt mit ihrem Mann ein friedliches Leben, das sie um nichts auf der Welt mit dem meinen und seinem Höllentempo tauschen würde. Doch wie lustig und froh sind wir, wenn ich unser Geplauder durch meine Reiseerlebnisse und durch Marmeladenrezepte würze!

In Pregny sagte sie einmal zu mir: »Wie kannst du nur zwischen all diesen alten Sachen leben?« Dagegen liebt sie Quiberon, Megève und Österreich, und empfängt dort zu meiner großen Freude die Cousinen und Vettern in den so oft verwaisten Häusern. Ihr Sohn Cédric ist mir wie aus dem Gesicht geschnitten. Ich versuche, ihm die gleichen Ausbildungsmöglichkeiten zu geben, wie Benjamin sie erhielt.

In der Liebe wird einem vieles abverlangt, aber auch in der Freundschaft: Damit eine Pflanze gedeihen kann, benötigt sie gute Erde, viel Sonne und jahrelange Pflege.

Die Vorstellung, daß man meines Geldes wegen mit mir

verkehrt, stört mich heute nicht mehr. Es gibt Menschen, die ich mag, andere, die ich nicht mag; für die, die ich mag, setze ich Himmel und Hölle in Bewegung.

Ihre Herzensnöte kann ich natürlich nicht heilen, aber ich höre ihnen geduldig zu, wenn sie mir zum tausendsten Mal mit Tränen in den Augen von ihrer verflossenen Liebe erzählen. Am Ende der Ausführungen zitiere ich ihnen zu einem Schluck Portwein zwei Verse von Lamartine:

On voudrait revenir à la page où l'on aime,
Mais la page où l'on meurt est déjà sous nos doigts.

Man sollte daran denken, daß das Leben kurz ist und daß Sorgen es manchmal noch verkürzen.

Ein anderes erfolgreiches Mittel in den allerausweglosesten Situationen ist mein angeborener Optimismus, der auf meine Umgebung ansteckend wirkt. Nach dem Tod ihres Mannes war Shermine des Gramont vor Traurigkeit ganz niedergedrückt. Um sie auf andere Gedanken zu bringen, lud ich sie ein, mich nach Österreich zu begleiten. »Und bitte komm nicht in schwarz«, sagte ich zu ihr, »Charles haßte diese Farbe!« Bei unserer Ankunft in Ischgl stellte ich ihr Herrn Alois, den Bürgermeister des Ortes vor. Während sich beide unterhalten, kommt Frau Alois auf mich zu und fragt mich über Shermine aus. Ich will gerade damit beginnen von ihrem Unglück zu erzählen, als mein Blick auf den Anorak Shermines fällt: Er ist leuchtend rot! Wie sollte ich ihr nur erklären, daß meine Freundin in tiefer Trauer ist? Plötzlich muß ich mich vor meinen verdutzt dreinschauenden drei Freunden vor Lachen schütteln.

Im November und im April fahre ich nach Quiberon. Manchmal nehme ich eine Freundin mit; oft fahre ich auch allein. Ich liebe mein kleines, schneeweißes Fischerhäuschen mit den grünen Fensterläden, mit seinen alten Balken, seinen geblümten Stoffen, seinem Wohnzimmer, das bis unter das Dach geht, und seinen zwei kleinen Schlafzimmern. Ein richtiges kleines Puppenhaus. Hier sticke ich und lese; ich schreibe und höre Radio. Einen Fernseher gibt es da nicht! Wenn das Meer in Aufruhr ist, spritzt es bis an meine Fenster. Ich habe dann manchmal das Gefühl, in einem Boot zu sitzen. In der Ferne hört man das Nebelhorn. Aus seinem Schatten heraus scheint mich das sehr alte Schloß, das von der Seite ganz bizarr aussieht und gotische Märchen zu erzählen scheint, zu beschützen. Zu dieser Jahreszeit gibt es keine Menschenseele in der unmittelbaren Nachbarschaft. Sowie der Sturm sich legt, gehe ich am Sandstrand stundenlang in Stiefeln und Regenmantel spazieren, die Hände tief in den Taschen vergraben und die Haare im Wind.

Am Morgen fahre ich mit dem Fahrrad zu meiner Kur ins Institut für Meerwasserbehandlung, ein richtiges Königreich für Marie-José Bobet. Schlammpackung aufs Gesicht, Meerwassermassage, und ich bin ein anderer Mensch. Auf dem Heimweg mache ich meine ersten Besorgungen. Ich unterhalte mich mit den Händlern und lerne wieder, wieviel das Baguette, die Artischocken und die Butter kosten! Die Leute kennen mein Gesicht, aber sie wissen nicht meinen Namen, und das tut so gut.
Im Haus versorge ich mich selbst. In drei Minuten habe ich gefegt und räume das Geschirr weg. Am Abend vertausche

ich meine Hose gegen ein langes Hauskleid, selbst wenn ich nur mich selbst zu Gast habe; ich mache es mir vor dem Kamin gemütlich mit einer großen Platte mit Meeresfrüchten. Ich höre klassische Musik, Jazz und Julio Iglesias, den ich liebe. Ich gehe sehr früh ins Bett, denn um sechs Uhr morgens bin ich bereits wieder auf den Beinen.

So kann ich eine ganze Woche verbringen, ohne ein einziges Lebewesen zu sehen. Mich bedrückt das nicht, im Gegenteil. Ich fühle mich wie neugeboren, unabhängig. Vielleicht entspricht das meiner wahren Natur... Trotz meiner Überaktivität entdecke ich verborgene Anzeichen von Faulheit in mir. Ich habe nicht mehr den Wunsch, Aufmerksamkeit zu erregen. Glück, bedeutet das nicht zuallererst, mit sich selbst in Einklang zu leben?

Für wen, wenn nicht für die junge Rothschild-Generation, die wie unser Benjamin an der Schwelle zum Erwachsensein steht, erhalten wir eigentlich die Familientraditionen, die Philanthropie, das Interesse am Geschäftsleben, die Liebe zur Kunst, die Art zu leben und seine Gäste zu verwöhnen.
Benjamin...
Ich habe lange gezögert, über ihn in diesem Buch zu sprechen. Stille Verschämtheit und der Wunsch, unseren kostbarsten Besitz vor indiskreten Blicken zu schützen. Aber wie kann man über die Zukunft sprechen, ohne »Ihn« zu erwähnen, wo sich doch alles um ihn dreht?
Edmond wollte sehr früh aus Benjamin einen kleinen Mann machen, und dieser Wunsch ging schneller in Erfüllung, als er es sich in seinen kühnsten Träumen hatte vorstellen

können. Es gibt nur wenige Kinder, die so früh unabhängig, so freiheitsliebend sind. Mit drei Jahren begleitete er seinen Vater auf die Wildschweinjagd und suchte mit ihm die verwundeten Tiere! Mit vier Jahren fing er an zu reiten. Mit sechs begann er von Bord der *Gitana* zu tauchen. Mit sieben ging er auf Unterwasserjagd, und mit acht bekam er von seinem Onkel Alain sein erstes Gewehr – ein Kindergewehr, das von Generation zu Generation weitervererbt wird; heute hat man es Raphaël, dem Enkel Elies, anvertraut.
Als Benjamin zwölf Jahre alt war, ersetzten wir seine Kinderschwester Baba durch zwei Studenten, die etwa zwanzig Jahre alt waren. Jacques war Franzose und Mathew ein Amerikaner. Sie lebten mit uns, waren überall, wo wir waren; mit Benjamin trieben sie Sport und begleiteten ihn in die Synagoge zu seinen Religionsstunden. Ihre Hauptaufgabe bestand aber darin, ihren jungen Adoptivbruder zum Arbeiten zu bringen. Ein schwieriges Unterfangen. Manchmal hörte ich aus der oberen Etage lautes Geschrei: Benjamin wollte seine Schularbeiten nicht machen. Noch immer lauthals schreiend stürzten die drei Kumpane die Treppe herunter, um bei mir Schutz zu finden.
Unser Sohn war eigensinnig, impulsiv, manchmal zornig, ein echter Rothschild. Er ist sehr anhänglich, er liebt das Leben, und er hat ein großes Herz. Wir haben versucht, ihn nicht zu sehr zu verziehen.
Wir haben es nie zugelassen, daß er sich grob, hochnäsig oder nachlässig gab. Ach, diese homerischen Kämpfe, die Edmond gegen Jeans, T-shirts, Cowboy-Stiefel, ungepfleg-

tes Sprachverhalten und schlechte Tischmanieren geführt hat!
Wir haben immer versucht ihm beizubringen, daß es sich lohnt, mit Freude zu arbeiten, da es – Edmond und mir – jedem auf seine Art weitergeholfen hat. Und wenn er manchmal meint, die Nase etwas zu hoch tragen zu müssen, versäume ich nie, ihn daran zu erinnern, daß ich im Alter von vierzehn Jahren bereits gearbeitet habe und daß er auch in einem nicht privilegierten Mileu hätte geboren werden können.

Seit 1973 wohnen wir dem Zusammenbruch einer Welt bei. Die Erhöhung der Ölpreise hat einen Schlußstrich unter die sorglosen, gewinnbringenden Jahre gesetzt. Eine Seite unseres Lebensbuches war unwiderruflich umgeschlagen. Kurz zuvor hatte mir Edmond, er war gerade von einer internationalen Konferenz in Schweden zurückgekehrt, etwas verärgert von einem gewissen Walter Levy, einem Ölexperten, erzählt, der von Schwierigkeiten bei der Wiederanlage von Petrodollars berichtet hatte. Edmond hatte ihm für seine Geschäfte im Westen voll vertraut.
Sein Ärger war unberechtigt gewesen. Sehr viel später erklärte er mir den teuflischen Vorgang, der die Weltwirtschaft aus dem Lot gebracht hatte. Die ölproduzierenden Länder gaben zu erkennen, so wie es Walter Levy vorausgesehen hatte, daß sie außerstande seien, die ungeheuren Einnahmen, die sie aus dem schwarzen Gold gewonnen hatten, auszugeben. Selbst wenn sie aufrüsten, ihre Industrie ankurbeln und vermehrt Konsumgüter einführen

würden, würde der größte Teil ihrer Einkünfte in westlichen Banken verschwinden.

Petrodollars: Der Begriff war klar, aber ihre Verwendung? Edmond erklärte mir zum x-ten Mal, daß man so viel Geld nicht ungenutzt liegen lassen konnte, da die Produktionsländer überdies Beteiligungen verlangten, die höher als gewöhnlich waren. Aus diesem Grund hatte man Petrodollars in den Ländern der Dritten Welt, vornehmlich in Lateinamerika, angelegt. Die Schulden dieser Länder sind heute so angestiegen, daß sie am Rande des Bankrotts stehen.

Da wir nicht wußten, wo die Petrodollars angelegt werden mußten, mußten wir außerordentlich vorsichtig handeln. Die Inflationskrise erschwerte die ganze Geschichte noch. Edmond arbeitete unermüdlich, ging weniger aus; gesellschaftliche Ereignisse und Empfänge langweilten ihn. Das letzte große Fest wurde sein fünfzigster Geburtstag; es war aber weder so prächtig noch so lustig wie die vorangehenden. Ende 1979, fast von heute auf morgen, faßte er den Entschluß, das Schloß Armainvilliers zu schließen.

Es zerriß ihm fast das Herz, denn er liebte diesen Besitz, in dem er so viele Erinnerungen an die dreißig schönsten Jahre seines Lebens gesammelt hatte. Aber sein Entschluß stand fest. So wie er war, hätte er es nicht ertragen, daß etwas weniger schön wurde, als es gewesen war. Er haßte es zu rechnen, und er kann sich unmöglich einschränken. Er würde nicht auszurechnen beginnen, daß die Beseitigung einer Blumenrabatte so und so viele Stunden des Gärtners einsparen würde, oder daß es billiger sei, eine Köchin zu

haben statt eines Küchenchefs. Entweder hat er die Mittel, ein Haus zu unterhalten, oder er hat sie nicht.
Die Schließung von Armainvilliers entriß ihn seinem Hauptankerplatz in der Nähe von Paris. Benjamin war im Collége Florimont in Genf, einem Internat. Unser großes Haus in Pregny, das wir zu Beginn als Traumkulisse für unsere allerschönsten Feste genommen hatten, wurde unser Hauptwohnsitz. Nach Paris, wo mein Mann immer noch seine Geschäfte leitet (die Stiftung für Augenheilkunde und das biologische Institut), fahre ich nur noch, um meine OPEJ-Heime und meine Freunde zu sehen.

Sollten auf die verrückten Jahre etwa ruhige Jahre folgen? Bitte keine Rentnerbeschäftigungen! Edmond und ich sind beide Gründernaturen und keine Konservatoren... Selbst an Armainvilliers, das uns beiden sehr am Herzen lag, denken wir kaum noch.
Vor allen Dingen muß man im Leben vorwärts schauen und wenn es geht, trotzdem einer gewissen Tradition Rechnung tragen. Das hat Edmond getan, als er versuchte, eine gewisse Bootsform wieder ins Leben zu rufen; auch seine Bemühungen in Sachen Wein in Château-Clarke sind Zeichen dafür. Mit dem gleichen Optimismus stürzte ich mich 1979 in das Abenteuer der Parfümherstellung: Verschiedene Düfte, die ich liebevoll zusammenstelle, die ich in Kerzen verwandle, in Zerstäubern, Duftkissen und Döschen, die nach getrockneten Blumen riechen, festhalte. Unsere Kosumgesellschaft liebt die nach überlieferten Rezepten raffiniert zusammengestellten Artikel.

Heute arbeite ich an zwei verschiedenen neuen Projekten: ich entwerfe Schmuck und, in Zusammenhang mit Château-Clarke, beschäftige ich mich mit der Herstellung eines Damenlikörs. Alles Kreative macht mir Freude, und ich würde mein Vermögen ausgeben, wenn Adéle Métrailler, diese gute Seele, die meine Finanzen verwaltet, meinen Elan nicht stoppen würde, um Schwierigkeiten am Monatsende zu verhindern (man sollte es nicht glauben, aber jeder kann in Geldschwierigkeiten kommen!)

Die meisten Gedanken mache ich mir um Benjamin. Er hat heute das Mannesalter erreicht. Er studiert Informatik und Kommunikationswissenschaft an einer Universität in Kalifornien. Er ist sehr glücklich und ausgeglichen, liebt sportliche Betätigungen und hat viele Freunde. Er versucht sich, weil es ihm Spaß macht, an einer Karriere beim Film und beim Fernsehen, doch anders als seine Mutter: er ist Produzent und steht auf der anderen Seite der Kamera.
Ich hätte gern eine große Familie um mich gehabt. Dreimal hatte ich Anlaß zu glauben, mein Traum ginge in Erfüllung. Dreimal wurde ich von großer Traurigkeit befallen, als ich die Kinder, die ich erwartete, verlor.
Im großen und ganzen, so glaube ich, bin ich aber erfolgreich gewesen. Edmond und Benjamin empfinden eine tiefe Zuneigung füreinander. Die größten Glücksgefühle habe ich, wenn ich sie beide Seite an Seite gehen sehe, der Sohn ist heute größer als der Vater, und ihre Zusammengehörigkeit läßt für mich nicht erkennen, wer von den beiden eigentlich wen beschützt.

„In der Familie hältst du es keine vierundzwanzig Stunden aus", hatte mir meine Freundin, als ich heiratete, vorausgesagt. Seit vierundzwanzig Jahren teile ich nun schon das Leben von Edmond.
Vierundzwanzig Jahre, in denen ich jeden Augenblick genossen habe. Vierundzwanzig Jahre, in denen ich mit Begeisterung so viel gearbeitet habe wie manches Mitglied des Managements.
Ich nehme freudig all die unerhörten Chancen wahr, die mir das Leben geboten hat. Trotzdem habe ich etwas nie aus den Augen verloren; ich halte mich nicht für eine reiche Frau, sondern ich bin die Frau eines reichen Mannes. Das ist ein Unterschied. Er bewahrt einen vor zu großen Ansprüchen und vor Eitelkeit.
Ich meine auch, daß man auf nichts ein Anrecht hat. Ich

sagte schon, daß für mich die Ehe die Summe jedes einzelnen Tages ist. Man muß das, was man liebt, richtig hegen und pflegen, wenn man nicht eines Tages vor den Scherben seiner schönsten Schätze stehen will.
Wenn man meint, auf nichts ein Anrecht zu haben, kann einem viel Gutes widerfahren. Ich habe bereits viele verschiedene Leben gelebt, und ich habe mir vorgenommen, noch viele zu leben. Wieder auf die Bühne zurückkehren, wer weiß? Anläßlich eines Gala-Abends zugunsten der UNO hat man mir vorgeschlagen, die Rolle Juliens in *Die gelehrten Frauen* von Molière zu spielen; vier Zeilen nur, nicht eine einzige mehr ist aufzusagen. Wäre es nicht ein schöner Anfang, im Kostüm eines Dieners seine Rückkehr zur Bühne zu beginnen? Es sei denn, ich würde Präsidentin Israels, was im Prinzip jeder jüdische Bürger werden kann (man kann es ja ins Auge fassen...). Nichts ist unmöglich für den, der die Brücke von Puteaux überschritten hat und der die Strecke von der Rue Agathe bis zur Rue de l'Élysée überwunden hat.
Hätten nicht meine ehrbaren Nachbarn von gegenüber summen können:
»Sie hat alles, was sie braucht,
sogar den Überfluß
von der anderen Seite der Straße«.
Was aber, ... wenn ich davon träumen würde, mehr haben zu wollen als das Überflüssige? Ich weiß schon lange, daß Märchen anderswo als nur in Büchern existieren.

ENDE